La Prisión General de los gitanos

ANTONIO ZOIDO NARANJO

La Prisión General de los gitanos

Y el origen de lo flamenco

ALMUZARA

Primera edición: febrero de 2025

Editorial Almuzara . Colección Historia
Editora: Rosa García Perea
Maquetación: Miguel Andréu
Corrección a la edición actual de María José García del Real

www.editorialalmuzara.com
pedidos@almuzaralibros.com. info@almuzaralibros.com

Editorial Almuzara
Parque Logístico de Córdoba. Ctra. Palma del Río, km 4
C/8, Nave L2, n.º 3. 14005. Córdoba

Imprime: Black Print
ISBN: 978-84-10524-02-6
Depósito legal: CO-33-2025
Hecho e impreso en España. *Made and printed in Spain*

Índice

NOTA DEL AUTOR

Hace ya varios años que apareció *La Prisión General de los gitanos y los orígenes de lo flamenco*; el libro padeció por múltiples causas una edición azarosa hasta el punto de que su distribución en librerías casi no existió a pesar de que el tema había despertado bastante interés.

El volumen es hoy prácticamente inencontrable y, en un primer momento pensé llevar a cabo su reedición tal como había visto la luz por primera vez o sólo con algunos retoques pero, a medida que pasaba el tiempo, fui encontrando muchos documentos nuevos que robustecían y clarificaban la hipótesis de trabajo de la que allí se partía para tratar de explicar la importancia de los gitanos en Andalucía, como en esa búsqueda del origen, tanto del fenómeno del flamenco como del propio vocablo que distingue al cante, el toque y el baile de este arte.

Además, en el mientras tanto, se había desarrollado el proceso completo de la reforma del Estatuto de Autonomía de Andalucía que lo consagraba como rasgo andaluz de identidad, levantando en otros territorios españoles ciertos resabios y resquemores.

Pero, al mismo tiempo que se daban esos rifirrafes, en Andalucía todo se quedaba «tal cual» y no se llegaba a una consecuencia muy lógica: se reconocía la personalidad andaluza del flamenco pero nadie decía nada en relación con los gitanos andaluces que, evidentemente y dejándonos de *tiquismiquis,* habían tenido que ver mucho en su plasmación y desarrollo o, lo que es lo mismo, habían tenido algo que ver con la Andalucía autónoma de nuestros días.

Como aquí se sigue operando con la premisa de que todos los andaluces no sólo somos iguales ante la ley sino también ante los genes (parece que aun tuviéramos que pedir certificados de pureza de sangre para ir al colegio)· la Historia se toma igual que una de aquellas Provisiones que se daban a ciertos gitanos para que se pudieran mover libremente: en ella se dicen unas cosas y no se dicen otras.

Después viene lo que viene: que se conmemora el bicentenario de la Guerra de la Independencia y, aunque hayan transcurrido 200 años y vivamos en una democracia absolutamente consolidada, seguimos en la misma página de la Enciclopedia Bruguera de nuestra infancia.

Eso me llevó a la conclusión de que era conveniente editar de nuevo la historia de la Prisión General de los Gitanos —un capítulo importante pero desconocido de nuestra Historia— y dejar la investigación sobre los orígenes musicales y poéticos del flamenco para otra obra que, a parte de clarificar el tema en sí mismo, también sirviera para —con documentos en sus páginas— darle carta de naturaleza andaluza. Espero que, más pronto que tarde, ese otro volumen pueda ver también la luz.

El Autor

CAPÍTULO I

LOS GITANOS Y LA ILUSTRACIÓN

Los gitanos, claramente visualizados en la calle por sus vestimentas y sus oficios, existen en la mayoría de los países europeos pero son casi inexistentes para su Historia a no ser por alguna noticia mínima en las páginas de sucesos de los periódicos. En la literatura de casi todos ellos, los gitanos cumplen, de vez en cuando, un pequeño papel de comparsas y ahí acaba su cometido. Por el contrario, la literatura castellana está profusamente plagada de textos sobre gitanos y de creaciones literarias de los propios gitanos o conservadas y trasmitidas por ellos. Es la prueba evidente de que, a lo largo de siglos, los gitanos españoles —y especialmente los sureños— tuvieron su papel en el desarrollo de los acontecimientos, de que, entre ellos y los demás grupos sociales, existió una cierta interrelación aunque no fuera más que la que hay entre los primeros y los últimos eslabones de una larga cadena.

Últimamente, la exportación de expresiones andaluzas —muchas de ellas con grandes componentes gitanos— a determinadas regiones europeas, por ejemplo las del Sur de Francia, ha llevado también a la exportación de acontecimientos de rasgos gitanos, como romerías. Es una muestra más de la influencia cultural de Andalucía o del Sur de la península ibérica en el mundo occidental.

En España, la minoría gitana, instalada en ese incómodo *eslabón de cola* desde el siglo XV, sufrió todos los sinsabores que produce una sociedad basada en los principios religiosos intransigentes, la nobleza de sangre y el dinero (que, en definitiva, puede lograr la adquisición de aquella cuando apetezca); esta minoría fue, por tanto, despreciada, marginada, obligada a ejercer profesiones que no querían otros, acorralada con leyes y disposiciones...

De entre todas esas formas de opresión, la más importante, inicua y singular —la que los equipara a nuestros judíos, protestantes y moriscos— fue la orden y ejecución de Prisión General que se llevó a cabo contra ellos en 1749, hace ahora 276 años, por obra no ya de la administración teocrática e imperial que actuó contra aquellas minorías, sino por parte de la que, en sustitución de la anterior, pretendía construir un mundo nuevo basado en la Razón, el gobierno del *Siglo de las Luces.*

Seguramente ahí está el quid del asunto: los gitanos —como los grandes señores apartados de la nueva Corte, o los frailes y monjas de los grandes y numerosos monasterios fundados anteriormente— no eran ciudadanos *razonables,* considerados desde el punto de vista que guiaba a los pensadores ilustrados[1] , lo mismo que judíos, protestantes y moriscos no habían sido súbditos asimilables en una sociedad de pensamiento único. En el siglo XVIII los gitanos pretendían —igual que aquellos otros estamentos en los anteriores— seguir viviendo como lo habían hecho siempre y ello no era compatible con los principios que regían para una sociedad en la que todo debía ordenarse de otra manera.

En esto los gitanos se parecían, por lo tanto, a los nobles que habían servido a la Casa Real anterior y a los clérigos cuya vida dependía del imperio por el que debían rezar; todos éstos tampoco veían con buenos ojos el progresivo

---

1 A este propósito puede estudiarse cual era la opinión de Olavide sobre todos ellos en Marcelin Defourneaux. Pablo de Olavide. Libros Padilla. Sevilla 1992. También en Luis Perdices Bias. Pablo de Olavide (1725-1803) El Ilustrado. Editorial Complutense. Madrid 1993. Ver, particularmente, el capítulo 111: "La España retratada en los escritos de Olavide".

desmantelamiento del régimen de señoríos y el recorte de la influencia frailuna, iniciado por ministros como el marqués de la Ensenada, un «noble», como demostraba el apellido, de los de la «nueva ola». Ambos procesos, aunque lentos, corren paralelos —lo dejo aquí reseñado para retomarlo después— y terminarán, más o menos, por las mismas fechas: con el Estatuto Real de la reina Isabel II, en los años treinta del siglo XIX. El punto de arranque de la convulsa sociedad andaluza que llega hasta nuestra *Transición* a la democracia y el del flamenco, como *arte público,* se encuentran en la misma raya de salida.

Pero los gitanos españoles, en especial los andaluces o —si se quiere mejor— los sureños, no gozaron de mucha suerte en lo que a investigación de su devenir se refiere, sobre todo, en esos procelosos años del surgimiento del flamenco: nacido éste en forma de hijo espúreo de una cultura más atenta a los saldos de lo que producía Europa que a lo que aquí ocurría, las extrañas escalas musicales que salían de gargantas sin pulir, se consideraron hijas de una musa menor. Después fueron variadas y variopintas las circunstancias que impidieron el estudio y la investigación y, entre unas y otras cosas, hasta hace tan sólo unos pocos años, los trabajos serios sobre ellos y su música podían contarse con los dedos de las manos. Los gitanos españoles y las manifestaciones culturales producidas en su ámbito social no formaban parte de la Historia de España.

La falta de estudios fue suplida a lo largo de ese período por una sarta de representaciones estereotipadas en las que confluían elementos sacados a tirones de las tragedias griegas, transposiciones de caracteres novelescos románticos (sobre todo franceses), raras conexiones con Oriente, pecados perdidos para la memoria que hay que purgar por los siglos de los siglos... y una pena ancestral que pasaba, sin saber por qué, de generación en generación. Todo menos Historia.

En esto —todo hay que decirlo— participaron los unos y los otros, porque, desde una parte, se pensaba que convenía mantener la boca cerrada sobre ciertos hechos para salvar cortos períodos de ideas progresistas y, desde la otra, se seguía en el empeño de hacer callar, ocultándolo todo. Y también en este olvido participaron los gitanos, a quienes sus circunstancias culturales impedían ordenar y poner por escrito estas cosas, mientras que las sociales los obligaban (antes a todos, hoy sólo a una parte) a seguir comiendo *el pan de manita ajena* y, por tanto, a mirar continuamente la cara de quien se lo daba.

De esta manera, los hechos no se consignaron en los libros, y las vivencias, por las causas de antes, fueron siendo arrancadas de esa Historia ágrafa que cuenta, aunque sea atropelladamente, pormenores. Y hasta desaparecieron los torcidos renglones mentales de los cuentos y las leyendas, que a veces suplen la memoria y los libros. A parte de los papeles que después han ido apareciendo, los sucesos quedaron sólo en esas mínimas estrofas de tres o cuatro versos en las que Demófilo creyó encontrar miles de fragmentos del Espejo que debió una vez reflejar sintéticamente la Historia Social, como el ornitorrinco reflejaba, para Charles Darwin, el devenir —la Historia Natural— de las especies.

Pero aquellos estudios del *folk-lore,* antes y después de todo, fueron un intento de ciencia humanista. Utópicos, como muchas de las cosas que produjo el siglo XIX, como el Manifiesto Comunista de Carlos Marx y Federico Engels o las veinte mil leguas del viaje submarino de Julio Verne; pero humanistas. Lo peor vino luego.

Luego no hubo alrededor de los gitanos otra cosa que facilones lloriqueos de remendones (probablemente sin saberlo y sin poderlo saber) de un Otto Bauer pasado por el agua bendita de pilas religiosas o profanas, que clamando por el destino cultural de los que no tenían tierra, encontraban, en los más insospechados rincones y a las horas más desusadas, extraños seguidores que poco después volvían a sus quehaceres habituales y dejaban hasta mejor ocasión las reflexiones y los ensayos construidos verbalmente y a base de manzanilla.

Así que quiero aclarar desde el principio de este tema que no pretendo partir de ningún concepto maniqueo, poniendo al rey Fernando VI y a los ilustrados de su administración del lado del mal, y a los gitanos del lado del bien; tampoco pretendo enredarme en la red de los presupuestos racistas o antirracistas que, aunque partiendo de muy antiguo, no se clarificaron hasta los sucesos de la Alemania hitleriana para, luego, vulgarizarse y hasta servirse en la bandeja de la ideología del consumo. Juzgar una época con los parámetro de otra no suele ser una buena ayuda a la investigación objetiva.

La idea de una persecución general y atemporal de los gitanos ha ido adquiriendo caracteres mitológicos, máxime cuando el terreno está abonado para ello, puesto que la historia de esta minoría ha sido frecuentemente despreciada por los estudiosos y, por otra parte, todavía existen muchos, muchísimos, colectivos dentro de ella que viven en una situación deplorable y, por tanto, se ven frecuentemente envueltos en vicisitudes relacionadas con la marginación social y las fuerzas de orden público.

Creo que es necesario poner los hechos sobre el tapete, sin prejuzgar, en principio, su calificación, sin hacer de esto una historia de progresistas contra conservadores, sobre todo cuando después, por un lado, tendrá lugar el fracaso de las ideas «progresistas» de la Ilustración y, por otro, aparecerán manifestaciones, aparente o realmente «conservadoras», tan importantes como la del flamenco, y nadie dará —en el campo de la flamencología— explicaciones realistas sobre el por qué de lo primero y de lo segundo.

Sin explicitar todo lo que ocurre en nuestro siglo XVIII —como se ha hecho con demasiada frecuencia— nadie se explicará las causas del derrumbe de aquellas ideas que impulsaban la modernización del país, ni lo que sucederá en el consecuente siglo XIX, lleno de guerras y enfrentamientos que se alargarán hasta 1936. Nuestra carencia de una *Historia grande* quizás tenga que ver con todo ello.

Pero, en el terreno de la *Historia chica,* y poniéndonos en el lado de los gitanos, el obviar acontecimientos como éste puede llevar a que tampoco se comprendan muchas de las cosas que vendrán después, porque ¿tan claro está que no puede existir, aunque sea lejana, una relación entre los largos años de prisión y muchas de las coplas flamencas —y sobre todo de sus formas líricas y musicales— como para no dar noticias de aquella o hacerlo quitándola de encima de la mesa de estudio con unas leves pinceladas?

En la España del siglo XVIII se dan intentos reformadores de indudable valía pero llevados adelante sin tener en cuenta lo que hoy llamamos *condiciones objetivas* y sin que se tuviera la valentía de intentar crearlas; a la vez, existen allí posiciones conservadoras que, aún haciendo de freno entonces, sin embargo, cumplen un gran papel para con el futuro (nuestro presente), al lograr mantener determinados valores que no eran tales para los dirigentes de la Ilustración (ni para los primeros constitucionalistas del XIX). A ambos lados existen conciencias estrictas pero, al mismo tiempo, circunstancias que impiden ver la importancia de ciertas cosas. Siempre ha sido más fácil reflexionar sobre el pasado que prever el futuro, pero puede ser que cuando esa reflexión no se da, no haya forma de pensar razonadamente en lo que viene.

Por ejemplo, en medio de ese *siglo de las luces,* y sólo unos años después de la *Prisión General,* el ministro Campomanes, que había sido uno de los *halcones* más duros en su ejecución, enjuiciaba así la expulsión de los moriscos, acaecida cien años antes:

> ...estos hombres (los moriscos) tomaron el partido de la desesperación, pareciéndoles menos malo el morir en defensa de su libertad que el vivir esclavos; y hubo aquella horrible, escandalosa y destructora guerra, cuyas particularidades nadie ha llegado a saber a fondo, por más que tengamos un insigne historiador de ellas; pero que puede servir de ejemplo de los males que acarrea el no respetar los príncipes los derechos de los pueblos, tan

sagrados en su línea como los suyos propios, como todos los dimanados del contrato social, que es la suprema ley.[2]

Y, sin embargo, no creo que concediera mucha importancia a los hechos sucedidos con los gitanos cuando era nada menos que fiscal del reino; simplemente porque, para él, los moriscos habían sido labradores hacendosos y los gitanos eran vagos relacionados con la ganadería. La maldad o la virtud no estaban, pues, en la raza, entendida como etnia, nación o profesión infame, sino en la predisposición a construir —o no— el *Estado de las Luces,* la sociedad perfecta que debía llevar al bienestar marcado previamente por los sabios. Esa sociedad, para desgracia de todos lo que vivieron aquí después de él, en España ni siquiera se alumbró. Algo, por tanto, fallaba en la estructura de su pensamiento y en el de sus colegas.

Lo cual no viene sino a corroborar la gran dislocación de las ideas que existió desde esta época en España y, de modo particular, en Andalucía. Dislocación que posibilita que, con harta frecuencia, los papeles de progresismo y conservadurismo se alternen y se alteren constantemente, de tal manera, que, luego, en el siglo XIX —y también en el XX—, muchos historiadores o ensayistas —aherrojados a las bases ideológicas de uno de los dos bandos— no sepan a qué carta quedarse y vuelvan a incidir, metodológica y hasta visceralmente, en los mismos errores de nuestro fiscal.

La Ilustración se opuso a los modos tradicionales de vida —tanto a los de los poderosos como a los de los humildes— y pretendió cambiarlos sin conseguir, por otra parte, que cambiaran las condiciones generales; al contrario: éstas, al coincidir la pérdida de la potencia imperial y colonial con la decadencia del territorio que había sido el centro de ese Imperio —Andalucía—, se hicieron cada vez más duras.

2 Conde de Campomanes. *Cartas político-económicas escritas por el...* Madrid 1878. Págs 82-83. Citado por Julio Caro Baraja. *Los Moriscos del Reino de Granada.* 4ª edición. Editorial Istmo. Madrid 1991. Pág. 259, nota 1.

Incapaces de recorrer el camino hacia la revolución, los ilustrados más radicales no tuvieron más remedio que tolerar a sus adversarios, la gran nobleza y los frailes, y renunciar a disputarles realmente el terreno que ocupaban[3]. Los ilustrados no fueron capaces de impedir a la Iglesia que, por medio de la Inquisición, prohibiese todo aquello que iba contra sus ideas. Por ejemplo, cuando en 1774 apareció el libro —de gran éxito en la mayoría de los países europeos— de Cesare Beccaria *De los delitos y de las penas,* en el que se pronunciaba contra la tortura, los delitos de pensamiento y la pena de muerte, la Inquisición española lo prohibió sin que los poderes civiles fueran capaces de oponerse[4].

Luego la *Guerra de la Independencia* acabó por trastocar del todo esta confusa situación: los ilustrados son, en su mayoría, partidarios de las ideas de la Revolución francesa —al menos en su primera etapa— y, por tanto, acaban condescendiendo con la administración napoleónica y convirtiéndose en traidores; las fuerzas más conservadoras son antiilustradas y con ellas están los gitanos, como veremos después, entre otras cosas porque la Ilustración los había encarcelado: se inclinarán, por tanto, del lado que apuesta por combatir al gobierno intruso y, por tanto, por el de la defensa de la independencia nacional.

Mientras esto ocurre, la reflexión de grupos de intelectuales puede recurrir constantemente a intentar valorar los logros de aquellos gobernantes que han realizados intentos de modernización y para ello olvidarán las partes dramáticas o trágicas de los mismos, con lo que éstas no serán conocidas por la Historia. Por el contrario, los que han padecido estos dramas,

---

3 De todo esto se da cuenta José Mª Blanco White en su artículo *Spain* y en su suplemento, de la *Enciclopedia Británica,* donde analiza la imposibilidad de que pudiera ser viable una Constitución, como la de 1812 que pretendía, a la vez, respetar los antiguos privilegios y dar al pueblo las libertades preconizadas por Montesquieu. Cfr. José Mª Blanco White. *España.* Ediciones Alfar. Introducción, traducción, traducción y notas de Mª Teresa de Ory Arriaga. Sevilla 1982.

4 En castellano, el libro no fue publicado hasta los primeros años de la *apertura,* en 1968, por Alianza Editorial, con comentarios de Voltaire.

cuando ya las circunstancias hayan cambiado, tampoco tenderán a recordarlos para no adoptar el papel de vencidos o para no tener que contarse entre ellos. Es más: en el caso que nos ocupa, apenas han comenzado a volver los primeros presos, se comienzan a poner en marcha mecanismos de mimetización social que realicen, en la colectividad que ha padecido la persecución, una operación de cirugía estética social para hacer que sus individuos se parezcan lo más posible a los demás.

LA PENA NEGRA

Desde la segunda mitad del siglo XIX, para todo el que trata de comprenderlo y explicarlo, se fijó el cliché de que el canto de los gitanos era, en realidad el llanto por un mundo perdido, «de un culto abolido», decía Bécquer. Si el nombre *flamenco* está envuelto en la niebla de la pincelada sentimental, ésta se hace fuerte y cobra caracteres de axioma cuando, por lógica, echa el áncora en una de las características particulares que más han aflorado a la literatura gitanesca: me refiero, naturalmente, a la pena[5].

Con las más variadas alusiones a una pena vaga, profunda e inmemorial, que no sabe de donde proviene y sirve, en definitiva, para tener la seguridad de que continuará el espectáculo, se taparon los desconchones de la Historia. La pena ha sido al discurso flamenco lo que las flores a los jardines. De la pena se ha usado y se ha abusado hasta la saciedad sin que

5 Eso de la «pena negra» acaso no sea más que una transposición de los «soníos negros», de los que se ha hablado tanto calificándolos como la gran intuición de Manuel Torre que los atribuía a la música de Falla, dando a entender que se parecía a la gitana. Aunque parezca mentira, el gran cantaor jerezano se refería a los bemoles, o sea, a los sonidos que emitía el piano cada vez que Falla tocaba una de las notas negras del teclado. Obviamente, en este caso, los susodichos bemoles no eran más que un intento del maestro por copiar las raras escalas flamencas y adaptarlas a música de la scala bem temperata del piano. Así de simplemente comienzan las leyendas.

casi nadie se detuviera en los *por qué*. Para la mayoría de los que la han manipulado en sus ensayos o en sus poesías, ésta ha sido el remedio casero para todas las carencias académicas, investigadoras... y, ¿por qué no decirlo?, poéticas.

Si se partía de la premisa o se llegaba a la conclusión de que el flamenco era árabe, entonces la pena surgía por la pérdida de Granada; por la de Toledo, si se caía en la cuenta de que los cantes provenían de los judíos, y no se sabe muy bien por qué, si había que echar mano de los gitanos para buscar el origen nebuloso de unas estrofas. Cualquier cosa menos ir a ver qué era lo que, en realidad, había pasado.

La historiografía española, hasta hace bien poco, se rigió por los sucesivos reinados de los monarcas, despreocupándose de eso que ahora se llama *Historia de la vida cotidiana*. La importancia de los reyes se relacionaba con las de los hechos de armas o las empresas colonizadoras y, por tanto, se tendía a aligerar las páginas en aquellos tiempos en los que la suerte nos era adversa. De este modo, períodos enteros de nuestro pasado andan perdidos en unos extraños capítulos de los que nadie entiende

Pero, volviendo a la pena, creo que hay que dejar palmariamente sentado que no la hallaremos en ninguno de los testimonios que nos han llegado sobre la vida, los cantos y las costumbres de los gitanos en los siglos XVI y XVII. Gil Vicente, Cervantes, Góngora, Juan de Luque, Lope de Vega, Juan de Luna..., hablaron de los gitanos, de sus cantos y de sus danzas, como alegres, hechos para divertir a la gente a la que había que sacar algunos cuartos e, incluso, hubo algunos de ellos que, en sus obras, propusieron imitar su forma de vivir.[6]

Los gitanos se pusieron a olvidar que habían estado presos por meses, por años, por lustros..., por más de un decenio y los círculos de la afición flamenca (donde confluían

---

6 Antonio Zoido Naranjo. *Ni Oriente ni Occidente. Viaje al centro de la cultura andaluza*. Signatura Ediciones. Sevilla 1998. Ver págs. 298 y ss.

gitanos y *gachós* pobres y *servilones* y *liberalitos*[7] ricos) comenzaron a proclamar que provenían del desierto de una pena ancestral por hechos perdidos en la memoria individual y colectiva. Total: unos por otros, y la casa sin barrer.

---

7 *Servilón* y *liberal* eran los apelativos que mutuamente se daban, con carácter de insulto, los individuos que, por sus ideas, se adscribían a los partidos de ideas absolutistas o moderadas. Fernán Caballero escribió un cuento con este título en el que dos personas con estas ideas se ven obligados a ayudarse mutuamente.

CAPÍTULO II

«EN DÍA FIJO Y SEÑALADO»

Eran los días señalaos
de Santiago y Santa Ana
yo le pedí a mi Dios que me aliviara
esas duquelas mías
de mi corazón.

A menudo hay cosas que, a fuerza de escucharlas una y otra vez, parecen tener un significado tan claro que ni se nos ocurre pensar que pudieran tener otro del que aparece a primera vista. Por eso, cuando hemos leído o hemos oído cantar la extraña copla que siempre sobrecoge, hemos creído que sólo se trataba de un desahogo lírico personal. Pero quizás hubiera algo más.

El obispo Vázquez Tablada, presidente del Consejo de Castilla, que preparaba desde hacía años el apresamiento de los gitanos, escribió, curiosamente, en sus instrucciones que sería necesario preparar un plan para coger a la vez a todos los gitanos de España *en día fijo y señalado.*[8] Se fijó y señaló, pues, que ese día fuera el 30 de julio de 1749.

Los días señalados de Santiago y Santa Ana, como los del Corpus, la Ascensión, la Virgen de Agosto, o la Navidad, iban

8 Antonio Gómez Alfaro. *La gran redada...* Op. Cit. pág. 14.

desde las festividades hasta su octava. Así nos lo dejó dicho, por ejemplo, Justino Matute:

> La fiesta y octava de señora santa Ana... las costea la Fábrica, así como la iluminación de su torre y azoteas en la víspera, y antes los primorosos fuegos, que en aquella se disparaban. Es imponderable el júbilo que reyna ese día en toda la collación, a que contribuye la famosa velada, que con este motivo se celebra, en que algunos años ha estado empavesado el puente, con bandas de música marcial por su entrada al altozano, y concurrencia numerosísima.[9]

En esos días —señalados en el territorio del sentimiento, que no en el de la Historia— tuvo lugar, en el año 1749 y por orden del rey Fernando VI, la Prisión General de los gitanos.

La Prisión General no es un acontecimiento local, ni siquiera algo que afectara únicamente al territorio andaluz, aunque fuera en él donde vivían la mayor parte de los gitanos españoles. Es un hecho dramático que padecen miles y miles de personas de toda nuestra piel de toro, arrastrándolas durante años, dieciséis años en cientos y cientos de casos, y que tocó de soslayo a otras muchas más. Y, sin embargo, como he dicho, está ausente de la inmensa mayoría de nuestros libros de historia[10].

Pero lo malo para nosotros, los españoles en general, viene de que en algunos de esos períodos *perdidos* es donde se encuentran muchas de las claves de nuestros actuales problemas. Es más: lo malo, para nosotros, los andaluces, es que ahí pudieran estar los primeros rastros de nuestros signos

---

9 Justino Matute. *Aparato para escribir la Historia de Triana y de su Iglesia parroquial.* Colegio de Aparejadores y Arquitectos técnicos de Sevilla. Sevilla 1988. Pág. 36. ·

10 Refiriéndose a algo parecido, el bandolerismo, Constancio Bernaldo de Quirós y Luis Ardila, en 1931, decían lo siguiente: *...a las puertas de Barcelona ... Cervantes coloca su único episodio de bandolerismo, con la persona del histórico Roque Guinart, que los eruditos catalanes han sabido estudiar más y mejor que los andaluces a los más representativos bandidos béticos.* (Se refieren, según su propia nota, a los estudios de Corbella, Parassols, Sarret y Soler i Terol, este último —el más reciente entonces— publicado en 1905.

de identidad, diluidos tantas veces en el agua de sus orígenes. En los siglos XVIII y XIX, una España, casi siempre de mentalidad absolutista, escribió toda su Historia bajo pautas áulicas y, sólo algunas veces, en los cortos períodos constitucionales, asumió la crítica a aquellas formas, pero una Andalucía que no tenía arte ni parte, no escribió ni entonces, ni hasta mucho después, su propia Historia, no basó la reflexión en sus propios hechos.

Baste recordar que la de Joaquín Guichot (no olvidemos su participación en las luchas del cantón sevillano), que ha sido siempre puesta como similar a las que se publicaron entonces en Cataluña o en otros territorios con voluntad autonomista desde el siglo XIX, dice a propósito del reinado de Fernando VI:

> El reinado de Fernando VI, llamado con justicia el Marco Aurelio español, por su amor al pueblo, fue harto breve para la felicidad de nuestra lacerada patria. He aquí la verídica y sumaria descripción que nos hace de él un historiador de nuestros días.
>
> Si la grandeza de un monarca consiste en exprimir todo el jugo posible de las haciendas de los súbditos, en reunir a éstos en numerosos rebaños, y llevarlos a morir a los campos de batalla para gloria del soberano, Fernando VI no fue grande. Pero si hay grandeza en que un rey, se compadezca de los males de sus pueblos, en que no sirva sino para darles felicidad y bienandanza, en que les abra todos los caminos que conducen al bienestar y la dicha doméstica, en que bendiga a Dios viéndolos alegres, en que lamente sus desgracias y tome parte de su llanto... Si en hacer todo esto hay grandeza ningún rey fue más grande que Fernando VI.[11]

Es verdad que ese *rey grande,* o sus ministros, tuvieron la valentía de cerrar las puertas de las penúltimas veleida-

11 Joaquín Guichot. *Historia general de Andalucía.* Tomo 11. Fundación Paco Natera. Córdoba 1982. Págs. 205 y 206.

des imperiales, y retirar todas las tropas que España seguía manteniendo desperdigadas por la geografía de Europa en pequenas guerras sin sentido, es verdad, además, que Fernando VI es el monarca que, realmente, inicia muchas de las reformas que su hermano Carlos III terminaría.

Pero, de la misma manera, es, precisamente, el soberano que ordena esa Prisión General de los gitanos, un hecho de importancia primordial en Andalucía —y sobre todo— en la Occidental, donde se asentaban la mayoría de ellos, para el desarrollo posterior de determinados rasgos folclóricos (para la permanencia, por lo tanto de unos *saberes)* que hoy son los que nos distinguen de los demás.

Habría, pues, que haber puesto los hechos —los unos y los otros— a la vista de todos, haberlos colocado en los platillos de la reflexión histórica y política, intentar explicar los *por qués* de las cosas que sucedieron y llegar así a conclusiones. Sin embargo, aquí, esa efeméride siguió y sigue siendo un acontecimiento prácticamente desconocido. Por ejemplo, tanto en su *Historia de Andalucía,* como en la del Ayuntamiento de Sevilla, el mismo autor de antes, Joaquín Guichot, no hace mención expresa de estos hechos. Sólo los relata, como si se tratara de un acontecimiento sevillano, en el tomo IV de la que dedicó a la ciudad.

Existen algo más que menciones de estos hechos en los *Anales de Sevilla,* reeditados recientemente, del historiador Justino Matute[12], obra con la que continuó la de Ortiz de Zúñiga. Matute, que centró parte de su obra en Triana, dice en el relato cómo volvieron muchos gitanos a finales del año y de sus palabras podría deducirse que la prisión terminó en esa fecha. De ese error han bebido, indudablemente, algunos otros que como, Aguilar Piñal, usan para describir las causas del indulto casi las mismas palabras que aquel.

---

12 Justino Matute. También hace algunas referencias en *Aparato para escribir la Historia de Triana y de su iglesia parroquial.* Colegio Oficial de Aparejadores y Arquitectos Técnicos de Sevilla. 1988.

Tampoco los historiadores modernos han concedido al hecho una mediana importancia: la *Historia de España,* dirigida por Tuñón de Lara, a pesar de sus muchos volúmenes y su inclinación al estudio de lo social, ni siquiera hace una referencia; el historiador más especializado en la Sevilla y la Andalucía de esta época, Aguilar Piñal, si la menciona, aunque de pasada. Casi lo mismo ocurre en la *Historia de Andalucía,* dirigida por Domínguez Ortiz; el profesor, que escribe un brillante capítulo dedicado a los estratos inferiores de la sociedad andaluza, en este tema, sólo hace una breve referencia al magnífico artículo de Alfonso Lazo del que nos serviremos más adelante—, mientras la *Historia General de Andalucía,* de Manuel Alonso, despacha el asunto en breves líneas.

Han tenido que ser investigadores de los últimos cincuenta años, ya en los inicios de la democracia, los que comenzaran a tomar en sus manos el tema. Aparte de Alfonso Lazo por lo que se refiere a los sucesos de Carmona, ha sido Antonio Gómez Alfaro el que ha estudiado más generalísticamente que otros autores la *Prisión general* en su libro *La gran redada de gitanos*[13]. Este volumen contiene muchos de los documentos emitidos en la preparación, la puesta en marcha, la resolución de las órdenes y el estado de cosas en años sucesivos en cada uno de los lugares de encarcelamiento. Aunque el diseño y la maquetación del volumen, combinando el relato de los hechos con la transcripción de los documentos, no facilitan la lectura, es, hasta la fecha, la mayor aportación investigadora realizada sobre los sucesos que nos ocupan.

Junto a esta publicación hay que destacar dos trabajos del mismo autor; el primero es *Anotaciones a los censos gitanos de Andalucía*[14], con el que participó en el I Congreso de

---

13 Antonio Gómez Alfaro. *La gran redada.* Centro de investigaciones gitanas. Editorial Presencia gitana. Madrid 1993.

14 Antonio Gómez Alfaro. *Anotaciones a los censos gitanos de Andalucía.* En Actas del Primer Congreso de Historia de Andalucía. Andalucía Moderna. (siglo XVIII) Tomo I. Publicaciones del Monte de Piedad y Caja de Ahorros de

Historia de Andalucía, de Córdoba. En él, amplía el objetivo hasta los prolegómenos del siglo XVIII y nos da una visión del problema gitano y su evolución a lo largo de casi cien años, hasta la Pragmática de Carlos III.

El segundo es un delicioso artículo en el n. 30 de la revista *Demófilo* (Tipologías, matrimonios mixtos y mestizajes gitanos en los censos históricos andaluces) en el que nos descubre —ni más ni menos— la personalidad real del «señorito» de la *carta marrueca* de Cadalso en la que vemos una de las primeras huellas del flamenco: era el hijo de una gitana y un maestrante de Ronda que, a raíz de la pragmática de Carlos III, dejará de ser gitano para pasar a ser noble.

Es obligado resaltar, sin embargo, que, con anterioridad a estas investigaciones habían aparecido algunos artículos, sobre todo, el de Alfonso Lazo, *La política antigitana de los dos primeros Borbones en el reino de Sevilla*[15], y otros como el del francés Francois de Vaux de Foletier, *La rafle des Gitans d'Andalusie en 1749 d'apres des documents français*[16], algunos más y, sobre todo, el libro de Helena Sánchez Ortega *Documentación selecta sobre la situación de los gitanos españoles en el siglo XVIII*[17] y *Los gitanos españoles. El período borbónico*[18].

Córdoba. Córdoba 1978. Págs. 239-256. Revista Demófilo. N.30. Sevilla 1994, págs.31-52.

15 Revista Archivo Hispalense. 2° Epoca. Tomo LVII. N° 175. Diputación de Sevilla. Sevilla 1974. Págs. 1-34.
Estoy íntimamente convencido que fue el artículo de Alfonso Lazo, anterior en varios años a los trabajos de Gómez Alfaro, el que hizo saltar la cuestión, hasta el punto de que Francois de Vaux —me parece que becario de la Casa de Velázquez, de los que entonces andaban por aquí en grupo numeroso, lo confundió con un acontecimiento restringido a Andalucía. Creo que Gómez Alfaro conoció el trabajo con posterioridad al I Congreso de Historia de Andalucía. Me consta, asimismo, que María Helena Sánchez Ortega estuvo en Carmona —investigando su archivo municipal— a raíz de la publicación de Lazo.

16 Revista Etudes Tsiganes. N° 3. Paris 1977.

17 María Helena Sánchez Ortega. *Documentación selecta sobre la situación de los gitanos españoles en el siglo XVIII.* Biblioteca de Visionarios, Heterodoxos y Marginados. Editora Nacional. Madrid 1976.

18 Editorial Castellote. Madrid. 1977.

Sin duda alguna, el artículo de Alfonso Lazo que, aun centrándose casi exclusivamente en Carmona, nos proporciona muchas otras noticias, tuvo que ser un detonante para que comenzaran otros estudios. En mi opinión es el trabajo que, desde el punto de vista de la investigación histórica, nos proporciona un planteamiento más científico, estructurado y sopesado, aunque casi reducido a un acontecimiento local. A él nos referiremos muchas veces en las páginas siguientes.

Los libros de María Helena Sánchez Ortega, casi sin trabajo de síntesis, son, sin embargo, una compilación abultada de documentos que, en campo tan yermo, representan una cosecha excepcional. Pero, en su corta introducción, la misma historiadora demuestra desconocer en gran medida los hechos, ya que confunde lo que Gómez Alfaro llama *la reconducción de la redada* con el fin legal de la prisión, a pesar de que, después, incorpora un documento sobre el traslado en barco de cientos de prisioneros a La Graña, en Galicia.

Señalaremos así mismo como fuente el libro del malogrado Torcuato Pérez de Guzmán, *Los Gitanos herreros de Triana*[19], en el que, aun no tratando específicamente el tema, encontramos bastantes datos que pueden ayudarnos a la comprensión de lo sucedido en estos años. Tengo conocimientos que indican que cuando le sorprendió la muerte estaba estudiando temas gitanos (aunque en su artículo póstumo de la Revista Demófilo[20], de la Fundación Machado, no ha tocado este tema, quizás algo más salga a la luz a raíz de su fallecimiento).

---

19 Torcuato Pérez de Guzmán. *Los gitanos herreros de Triana.* Publicaciones del Ayuntamiento de Sevilla. Biblioteca de temas sevillanos nº 17. Sevilla 1982.

20 *Demófilo.* Revista de Cultura Tradicional de Andalucía. Nº 30. Los gitanos andaluces. Sevilla 1999. En este número se ha perdido una buena oportunidad de haber dedicado, al menos una parte, a la conmemoración de la Prisión General, al haber aparecido en su 250 aniversario. De ello me echo yo también la culpa, aunque me enteré muy tarde de su preparación. El artículo de Pérez de Guzmán, *Salomón Vargas, un lazo entre dos mundos,* trata de la personalidad de su principal informante para el libro que hemos citado.

Poco más hay que anotar, salvo las referencias de Aguilar Piñal en su *Historia de Sevilla*[21] y en *La Sevilla de Olavide*[22], y algunas otras. Pero estas carencias se compensan con los detalles que nos depara el *Libro de la Gitanería de Triana*[23], el manuscrito encontrado y publicado hace tan sólo pocos años, que sin duda alguna el tiempo irá convirtiendo en un documento de primera magnitud para centrar la visión de estos acontecimientos, dado que fue escrito para defender a los gitanos en las circunstancias que tratamos y que ofrece, incluso, una visión directa del desarrollo de los acontecimientos iniciales.

Tan desconocido era el hecho en nuestros libros de Historia que prácticamente todos los tratadistas de flamenco no lo incluyen en sus estudios, es más: se despistan ante el acontecimiento o, mejor, ante la laguna del mismo, con lo cual titubean, hablan de levas, confunden acontecimientos de cinco años antes —de distinto signo— con los de la prisión propiamente dicha Desde luego, hubiera sido esencial que hubieran conocido, al menos los documentos referidos a Carmona, Felix Grande, Ángel Álvarez Caballero, José Luis Ortiz Nuevo y Bernard Leblon, porque, seguramente, ello hubiera influido en muchas de sus reflexiones.

---

21 Francisco Aguilar Piñal. *Historia de Sevilla. Siglo XVIII.* Universidad de Sevilla. Colección de bolsillo. Sevilla 1982.

22 Francisco Aguilar Piñal. *La Sevilla de Olavide.* Ayuntamiento de Sevilla. Colección Clásicos sevillanos. Sevilla 1995.

23 *Libro de la Gitanería de Triana de los años 1740 a 1750 que escribió el Bachiller Revoltoso para que no se imprimiera.* (Despues, tras un epílogo, lo firma Jerónimo de Alba y Diéguez) Edición de Antonio Castro Carrasco. Sevilla 1995.

CAPÍTULO III

EL PODER Y LAS MINORÍAS EN ESPAÑA

Al menos desde el reinado del Papa Inocencio III, a finales del siglo XII, —aunque, seguramente todo arrancó con el emperador Constantino, nueve siglos antes— la Iglesia católica había pretendido la realización urgente, y por la vía de la espada, si era menester, del Reino de Dios en este mundo (algo anticristiano, en definitiva, porque Jesucristo, ante Pilato, había dicho exactamente lo contrario). Pero la Idea de este reino terrenal —en la más pura expresión de la teoría de Hegel— no se plasmaría sólidamente hasta la subida al solio pontificio del cardenal flamenco Adriano de Utrech, consejero y regente en España del emperador Carlos V. Fue entonces cuando se unieron de verdad, y casi a nivel mundial, las *dos espadas*[24] que soñara el papa Inocencio para trazar con su cruz los puntos cardinales de un movimiento de expansión en las dos vertientes. Fue entonces cuando sirvió para una finalidad claramente unificadora de la religión y el imperio, la gramática que Nebrija había escrito.

24 Cfr. Papa Imocencio III. «Sermón de apertura del IV Concilio Lateranense» En *Christianity through the thirteenth century*. Selected documents edited by Marshall W. Baldwin. Macmillan. Pensilvania 1971. Págs. 293 y ss.

Desde esa época, en España y sus territorios, todo lo que no fuera católico había de comenzar a serlo después de un proceso programado, o desaparecer. Todas las leyes contra los judíos, los partidarios de la Reforma de Lutero, los moriscos... los gitanos, o cualquier otro grupo social, lo mismo que todas las permisiones que, en ocasiones, se les dieron, estaban encaminadas a este fin.

Con respecto a los tres primeros grupos —claros y diáfanos tanto religiosa como socialmente— las cuestiones se resolvieron con los métodos tradicionales de la conversión o la prisión, el destierro o la ejecución. Las plazas de San Francisco, en Sevilla, la de Bib-Rambla, en Granada, y otras han quedado como paradigmas de esta persecución. En el mismo siglo XVIII, y hasta 1781, en que se quemó a una ciega de la que Blanco White habla en una de sus *Cartas,* cerca de un centenar de personas, acusadas de judaizantes, fueron condenadas a cárceles o destierro y cerca de 20 a la hoguera. Del suplicio, en 1722, de una de ellas, Antonia Montañés, nos ha quedado el relato espeluznante de su muerte:

> ...concurrieron los calificadores más doctos del Tribunal y otros sujetos de acreditados espíritus, por ver si fomentando aquellos auxilios podían ganar aquel alma; mas todo su trabajo quedó perdido, y al cabo de dos días la condujeron al quemadero y fue quemada viva, con lástima del inmenso concurso que acudió a presenciar el suplicio, tanto más horrible cuanto el viento llevaba el fuego y el humo a sus espaldas, y no la sofocaron como era de esperar, así que con lentitud fue achicharrada entre las convulsiones de su desesperación y exclamaciones piadosas del pueblo.[25]

El caso de los gitanos era diferente, aunque, entre el cúmulo de noticias que nos suministra el *Libro de la Gitanería de Triana,* tengamos dos autos de fe a dos gitanas que se

---

25 Justino *Matute.-Anales...* Op. Cit. Tomo l. Págs. 149 y 150. El quemadero de Sevilla estaba situado en el lugar que hoy ocupa el Casino de la Exposición.

resolvieron con azotes y destierro[26] . Evidentemente no eran descendientes de los «impuros» judíos y moriscos, ni claramente herejes y no se les podía acusar de tales; se hacía, por tanto, más difícil actuar e, incluso, a lo mejor durante mucho tiempo no se puso tampoco tanto empeño en hacerlo. Creo que, aunque sea muy duro decirlo, los gitanos estaban asimilados en aquella sociedad imperial hasta que llegaron las vacas flacas; eran un elemento más de ella, aunque fueran el último elemento.

Por ejemplo, las pragmáticas contra los moriscos eran de efecto inmediato, salvo que —como ocurrió durante todo el reinado de Carlos V— los prohombres de esta comunidad pararan su entrada en vigor pagando fuertes sumas de dinero al emperador[27].

LAS PRAGMÁTICAS CONTRA LOS GITANOS

Por el contrario, aunque las leyes contra los gitanos fueron continuas, creo que, hasta el siglo XVIII, no puede decirse lo mismo de su eficacia por varias razones: en primer lugar, por la misma debilidad del grupo, muy acomodaticio en materia religiosa y muy obediente, en apariencia, a todas las leyes y mandatos para saltárselos después con la misma suavidad y sin plantar nunca cara; en segundo lugar, porque, mientras fueron trashumantes, lograban escapar frecuentemente a la acción de una justicia que apenas tenía cuerpos de fuerzas

---

26 *Libro de la Gitanería de Triana*.- (1740) *El día 7 de mayo fue sacada en Auto de Fé, Vicenta Flores por hechicería con castigo de azotes y un destierro moderado... Año 1748: En Sevilla se aprehendió a Anselma Jiménez a la que habían denunciado por hacer el mal de ojo a el ganado... siendo condenada por el Santo oficio y desterrada de la ciudad.* Op. Cit. folio 7 y adenda.

27 Cfr. Julio Caro Baroja.- *Los moriscos del reino de Granada*. Editorial Istmo. 4° Edición. Madrid 1991. Págs.159 y 160, por ejemplo. Un personaje destacadísimo en estas funciones fue Don Francisco Núñez Muley, autor de la protesta contra la pragmática que desencadenó la Guerra de la Alpujarra.

de orden público; y, en tercero, porque los gitanos eran el grupo más consolidado y más compacto dentro de la *mala vida* española, tan generalizada en estos siglos, y atraían a sus caravanas, como la miel a las moscas, a muchos de los que andaban por el filo de navaja de la ley.

Por tanto, estos motivos por los que se perseguía a los gitanos eran, comparados con los que se esgrimían contra judaizantes o protestantes, de poca monta (otra cosa es cuando se los considera bandidos armados, pero, en esto, las órdenes eran las mismas para los bandidos gitanos y para los que no eran). Por otra parte, en lo que respecta a la religión, sus extrañas oraciones de buenaventura, en nada contradecían la ortodoxia católica y, para colmo, aun negándose a adoptar muchos de los oficios que se les ofrecían por las buenas o por las malas, tenían otros que, muchas veces, eran necesarios a los habitantes de las poblaciones por las que pasaban o en las que habitaban, como se verá.

En conclusión: el régimen teocrático de la Casa de Austria española (y de la otra rama, la del imperio austríaco, que también tuvo leyes parecidas contra los zíngaros) estaba casi inerme para combatirlos con la misma contundencia con la que combatía a los otros. La sucesiva aparición de pragmáticas que, una tras otra, venían a decir las mismas cosas y proponer las mismas medidas, hablaba bien a las claras de la inutilidad de cada una de las anteriores.

De todos los autores que conozco y que han tratado el tema, el que, a mi entender, mejor y más objetivamente lo ha hecho ha sido el profesor Mario Penna. En su libro *El flamenco y los flamencos. Historia de los gitanos españoles y su música*[28] dedicó el más extenso de sus capítulos a las leyes españolas contra los gitanos (haciendo también referencia a otras legislaciones europeas, como la austríaca, la italiana, la británica...) y a las acusaciones y propuestas contra

28 Mario Penna. -*El flamenco y los flamencos. Historia de los gitanos españoles y su música.* Traducción, edición y notas de Antonio Zoido Naranjo. Portada Editorial. Sevilla 1996.

ellos tanto de particulares como de instituciones. De él he tomado, pues, muchas de las ideas que vierto a continuación

Todas las pragmáticas[29] que se extienden desde el siglo XV al XVIII, excepto la primera —la de 1499, de los Reyes Católicos—, se refieren a los gitanos como *falsos egipcianos* (o sea, egipcios falsos). En la de 1499, por el contrario, se los llama, simplemente, egipcios porque, seguramente, entonces todavía se creía en que ese era su origen real) Cuando, a partir de Felipe III, ya se dice siempre *egipcianos o los que se tienen por tales,* o *falsos egipcianos,* se ha dado un paso que ha cambiado totalmente la situación; porque ahí radicaba una de las mayores debilidades de esas medidas, pues si no eran realmente de Egipto, ni de ningún otro país conocido, no se los podía expulsar a ninguna parte, lo mismo que si no eran musulmanes, protestantes o judíos, no se los podía perseguir... Sólo quedaba intentar obligarlos a vestir, a hablar y a trabajar como las demás gentes de su mismo nivel social, pero tampoco esto podía hacerse con mucha facilidad, dado que su pobreza impedía la mayoría de las veces buscarse otras ropas o, al menos, eso decían, su exclusión de muchos ámbitos los llevaba a hablar de manera distinta y sus oficios les impedían encuadrarse en determinados esquemas. De todas formas, estas tres prohibiciones nos plantean preguntas y reflexiones interesantes para poder ver cómo los gitanos españoles y, sobre todo, los andaluces, estaban bastante más integrados en la sociedad de lo que muchas veces se ha dicho.

EL TRAJE DEL GITANO... Y DE LOS DEMÁS

Puede que la cuestión del traje no haya sido comprendida en sus justos términos, o sea, en los de la mentalidad del que lanzaba la prohibición: tanto ésta, como la de poseer

29 Los textos de todas ellas pueden encontrarse en María Helena Sánchez Ortega.- *Documentación selecta... Op. Cit. Págs.30 97.*

caballos, resultan extrañas, dado que, en relación con lo primero, cuando alguien —por ejemplo, el *Bachiller Revoltoso*[30] o algún documento[31]— lo describía, ninguna de las prendas resultaban tan excesivamente rara como para perseguirla; con respecto a la prohibición de tener caballos y yeguas, se percibe que no podía estar relacionada con la de no mudar de domicilio, puesto que, a continuación se les permitían mulos, jumentos... Están relacionadas con el rango social y, en definitiva, son las mismas que se emiten en México para los indios[32]. Por eso en las primera pragmáticas, y, más concretamente, desde el momento en el que se los considera falsos egipcios, se les conmina así mismo a *tomar señor.*

Con respecto al traje *indebido,* no fueron sólo los gitanos los amenazados: hay que decir que, desde el final del siglo XV, diferentes instrumentos legales de los sucesivos monarcas españoles habían intentado que sus súbditos de los distintos estratos sociales de sus dominios se distinguieran claramente unos de otros, prohibiendo a los de más abajo llevar trajes que correspondieran a los de más arriba. Gestoso, a propósito de la historia de la Hermandad de los Sastres o Alfayates, de Sevilla, nos ha dejado varios textos de estas *voluntades regias* nunca obedecidas, desde Juan II a Carlos V. Sólo unos años después de la llegada de los gitanos a España, en 1452, y cuando aun no existía el problema de sus vestimentas Juan II no accedió a las peticiones de las

30 (las gitanas) *visten una larga saya de un tejido de bayeta que hacen en Francia y almilla de color ceñida al talle, abierta delante y una mantellina con larga flocadura, llevando en la cabeza cintas trenzadas de diversos colores... (Libro de la Gitanería de Triana. Op. Cit. Pág. 21).*

31 (el de los gitanos consiste en) *chupa de sarga negra, chaleco de seda de raso liso encarnado, calzones de paño pardo...* (AHN, Consejo, legajo 525. Citado por Gómez *Alfaro.-Anotaciones...* Op. Cit. Pág. 243)

32 Zoido, Antonio.- México y Andalucía. De Tlatelolco al Guernica. Signatura Ediciones. Sevilla 2006. Págs. 117 y ss. En la mayoría de trabajos mexicanos consultados se deslizan clichés nacionalistas que son, en definitiva, los mismos que los usados para enjuiciar hechos contra los gitanos en los siglos XVI y XVII. Allí se dice que eran antiindigenistas y aquí antigitanos cuando no eran más que la lógica de un sistema piramidal, heredero del feudalismo.

Cortes de Palenzuela que le pedían que levantase prohibiciones, diciendo:

> ...que el Rey don Alfonso (XI)... mi trasabuelo y despues los otros Reyes... considerando las muy grandes costas superfluas, e dañosas que a los dichos mis reynos se seguóan, asi a omes como a mujeres, por los grandes atavíos de paños, e forraduras, e oro, e plata, e aljófar e otras guarniciones de gran valor que sobre si trahían, e no seyendo a ellos convenientes, según sus estados et faciendas, ordenaron sobre ellos ciertas leyes, e reglas[33]

Un siglo después la *Historia de Sevilla,* de Luis de Peraza, describe pormenorizadamente la multitud de trajes que lucían las más dispares gentes de la ciudad a finales del siglo XVI, algunos de los cuales tienen mucho que ver, según mi opinión, con nuestro traje andaluz o *traje -flamenco* actual.[34]

Felipe V dictó la última de estas leyes, en 1723. El profesor Antonio Domínguez Ortiz nos trae el testimonio de alguien que, en este tiempo, protestaba por la confusión y exigía medidas:

> Hoy no se puede distinguir el noble del plebeyo, el rico del pobre ni el honrado el vil... Disponga V.M. que cada uno vista según su clase para que el vestido diga su profesión.35

Aunque veinte años después, y ya en vísperas de la prisión, las cosas seguían igual: el corregidor de Écija escribe en 1746 (AHN, Consejo, legajo 527) *que los gitanos de la ciudad se mantenían con el indecente vestido que siempre han usado...*

---

33 José Gestoso y Pérez.- «De la bandera de la Hermandad de los Sastres». En *Noticia histórico-descriptiva del antiguo pendón de la ciudad de Sevilla y de la bandera...* Presentación de Marcos Fernández Gómez. Colección Clásicos Sevillanos n. 19. Ayuntamiento de Sevilla. Sevilla 1999. Pág. 79.

34 He tratado este tema en mi libro *Ni Oriente ni occidente.* Op. Cit. Ver, principalmente, Págs. 276 y ss. La *Historia de la ciudad de Sevilla,* de Luis de Peraza, Tomos I y II han sido editados por el Ayuntamiento de Sevilla, en la misma colección del anterior nº. 14 Sevilla. 1997.

35 Antonio Domínguez Ortiz.- *Historia de Andalucía.* Tomo VI. Op. Cit. Págs.157 y 158.

Pero todo esto, que nos da una panorámica más abierta del problema, nos plantea, a su vez, una contradicción: en lo que concierne a los gitanos, lo lógico hubiera sido lo contrario, o sea, lo que se había intentado con judíos y moriscos: que a los gitanos, continuamente, se les hubiera instado y obligado a llevar su propio traje, penándose el vestir de otra manera. Si esto no es así, no creo que haya que atribuirlo a una inconsecuencia argumental sino a que el traje de los gitanos no era un «traje de pobre», de tonos oscuros o pardos, sino un vestido de persona rica, lleno de colores, el que debería corresponder a aquellos linajes legendarios de los que, a decir de ellos, provenían.

Debido a todo eso, la Pragmática de 1499, la que los considera todavía verdaderos egipcios, no dice nada sobre el traje, y en la siguiente, la del año 1560, sólo se lo menciona para que —por otras razones— tengan las mismas penas que las gitanas las que no lo sean *si anduvieren en hábito de gitanas.*[36] No se prohíbe el traje sino que se pena a aquellas mujeres que, aun no siendo gitanas pero vistiendo su traje, anduviesen vagando, etc.

Así pues, creo que las prohibiciones —durante los siglos XVI, XVII y principios del XVIII (o sea, hasta que empieza la verdadera reforma ilustrada)— iban más dirigidas a que dejaran un traje que no era el suyo y no les correspondía según su rango; estoy convencido de que este mismo sentido es el que tiene el no permitirles que posean caballos, símbolos a todas luces de un nivel social superior.

José María Blanco White que, en sus *Cartas de España* procuraba describir cuidadosamente las costumbres y sus cuadros para que sus lectores ingleses se hicieran una idea exacta, nos describe las vestimentas de los *caballeros agrarios* de forma parecida.[37] Creo por tanto que, en aquella época, el traje andaluz de las zonas agrícolas y ganaderas se había

36 María Helena Sánchez Ortega.- *Documentación selecta...* Op. Cit. Págs 30-32.

37 José María Blanco White.- *Cartas de España.* Alianza Editorial. Madrid.1977. Carta IV.Pág. 125.

ya diferenciado de los de las ciudades porque «los marqueses» seguían vistiendo —al menos en sus dominios— un traje que el resto de la población de su nivel ya no vestía en las ciudades, salvo los caleseros (y, quizás, otros como los gitanos) que, seguramente, eran uno de esos estamentos a los que habían ido dirigidas las pragmáticas sobre el vestir. Todavía hoy, en la feria de Sevilla, los caleseros siguen vistiendo como los marqueses de Blanco White.

La descripción más clara del traje de gitana que tenemos nos la proporciona el *Bachiller Revoltoso* y en ella no vemos nada excesivamente chirriante:

Visten una larga saya de un tejido de bayeta que hacen en Francia y almilla de color ceñida al talle, abierta delante y una mantellina con larga flocadura, llevando en la cabeza cintas trenzadas de diversos colores, vestidura que tienen prohibida por Reales Pragmáticas, estando a ella muy apegadas[38].

Desde el momento de su entrada en Europa, los gitanos se presentaron en todas partes como consumados músicos y danzantes. No lo he visto explicitado en ninguna parte, pero, dado que aparte del Egipto conocido por todo el mundo, existía otra tierra denominada *Egipto menor* y que podría coincidir, más o menos, con Anatolia, y dado que aparecen en Europa por los años en los que cae Constantinopla y —como si se tratara de una avanzadilla de los turcos selyúcidas— por el mismo camino que éstos intentarán seguir cuando asedien Viena, ¿no tendrían algo que ver sus danzas y cantos con los que se practicaban en el moribundo Imperio Romano de Oriente? Su misma ascendencia en Venecia —donde siempre hubo un enlace con Bizancio— vendría a reforzar esta opinión. Mario Penna, en su libro *El flamenco y los flamencos,* cita a Adriano Colocci que afirmaba haber conocido al último *Barón gitano* veneciano[39].

38 Libro de la Gitanería de Triana.- Op. Cit. folio21.

39 Mario Penna.- *El flamenco y los flamencos.* Op. Cit. Pág. 85. La obra de Colocci es *Glizingari,* Turín 1889. El barón gitano se llamaba Trivolis y el autor lo cita como «diputado», no se si de la ciudad o de Italia.

Valga este pequeño excurso para dejar escrito, simplemente, algo que me ha rondado por la cabeza como mera hipótesis de trabajo y dejarla señalada así, sin más pruebas y sin más pretensiones. Pero si Don Manuel de Falla —que conocía muchas escalas musicales— afirmaba que había bizantinismo en los melismas flamencos (aunque los atribuyera al mozarabismo o a la época de Justiniano) por algo sería.

Pero, vinieren de donde vinieren, lo cierto es que, durante todo el siglo XVI —un siglo en el que en España y, sobre todo, en Andalucía, se bailó todo lo que se podía y lo que no se podía, los gitanos anduvieron metidos en todas las fiestas, religiosas o civiles, que se celebraban. En ellas, sus grupos de danzantes lucieron muchos de los trajes con los que —aunque los testimonios sean raros— los veremos en los siglos XVIII y XIX. Porque, se diga lo que se diga, sus vestidos recuerdan los que se describen en esos festejos. Así que podríamos decir que, en los años que tratamos, siguen vestidos con trajes ceremoniales porque son los que sirven para que el teniente de alcalde de Madrid invite al grupo de la Preciosa de Cervantes a entrar en su casa y, ciento y pico de años después, para que la nieta de Baltasar Montes vaya a las casas principales de Sevilla.

En esto coinciden tanto George Borrow[40] como el profesor Hugo Schuhardt[41] que consideraban los trajes de gitanos antiguos trajes andaluces, usados por mucha gente en la Andalucía del siglo XVI y desechados luego por modas posteriores. En apoyo de todo ello hay que decir que, desde luego, se parecen bastante a algunos de los descritos por Luis de Peraza en su *Historia de Sevilla.*[42]

---

40 George Borrow. *Los Zincali* ... Op. Cit. pág.

41 Hugo Schuhardt. *Los cantes flamencos.* Edición, introducción y notas de G.Steingress...

42 He tratado más pormenorizadamente este tema en mi libro *Ni Oriente ni Occidente. Viaje al centro de la cultura andaluza* (Signatura Ediciones. Sevilla 1998, págs. 276 y ss.), no sólo en lo que se refiere al traje de los gitanos sino también a lo que hoy denominamos en Andalucía *traje corto, traje de gitano*

Pero, aunque lo anterior sea importante, tampoco es lo principal. Lo principal es, en mi opinión, que los antiguos trajes españoles fueron adquiriendo personalidad andaluza y que, luego, convertidos en trajes de gitanos habían acabado por asimilarse a trajes de *cómicos de la legua* y, por lo tanto, a estar relacionados con la danza, el canto y el pequeño teatro.

No todo, pues, dependería de una teórica y repetida obcecación de los gitanos en no abandonar un determinado tipo de vestimenta. La economía, aunque sea a pequeña escala, y la necesidad de anunciar la profesión suelen tener mayor importancia de la que, a veces, se le da en determinadas publicaciones.

LA LENGUA

La lengua de los gitanos españoles ha sido traída y llevada a gusto del consumidor para explicar las más diversas cuestiones y arrimar distintas ascuas a las sardinas de mucha gente; pero, frecuentemente, se han confundido dos cosas muy dispares: el caló y la germanía. Tan es así que, probablemente, esa confusión tenga la culpa de la explicación al nombre de *flamencos* que diera George Borrow, como veremos más adelante.[43]

Por ahora baste decir que, naturalmente, los gitanos que llegaron a España a mediados del siglo XV hablarían caló, una lengua que no se estudió hasta el siglo pasado y que, a la vez, comenzarían a incorporar a su habla palabras de otros idiomas, no sólo del castellano; probablemente, en muchos casos, el idioma que usaran para hacerse entender se parecería al del *fraticello* de *El nombre de la rosa,* de Umberto Eco.

---

o *traje flamenco.* Las afirmaciones de Borrow pueden encontrarse en *Los zíncali* (Ediciones Turner. Madrid 1979. Pág. 154) y las de Hugo Schuhardt en *Los cantes flamencos* (Fundación Machado. Sevilla 1990, pág. 35.

43 Este asunto está desarrollado ampliamente en los últimos capítulos de este libro.

Pero, independientemente de la gitanería, en el castellano de la narrativa picaresca de nuestro Siglo de Oro existía el *habla de germanía* y la palabra *jermán* o *germán* se usaba ya con el mismo sentido que sigue dando hoy el Diccionario de la Real Academia Española de la Lengua al vocablo *germanía: Jerga o manera de hablar de ladrones y rufianes, usada por ellos solos y compuesta de voces del idioma español con significación distinta de la verdadera, y de otros muchos vocablos de orígenes muy diversos.*

Precisamente en su opúsculo *Relación de la cárcel de Sevilla,* Cristóbal de Chaves nos aporta un testimonio importantísimo: hablando de las relaciones entre hombres y mujeres en la prisión, el cronista nos dice que *de noche hay demás de esto, que cantan sus cantares jermanes con ellos desde las rejas, y responden ellas, y por guitarra ó arpa hacen el sonecillo en los grillos con un cuchillo ó en la reja.*[44]

Al propósito de demostrar que aquello era una jerga, construida para el disimulo y, por tanto, cambiante en cuanto perdía su objetivo de ocultar el sentido de la conversación, nos viene muy bien la estrofa de un viejo romance aportado por Manuel García Matos en su trabajo *Cante flamenco: algunos de sus presuntos orígenes:*

habla nueva Germanía
porque no sea descornado (descubierto)
Que la otra era muy vieja
y la entreuan (entienden) los villanos...[45]

44 Cristobal de Chaves. *Relación de la cárcel de Sevilla.* En Rafael de Cózar. *Cuerda andaluza de pícaros, murcios y embaucadores (Antología).* Biblioteca de la Cultura Andaluza. Volumen 33. Barcelona 1985. Págs. 55 y 56. También existe una edición independiente de la obrita en Clásicos El Arbol. Madrid 1983.

45 *Romances de I germanía de varios autores, con el Vocabulario al ca- lbo por la orden del a,b, c,/ para declaración de sus términos y lengua. / Compuesto por Juan Hidalgo / 9 / Con licencia,/ en Çaragoça / Por Juan de Larumbe / Año 1644.* En Manuel García Matos. *Sobre el flamenco. Estudios y notas.* Editorial Cinterco. Madrid. 1987. Pág. 25.

Pero, lo mismo que tenemos noticias sobre el uso de la lengua germanesca en los años del Siglo de Oro y en los siguientes por gitanos o gente parecida, también hallamos rastros literarios —y nada menos que de Miguel de Cervantes— que nos hablan de cómo existían extranjeros —muy cercanos, por cierto, a los naturales de Flandes— que imponían modas en eso del estilo rufianesco en nuestras ciudades. En *Rinconte y Cortadillo* encontramos la siguiente copla:

Por un sevillano
rufo a lo valón[46]
tengo socarrado
todo el corazón.

Naturalmente, en este mundo de *valientes* y rufianes se irán viendo inmersos lentamente los gitanos, sobre todo, desde que, en el siglo XVII, la llegada del tiempo de las *vacas flacas* vaya cargando sobre ellos el peso de todas las culpas de una sociedad cada vez más confusa y confundida. Pero el hecho de que los gitanos estuvieran incluidos en el espacio que marcaba la adscripción del término no quiere decir que éste los designara en cuanto etnia o grupo cultural. Antonio Gómez Alfaro en un trabajo que sacaremos varias veces a colación, *Anotaciones a los censos gitanos de Andalucía,* deja bien claro cómo, a lo largo del siglo XVIII, el término *gitano,* como el de *nación* en la Edad Media y principios de la Moderna, tiene en muchas ocasiones la significación de conjunto de individuos que viven de una determinada manera y no, simplemente, la de una etnia.

No sólo hay que tomar la jerga como lenguaje *delictivo;* también vale, por ejemplo, en el mundo de los tratos, en el de la compra-venta, en el de la afición a los toros o en el militar.

Precisamente no se ha tomado demasiado en cuenta este estamento a la hora de analizar el proceso de formación

46 *Rufo* es rufián, aunque se le de, como en este caso, sentido amistoso. Los *valones,* como todo el mundo sabe son los habitantes de Valonia, una de las dos regiones o *naciones* —la otra es la flamenca— que forman Bélgica.

de este lenguaje de germanía, pero hispanistas como el flamenco Robert Verdonk han puesto de manifiesto los múltiples préstamos e intercambios lingüísticos y los neologismos surgidos durante los 150 años en los que España permaneció en Flandes. Debieron tener especial importancia en los Tercios, formados por soldados de muchos países.

Esas formas de vivir producían entonces —como las siguen produciendo hoy en día— unas determinadas formas de hablar, encaminadas, en unos casos, a que nadie de fuera del grupo pueda ser partícipe de lo que se comunica y, en otros, a poder entenderse mejor. Derivando de lo primero, las palabras *germán, germano* o *germanía* pasaron a significar también ese raro lenguaje, *jerga* o *gerigonza* que, más tarde, a finales del siglo XVIII y principios del XIX, tomaría otros derroteros, convirtiéndose en una moda.

Hoy día, ese lenguaje *flamenco clásico* (valga la expresión) se ha vulgarizado y ha dejado de ser jerga para convertirse en habla especializada de aficionados. Otros *oficios* y otros *secretos* han traído otras jergas (la del mundo de la informática, la última). De la antigua, sólo muy de vez en cuando, he podido ver y escuchar en fiestas, interpretadas por María, la hermana de Juan Peña, unos *cantes* —como digo, casi en desuso— a los que los gitanos siguen llamando *gerigonza*[47].

Los gitanos continuarían hablando caló pero lo lógico es pensar que, al faltar literatura, el idioma fuera degenerándose e importara muchos vocablos. Independientemente de lo que se pretendiera en las primeras pragmáticas contra los gitanos, creo que las del siglo XVIII iban más contra esa jerga que hablaban éstos y gentes de su entorno, que contra el caló propiamente dicho. No podemos olvidar que una de las primeras obras reformadoras de los ilustrados fue el establecimiento de la Real Academia Española de la Lengua, con la misión precisa de unificar todos los lenguajes de los españoles, tanto fonética como ortográficamente.

47 En ésta, la comprensión se basa no en el conocimiento de palabras raras sino en la captación del doble sentido de las de la copla.

Las cartas y memoriales de los gitanos presos al Rey están escritas en un buen castellano, algunas casi en una lengua literaria. Y si es verdad que las que se envían por familiares de presos podrían haberlas escrito gente docta, es más difícil que sucediera lo mismo cuando las misivas salían de dentro de las prisiones.

Entre los gitanos que se ven envueltos en las vicisitudes de la Prisión General estaban, como veremos, tanto los que ya llevaban asentados siglos, como los que eran todavía trashumantes; y, también, muchos que, de gitanos, sólo tenían el calificativo genérico aplicado a los individuos de vida airada.

EL LABRANTÍO DE LA TIERRA

La pretensión de hacer de los gitanos honestos labradores es una de las más repetidas en las disposiciones legales referidas a ellos y, quizás, la menos comprensible para los que estudiaron el mundo gitano en diferentes épocas. Sin embargo, también aquí es necesario hacer algunas precisiones que, al menos, ayuden a centrar, en parte, el problema.

En la primera pragmática que se les da, lo que, en realidad, se les ordena es que tomen señor, o sea, que se pongan bajo la jurisdicción de un *Grande,* como tenía que hacer todo el mundo en aquella época, incluidos los artistas y literatos.

...estando de estada en los Lugares donde acordaren asentar o tomar vivienda de señores a quien sirvan y les den lo que hubieren menester y no anden vías juntos...[48]

Creo, por tanto, que es de aquí de donde hay que partir para comprender el problema.

Hasta que se produce la Prisión General y se conduce a ella, sobre todo, a los gitanos más asentados e integrados, todas las leyes parten de un hecho que parece clavado en la mente de los legisladores: los gitanos son trashumantes,

---

48 María Helena Sánchez Ortega. *Documentación selecta...* Op. Cit. Pág. 30

sin domicilio fijo, seres pertenecientes a un mundo rural no controlado en el que, primero, hubo monfíes, después golfines, más tarde moriscos y, por último, bandoleros. Así sería, efectivamente, en lo que respecta a una parte de ellos. Era lógico que para ellos se buscara la manera de pararlos y de darles domicilio y empleo con un oficio estable.

Pero, luego, existía otra parte. Es esa a la que pertenecen los herreros, los esquiladores, los canasteros, los tratantes, los venteros, los carniceros... y los *artistas* de las ciudades. Y ahí vemos cómo, continuamente, se van produciendo permisos y dispensas para que puedan ejercer esos menesteres, ya que, en muchos casos, era la misma sociedad la que los demandaba sin que, a su vez, por imperativo de las normas de la época sobre buena o mala fama, quisieran los no gitanos ejercerlos.

La cuestión es que, a su modo —o sea, al de un régimen teocrático-nobiliario—, los gitanos tuvieron que *tomar señores,* como antes lo habían hecho los moriscos y los negros[49]; lo delatan muchos de los apellidos que llevan todavía hoy: Heredia, de los Reyes, Vargas... , que coinciden con los varias ramas nobiliarias de nuestro país. Pero, sobre todo, lo anuncian las continuas quejas de los prohombres de la ilustración, que achacan sus frecuentes fallos en el control de estas gentes a la protección de la que gozan entre los nobles de los viejos solares nacidos de la conquista o *reconquista* de las tierras sureñas.

Por otro lado, y aunque ni los mismos gitanos lo reconozcan a menudo, debió producirse un cierto asentamiento en las tierras de labor. Nos lo van a decir los mismos documentos que produce la Prisión General donde aparecerán bastantes gitanos con propiedad o arrendamiento sobre tierras y, además, otros más recientes, pero que ponen a los gitanos en contacto con los trabajos del campo sin que los que

49 Ver mi libro *Ni Oriente ni Occidente.* Op. Cit. Especialmente, en el capítulo *La continuidad cultural.Págs.* 188 y ss., las noticias que da Gestoso sobre los *olleros* de Triana.

hablan —por ejemplo, Tía Anica *la Periñaca*[50]— mencionen el hecho como algo adquirido hacía poco o haber estado antes dedicados a otra profesión que la de jornaleros del campo. En los papeles de la prisión encontraremos también a gitanos que eran agricultores propietarios o arrendadores.

En Lebrija (Sevilla), donde la población gitana es muy numerosa, hace tan sólo veintitantos años, muchos de sus componentes estaban encuadrados en el Sindicato de Obreros del Campo (S.0.C.). Y, por decirlo de alguna forma, aunque en el pueblo estaban tan integrados tanto los que trabajaban en el campo como los que no, existía una rivalidad interna continua entre los gitanos dedicados a otras profesiones y éstos que tenían el oficio de jornaleros agrícolas.

LEYES CONTRA OTRAS MINORÍAS

Pero, a parte de todo y en honor a la verdad, hay que decir que, de los casos que conocemos —y son muchos— en pocos de ellos, en casi ninguno antes del siglo XVIII, los gitanos fueron condenados por usar su traje, hablar su lengua o no querer trabajar la tierra. Es más, cuando se produce la prisión para todos ellos y cuando, desde bastante antes, se los comienza a apresar por grupos, no es a los campos a donde se los manda sino a las galeras, a las minas o a los arsenales de marina. Cuando se los suelte, tampoco habrá grandes cambios; quizás el único fuera que los arsenales ya estaban construidos o a punto de terminarse y que, por tanto, no se necesitaba mas mano de obra no especializada pero gratuita. La administración tiene, frecuentemente, sus propias contradicciones, pero casi siempre actúa con una lógica —y un cinismo— aplastante.

---

50 Anica la Periñaca. *Yo tenía mu güena estrella.* Escritos de memoria, recogidos y ordenados por José Luis Ortiz Nuevo. Libros Hiperión. Madrid 1987.

Los gitanos padecen, pues, hasta el siglo XVIII, las mismas injusticias y tropelías que los demás eslabones inferiores de la cadena social española y de las colonias en Hispanoamérica. Son tratados como se trataba a los pícaros[51], a cuyo nivel pertenecen en parte. Así nos los muestran los testimonios de Cervantes (siempre atento a llevar retratos verídicos o verosímiles a sus obras), Lope de Vega y otros.

Es verdad que contra ellos hubo muchos ataques y muchos memoriales, pero una cosa es que algunos hicieran terribles acusaciones y, en consecuencia, pidieran que se les aplicaran durísimas penas y otra las que imponían las leyes. También es cierto que, a partir de la segunda mitad del siglo XVII, al mismo tiempo que se agudizan las invectivas, surgirá una literatura *gitanófila* que participa, de algún modo, de las mismas·características que había tenido la literatura *maurófila.*

En realidad, y hablando de las minorías menos peligrosas, no fueron sólo los gitanos los que provocaron el miedo en una sociedad que veía como su razón de ser hacía aguas por todas partes y a su economía le sucedía lo mismo[52]. Sin ir más lejos, tenemos a un tiro de piedra las vicisitudes de otro grupo social ínfimo: los armenios.

Hasta hace tan sólo unos pocos años se exhibía en Cádiz, desde siglos atrás, una lápida con caracteres indescifrables;

---

51 Personalmente, creo que la palabra *pícaro* proviene de, *beghardo, bighard* o *begard,* individuo perteneciente a una secta de herejes flamencos, parecidos a los Hermannos de la Vida Común y otros pietistas, que florecieron en el tiempo de Erasmo, o sea, en el del Emperador Carlos V. Este carácter humilde es el que le dan al pícaro Sebastían dé Covarrubias, *hombre vil y de baja suerte,* y Cristóbal de Chaves en su *Relación de la cárcel de Sevilla,* donde las faenas más viles eran realizadas por *tres pícaros que limpian las paredes de chinches, raen el suelo y vacían los servicios.* Del *pícaro ocioso* se pasaría al pícaro que lo parece para sacar provecho (Lázaro de Tomes) hasta llegar al *bergante* que puede provenir de la misma palabra *beghard o begart,* con la «r» cambiada de lugar.

52 Fernand Braudel, en el primer volumen de su obra *El Mediterráneo y El Mundo Mediterráneo en La Época De Felipe II* (Fondo de Cultura Económica. México 1953) titula un capítulo *De como los holandeses se apoderaron de Sevilla, a partir de 1570, sin hacer un solo disparo.* Allí se explican las maneras por la que una potencia podía operar económicamente en otra a través de minorías asentadas previamente en una ciudad o un territorio. (Págs. 835 y ss.)

indescifrables hasta que alguien con conocimientos le dio la vuelta y la puso al derecho: estaba escrita en armenio y pertenecía a la comunidad que, proveniente de ese territorio aunque, seguramente llegada desde su colonia veneciana, se estableció en Cádiz en el siglo XVII.

Que yo sepa, los recuerdos gaditanos de los armenios —además de la inefable lápida— se reducen a la iglesia y a la cofradía de Jesús Nazareno (curiosamente hoy asimilada a *cofradía gitana,* gracias a sus lazos con el barrio de Santa María), y a una seguidilla, hermosa y críptica, que cantaba María *la Perrata:*

> *Entre Armenia y Armenia*
> *hay una torre;*
> *y a esa torre la llaman*
> *de los licores.*

A parte de que la *torre de los licores* fuera, evidentemente, la de *los Lictores,* nadie ha sabido explicarme hasta ahora el por qué de esas dos Armenias aunque la cosa no tenga excesiva importancia (podrían ser, simplemente, las dos partes de un mismo barrio). Pero el simple hecho de la existencia de la copla, ya indica que la colectividad armenia tuvo importancia. Con motivo de la restauración de la capilla de Jesús Nazareno por la Junta de Andalucía tuve ocasión de preguntar a algunos miembros de la hermandad que regenta aquella iglesia sobre esos armenios, pero, entonces, ninguno de ellos supo darme alguna noticia de interés.

Años después vi que Antonio Domínguez Ortiz se había ocupado de ellos y que su historia respondía, como una gota de agua a otra, a las coordenadas en las que se habían movido en ese tiempo otras minorías y, en concreto, la gitana.

Llegados a España en el siglo XVII y agrupando bajo su patronímico a gente muy diversa (griegos, y quizás también a venecianos...) se establecieron en Sevilla —donde fundaron la primera fábrica de tabacos[53]— y, sobre todo, en Cádiz; en uno y otro enclave tuvieron que soportar las consabidas acusaciones de los establecidos con anterioridad: en concreto, las de ser cismáticos y amigos del gran turco (el peligro de un siglo antes), tal como los calificaba, en 1682, Francisco de Godoy en la obra titulada *El Hércules Ethico-Político.*

A continuación vino lo que tenía que venir y que nos cuenta Domínguez Ortiz:

Estas quejas motivaron la orden de expulsión para todos los griegos y armenios fundada en que «los más son schismáticos ...(y por) las depravadas costumbres y vicios que esta gente tiene». La Real Cédula de expulsión es de 1683, pero sólo se pregonó al año siguiente, dando a los interesados seis meses de plazo para liquidar sus bienes y efectos. Inmediatamente comenzaron a llegar súplicas y recursos a Madrid. No cabe duda de que en las quejas contra los armenios se generalizaba demasiado; aunque con ellos se mezclaran turcos y cismáticos, algunos eran católicos auténticos; por ejemplo, Clot, mercader de paños, fundador de un hospital y casa de recogidas, o los cofrades agrupados en la cofradía de Jesús Nazareno de Cádiz, los cuales, por intercesión del obispo y del gobernador, que testificaron su cristiandad y buena conducta, obtuvieron permiso de residencia.[54]

Como ejemplo de similitud de los estratos inferiores de esta minoría con el mundo gitano nos aparece una de esas raras noticias que pasan desapercibidas la mayoría de las veces: nos la da Justino Matute en su *Aparato para escribir la historia de Triana y de su iglesia parroquial: ...a principios del siglo pasado* (El *Aparato* se publicó en 1818) *había un* regimiento *de infantería con el título de Triana, el que habiendo con-*

53 Casualmente, Santiago Montoto, sin que —aparentemente— supiera esto, pone el nacimiento de la cofradía sevillana de *Las Cigarreras* en la misma plaza donde estuvo la primera fábrica de tabacos sevillana, la actual plaza del Cristo de Burgos. (Cfr. Santiago Montoto. *Cofradías sevillanas.* Introducción, comentarios y notas por Enrique Esquivias Franco. Universidad de Sevilla. Sevilla 1976. Pág. 113.)

54 Antonio Domínguez Ortiz. «Los extranjeros en la vida española durante el siglo XVII»; en *Los extranjeros en la vida española durante el siglo XVII y otros artículos.* Diputación de Sevilla. Sevilla 1996. Pág. 124.

currido a la batalla de Zaragoza, quedó deshecho y reformado. En su compañía de granaderos sirvió el fingido Obispo griego, llamado Francisco Camacho, quien en sus declaraciones afirmó que en el año 1702 había salido quinto por su lugar, y aplicado a servir en dicho regimiento, cuya mayor fuerza consistía en vecinos de la collación.[55]

Domínguez Ortiz opina, a continuación, que, aparte de los comprendidos en este permiso, debieron quedar en Andalucía muchos más a tenor de las protestas que siguen produciéndose hasta los primeros años del siglo XVII. También cuenta algunos casos de impostura; uno de ellos, el de un fingido obispo griego al que saca a relucir el Padre Isla en *Fray Gerundio de Campazas* y que, quizás, sea ese mismo al que hace alusión Justino Matute en su *Aparato,* al hablar del Regimiento de Triana, de 1702, en el que estuvo alistado un falso obispo que, en realidad, se llamaba Francisco Camacho, natural de Manzanilla. En la picaresca, no existe tanta distancia entre unos grupos y otros.

Otras minorías, como las de protestantes extranjeros, estuvieron sometidas a los vaivenes de las guerras y las paces de España con los países de los que procedían.

Por resaltar sólo un ejemplo, anotemos la importancia adquirida en la Baja Andalucía por los oriundos de los Países Bajos, asentados en Sevilla desde siglos anteriores. Su fuerza se comprende muy bien desde el momento en que nos bajamos a considerar que algunos de ellos, o sus descendientes, se llamaron —nada más y nada menos— que Alejo Fernández, Nicolás Antonio, Colarte (Gelaert, que compró El Pedroso después de que su familia se hiciera rica como dueña y armadora de navíos), Maestre (Meester), Linden (van der Linden), Lila (señor, más tarde, de Villamartín),

---

55 Justino Matute *Gaviria.-Aparato para escribir la historia de Triana y de su iglesia parroquial.* Colegio oficial de Aparejadores y Arquitectos técnicos de Sevilla. Sevilla 1988. Págs. 134 y 135. El calificativo de *griego* se daba también a los armenios. Antonio Domínguez Ortiz, en el artículo citado a propósito de esta minoría habla también de esta práctica de fingirse clérigos y del caso de un obispo que puede ser el mismo del que nos habla Matute.

Clarebant, del Campo (Van der Velde), Pedro Jácome (Jacops) y los marqueses de Tablantes, Sirman, Francisco de Saavedra[56] ... o Gustavo Adolfo Bécquer (adviértase que, como veremos después más adelante, algunos de estos apellidos se encuentran también en el Cádiz de la época).

En el mismo trabajo que hemos citado anteriormente, el profesor Domínguez Ortiz nos da pistas sabrosísimas sobre ellos; por ejemplo, la noticia de su oposición al bando independentista de Guillermo de Orange, las de la creación del Almirantazgo de los países septentrionales, que llevó adelante unas importantes relaciones con ciudades hanseáticas alemanas (para dejar a las holandesas sin comercio). Tuvieron hasta finales del siglo XVII un hospital, servido por dominicos de aquel país, y una capilla, en el colegio de Santo Tomás —en la que se hallaba el cuadro de Juan de Roelas, *El Martirio de San Andrés,* encargado expresamente al pintor —y, a juzgar por la monumentalidad y la minuciosa terminación de la obra, muy bien pagado— por la colonia.

Pero todos esos detalles lo que nos dicen de verdad es que esta minoría, a pesar de pertenecer a estratos sociales mucho más elevados, tuvo que pasar por un proceso de asimilación parecido a los de los gitanos o los armenios. En primer lugar, tuvieron que demostrar no ser amigos de los orangistas —los independentistas holandeses—, después no ser protestantes y, por último dotarse de cuantos instrumentos eran la norma de aquel tiempo hasta acabar castellanizando sus apellidos.

---

56 Saavedra era Licht por línea materna y así lo hace observar en varios de sus escritos. Curiosamente promueve la creación de unas escuelas gratuitas en Triana.

CAPÍTULO IV

EL SIGLO DE LA PRIMERA GUERRA CIVIL

Se ha dicho muchas veces que al siglo XVIII le falta aún mucho por descubrir y creo que también por confesar: es un siglo que comienza con la primera de nuestras guerras civiles; ésa, a la que se ha llamado Guerra de Sucesión, esconde un enfrentamiento general de dos posiciones que, como siempre, son la conservadora y la innovadora.

Es un siglo en el que Andalucía —exceptuando a Cádiz— va cuesta abajo y, por tanto, se ha tendido a obviarlo, creyendo que aquí no sucede nada hasta que a Pablo de Olavide se le ocurre traer colonos centroeuropeos[57] para repoblar los desiertos existentes entre Sevilla, Córdoba y Jaén.

Sin embargo, cuando se leen cosas sueltas, papeles o artículos sobre aspectos concretos, si que comienzan a aparecer cosas que faltan en los grandes manuales. Aparecen, por ejemplo, las ganaderías de reses bravas y el toreo deja

57 Aprovecho la ocasión para constatar que tanto el profesor Mario Penna, en *El flamenco y los flamencos,* como Ángel Álvarez Caballero, en *Gitanos, payos y flamencos, en los orígenes del flamenco* (Editorial Cinterco. Madrid 1988) expresan la opinión de que el origen de la palabra que distingue al arte, sus intérpretes y los aficionados a una y otros pudiera estar en estos colonos. Yo no comparto esa opinión pero ambos han realizado estudios meritorios sobre la época y sus circunstancias que son, sin duda, muy válidos para todas las cuestiones que aquí nos concitan.

de realizarse a caballo para transformarse en algo muy distinto, hecho a pie y por los sectores sociales opuestos a los que lo habían practicado hasta entonces. Aparece el caserío que hoy domina nuestras ciudades medias, esas casas-palacios que ahora parecen puestas allí *de toda la vida* y que dan a Andalucía gran parte de la imagen estereotipada que la sigue distinguiendo.

Todo lo cual induce a pensar que aparece un mundo económico nuevo, inexistente hasta entonces, en el que el antiguo lidiador se convierte en ganadero protocapitalista y el lidiador nuevo en asalariado que puede hacerse rico. Este mundo tampoco era del agrado de los hombres de la Ilustración, obsesionados con el fomento de la agricultura.

Aparecerá una religiosidad, trasnochada a todas luces, pero con una gran variedad de elementos populares incrustados en todas sus formas. Esa religiosidad ya no será, como si ocurría en siglos anteriores, la de toda la población católica sino sólo la de una parte de ella; su confrontación con la de la otra dejará pendiente hasta el krausismo la cuestión de una revolución similar a la de la Reforma de Lutero[58].

Brillarán todos los elementos, vetustos pero exóticos, con los que José María Blanco White presenta Andalucía a sus medio paisanos ingleses a principios del siglo siguiente y por los que se sentirán atraídos los viajeros que desde ahora comenzarán a visitarnos.

Ver más de cerca lo que aconteció por aquí en esos años es, pues, algo muy importante.

---

58 He tratado estos dos temas en mi libro *Ni oriente ni occidente.* Op. Cit. Para la primera cuestión, ver, en el capítulo VIII, *El dios antirregalista...* Págs. 326 y ss.; para lo segundo, el capítulo IX, *Filosofía, Folclore... y razón práctica,* págs. 379 y ss. También dediqué a este asunto gran parte de mi trabajo «Pensamiento y folklore en nuestro siglo XIX», en *La Andalucía de Demófilo.* Editorial Electa. Madrid 1993. Págs. 30 y ss.

Se quisiera o no, el reflujo en la llegada de metales preciosos de América imponía otro ordenamiento económico basado en el sector mercantil y el manufacturero, para los que eran necesarios el trabajo ordenado y la libertad comercial, algo que no podía gustar ni a estos grandes nobles ni a las órdenes religiosas, propietarias de enormes extensiones de tierra.

La sociedad ilustrada que trae a España la Casa de Borbón configura una nobleza y una alta administración muy distintas a las que habían existido hasta unos años atrás. En el panorama que dibujan las crónicas de los años sucesivos apenas se lee un apellido de los que habían florecido en la ciudad desde los tiempos de la conquista de Fernando III. ¿Donde se encuentran, entonces, los nobles de antes a lo largo del siglo XVIII?

Muchos de ellos habían tenido ya sus más y sus menos con las últimas castas cortesanas de los Austria, y otros muchos se opondrán, más o menos abiertamente, a la casa de Anjou que hasta sólo dos años antes había combatido a la de España. Aunque no estén claras las posiciones de cada cual, se ha hablado siempre de posibles conspiraciones, aunque sólo salió a la luz la de un fraile granadino que la pagó con su vida y la de otros cinco.

Esta conspiración *llevó al cadalso a las seis personas más comprometidas y a diversas penas a otros muchos complicados, en su mayor parte artesanos, y algunos clérigos y profesionales ... No hubo ninguna otra conspiración en Andalucía; algún gran señor se pasó al bando de los austriacos, el duque de Medinaceli figuró entre los sospechosos y murió en el castillo de Pamplona; la corona aprovechó la ocasión para incorporar El Puerto de Santa María, como en el siglo anterior la conjura de Medina Sidonia dio pretexto para volver al realengo a Sanlúcar de Barrameda ...*[59]

59 Antonio Domínguez Ortiz y otros. *Historia de Andalucía.* Tomo VI. Op. Cit. pág. 54. Se me ocurre que la toma de posición de la casa de Medinaceli vendría provocada porque, como descendientes de los Infantes de la

Aunque debió haber algo más por algunas noticias sobre desterrados que nos llegan[60], lo cierto es que la mayoría de los integrantes de las antiguas casas nobiliarias se retirarán a sus posesiones agrícolas desde donde resistirán los envites de Ensenada y otros ministros, o los de los propios municipios, y donde conservarán buena parte de los ceremoniales que habían tenido en tiempos anteriores. A finales del siglo comenzarán los pleitos de los ayuntamientos contra ellos. Los nobles perderán algunos territorios al principio, pero después pondrán a personas de su confianza en lugares claves de la administración para ganar los demás. Este será el principio de lo que después se conoció como *caciquismo.*[61]

Así pues y aunque poco se dejara traslucir, los miembros de las antiguas casas nobiliarias, muchas de ellas con nombres de grandes capitanes en su seno, no debieron ver con buenos ojos a esta nueva dinastía que hacía del territorio, que hasta bien poco había sido el centro del mundo, un simple satélite francés y aunque no se decidieran por el pretendiente austriaco —el de la Santa Sede, no lo olvidemos— tampoco darían un apoyo claro al nieto de Luis XIV. Zigzaguearán a lo largo de una centuria; y muchos de ellos —como el Duque del Infantado— serán luego, en la Guerra de la Independencia, partidarios de Napoleón, mientras otros —la misma Casa de Alba— mezclará sus apellidos con los Lancaster ingleses y colaborará con el régimen; pero, en el fondo, habrá durante mucho tiempo el resquemor contra toda aquella humillación.

En algunos casos ese sentimiento volverá a resucitar en el siglo XIX, como por un movimiento pendular, en nuestra

---

Cerda —hijos de Alfonso X—, pensaban que era en uno de sus miembros en el que habría tenido que recaer la corona ante la inexistencia de línea sucesoria directa.

60 Manuel Bustos Rodríguez nos cuenta—a propósito de otra cosa—que en 1700 *llegaron desterrados a Cádiz el almirante D. Juan Tomás Cabrera, acompañado de los duques de Osuna y Alburquerque* ... (En *Cádiz en su Historia.* I Jornadas de Historia de Cádiz. Abril 1082. «Población, sociedad y desarrollo urbano». Caja de Ahorros de Cádiz. Cádiz 1983. Pág. 97).

61 Antonio M. Bernal. *La lucha por la tierra en la crisis del antiguo* régimen. Editorial Taurus. Madrid 1979. Págs. 63 y ss.

poesía romántica: por ejemplo, el Duque de Rivas narrará en romances la cólera del Conde de Benavente por tener que alojar en su casa a un Duque de Borbón, aliado al emperador Carlos V, pero traidor a su sangre y a su patria, y enaltecerá la decisión del noble castellano de quemar su propio palacio en cuanto lo abandona el huésped no deseado.

Estos nobles, que ya no forman parte de la Corte ni detentan el poder, se han retirado en muchos casos a sus cortijos y haciendas, ven como, poco a poco, se merma su *grandeza* por la creación de nuevos títulos, por la reducción de sus lugares de señorío y por el aumento de sus tributos que el Estado cuantifica por medio de los catastros. Instintiva e, incluso, buscadamente, intentarán perpetuar las antiguas costumbres, las viejas ceremonias [62] en muchas de las cuales, tradicionalmente, habían intervenido los gitanos. Serán, por lo tanto, un aliado *natural* de estas pobres gentes en muchas ocasiones (en realidad, el gitano reproduce simbólicamente la situación de esos criados negros y mulatos que hemos visto) y, por otro lado, formarán uno de los polos de todo aquello que, desde un poco más tarde, se conocería con un nombre, el de *afición*. Hay letras que pregonan bien claro esta situación y que han llegado hasta nuestros días:

Ya se murió mi madrina
la duquesita de Alba
si ella no se muriera
a mi no me ajusticiaban.[63]

Son varios y variados los testimonios que tenemos de esta extraña *alianza* entre la nobleza, el clero regular (sobre todo, el mendicante) y la gitanería; el más conocido, sin duda, en lo que se refiere al primer binomio, es el de una de las *Cartas*

---

62 La fiesta «campera» que retrata Blanco White en su *Carta de España* responde cabalmente a lo que había sido una fiesta señorial en el siglo XVII.

63 José L. Ortiz Nuevo. *Pensamiento político en el cante flamenco.* (Antología de textos desde los orígenes hasta 1936) Biblioteca de la Cultura Andaluza. N° 35. Editoriales Andaluzas Unidas. Barcelona 1985. Pág.46.

Marruecas, de José Cadalso, ya en las postrimerías del *siglo de las luces.*

Allí, ese señorito del que ya hemos hablado antes y del que hablaremos después, incluso para encontrarle un puesto en la vida real, es hijo de alta cuna y comparte casi todo con el *tío Gregorio,* que es carnicero (una de las profesiones más bajas en aquella España); el *tío Gregorio* tiene voz ronca, grandes patillas es carnicero y había estado preso *por no se qué puñaladillas que dio en la feria...*[64]

El señorito de la sierra de Cádiz profesa, así mismo, la otra gran *afición,* la de los toros, y, como aquellos que protagonizan las suntuosas y elegantes fiestas en los cortijos, y que nos presentará después José María Blanco White en sus *Cartas de España,* sabe montar a caballo y manejar perfectamente desde él la vara o garrocha. Es el contratipo del noble ilustrado, porque —no lo olvidemos— a la Ilustración no le gustaron nunca las corridas de toros. Baste recordar aquella carta de Jovellanos a Don José Vargas Ponce en la que le daba argumentos para *un plan contra las fiestas de toros,* sugiriéndole que no partiera de la teología sino de la filosofía y, en ella, viera si el espectáculo era nacional, de utilidad y si producía alguna ventaja concluyendo, como es lógico, que no poseía ninguna de esas cualidades.[65]

Con este sujeto, prototipo de una nobleza, para él, en decadencia, y como si se tratara de la antítesis del binomio Dante y Virgilio, llega el coronel Cadalso al cortijo heredado de sus mayores donde, prácticamente, vive con el *tío Gregorio.*

En el cortijo preparan una cacería para el día siguiente y mientras llega el alba comen, juegan, cantan... *para todo*

64 Recuérdese que, a propósito de esta profesión, José María Blanco decía que *era casi un insulto llamar a un hombre* herrero, carnicero o cochero. Trataremos las posibles causas un poco más adelante. (José Mª Blanco White. *Cartas de España.* Edición de Antonio Garnica. Carta Segunda. Alianza Editorial. Madrid 1977. Pág. 66.

65 Gaspar Melchor de Jovellanos. «Carta a Don José Vargas... En Moratín, Jovellanos, Fígaro. *Sus escritos sobre tauromaquia.* Ediciones de la Fiesta Brava 1929. Edición facsimilar de Librerías París-Valencia. Valencia 1995. Págs. 63 y ss.

lo cual se hallaban muy bien provistos, porque habían concurrido algunas gitanas con sus venerables padres, dignos esposos y preciosos hijos. Allí tuve la dicha de conocer al señor Gregorio. A su voz ronca y hueca, patilla larga... se distinguía de todos. Su oficio era hacer cigarros...,decir el nombre y mérito de cada gitana, llevar el compás con las palmas de las manos...; sólo diré que el humo de los cigarros, los gritos y palmadas del tio Gregorio, la bulla de todas las voces, el ruido de las castañuelas, lo destemplado de la guitarra, el chillido de las gitanas, la quimera entre los gitanos sobre cuál había de tocar el polo para que lo bailase Preciosilla, el ladrido de los perros y el desentono con qué cantaban, no me dejaron pegar los ojos en toda la noche.[66]

Blanco White, en sus *Cartas,* nos habla de la mala fama que tenía la profesión de carnicero. También Domínguez Ortiz que lo atribuye a que antes habían sido moriscos muchos de esta profesión. Adela Tarifa, que ha estudiado cosas tan importantes con la institución de las casascuna, me dice que en su comarca, La Alpujarra, había muchos carniceros gitanos.

Las alusiones a la *desafinación* de los cantos son frecuentes en muchos de los viajeros que escuchan por primera vez estas melodías porque pudiera ser que se tratara de escalas musicales distintas a las que estaban habituados a escuchar. Pero está muy claro que en el texto aparecen todos los elementos constitutivos del *flamenco* o de algo que podríamos llamar *protoflamenco:* gitanas, palmas, castañuelas, guitarra, voces...

Por todo lo anteriormente visto, a esa nobleza *a la antigua usanza* no podían serle muy gratas las medidas que tomaba la administración de Felipe V y sus sucesores, algunas de las cuales afectaban, incluso, a sus dominios y propiedades. Prefería seguir soñando con que aquella situación de decadencia sería transitoria y pensando que pronto llegarían otra vez los tiempos de las grandes proezas épicas. Seguramente,

---

66 José Cadalso. *Cartas Marruecas.* Edición preparada por Rogelio Reyes Cano. Editora Nacional. Madrid 1984. Págs. 82 y 83.

en sus casas, palacios, haciendas y cortijos, siguieron cantándose los romances de *Guarinos, Gerineldo* y *El Conde Sol* como si se tratara de canciones a personajes de la familia

LA IGLESIA CATÓLICA

En segundo lugar, hay que considerar la situación de privilegio de la Iglesia católica española, antaño aupada por la Reconquista y el Imperio de los Habsburgos hasta casi la altura del cielo. Esta situación había ido cambiando lentamente: se vio ya tocada en lo que consideraba derechos inalienables por los últimos administradores de los reyes de la casa de Austria. En la última etapa de la monarquía de la dinastía anterior se habían encendido los conflictos entre la Iglesia española y el Estado, pero en ellos no pudo existir una disputa de la superestructura ideológica puesto que la visión del mundo era la misma para las dos partes: se trataba de una cuestión interna y, en parte, por el reparto de puestos.

Pero desde principios del siglo, la Iglesia católica se siente aun más relegada e invadida por una dinastía que pretendía imponer su ley en los terrenos eclesiásticos, no siendo ésta, a juicio de muchos de los integrantes del clero secular y regular, la de Dios sino la de los filósofos deistas como Descartes o Jansenio.

Ahora, pues, la cosa es distinta: aunque seguía en muchos casos ese forcejeo por los puestos de la administración, se planteaba una disputa en otro campo, el de la Hacienda pública. Así, los nuevos gobernantes pretendían ocupar terrenos eclesiásticos basándose en que su ordenamiento administrativo se correspondía con el *orden natural,* o sea, con el orden que Dios había dispuesto que tuviera el mundo y que había confiado a la Iglesia católica, pero, además de pretender mandar en los obispados o en las parroquias (cosa que hicieron con regularidad), se esforzaban en llevar hacia las arcas del Estado parte de los beneficios de las tierras de los conventos e, incluso, sacarles más partido.

La dualidad de jurisdicción real entre las parroquias y los conventos llevó a muchos pleitos que son el origen de rivalidades entre hermandades presentes todavía en nuestros días, como las existentes en Castilleja de la Cuesta entre la calle Real y la Plaza[67]. Esa pugna entre los dos bandos alcanzaría su cenit en los desórdenes para la reimplantación del absolutismo después del trienio de Riego, cuando, por ejemplo, en Osuna (Sevilla) los frailes asaltan, cierran y dejan abolidas las parroquias. Veremos más adelante el relato que de ello hace García Blanco.

No se trataba, por tanto y simplemente, de disposiciones de un monarca que, más tarde, podía anular otro, sino de reglas que se atribuían unas bases metafísicas tan potentes como las que esgrimían las teorías emanadas del Concilio de Trento y todas las baterías ideológicas de la Contrarreforma. A estas pretensiones de inmiscuirse en los terrenos de la Iglesia, pretendiendo ser, de alguna manera, su cabeza, se las llamó *regalismo,* como una variante del antiguo *cesarismo* de los emperadores romanos.

El *regalismo* acabó formando en la iglesia española dos bandos enfrentados: por un lado, la pirámide de los obispados que, desde el titular de la diócesis —nombrado con intervención real— bajaba hasta las parroquias rurales y, por otro, la red de monasterios y conventos masculinos y femeninos que, tradicionalmente, habían dependido de donaciones nobiliarias o limosnas populares.

Recién llegado Olavide a Sevilla, en 1768, según Aguilar Piñal[68], el número de establecimientos religiosos —mayor que el de Madrid— se elevaba a 48 masculinos, 29 feme-

---

67 Encarnación Aguilar. *Las hermandades de Castilleja de la Cuesta.* Ayuntamiento de Sevilla. 1983.) He tratado el asunto en mi libro *Ni Oriente ni Occidente. Viaje al centro de la Cultura andaluza.* Op. Cit. Ver el capítulo *El Dios antirregalista del siglo XVIII.* Págs.326 y ss.

68 Francisco Aguilar Piñal. *Historia de sevilla...* Op. Cit. Págs. 289 y ss.

ninos, 17 hospitales atendidos por personal eclesiástico y varias decenas de beaterios. Según Luis Perdices, el número de religiosos existentes en la ciudad era de 3.497, o sea, 2.210 frailes, agrupados en 44 conventos, y 1.297 monjas, recogidas en 34 establecimientos. En estas cifras no entraban, seguramente, los sirvientes legos, hermanos de religión y otros estamentos que estaban separadamente considerados en el censo del ministro Aranda del mismo año.[69]

En las principales ciudades andaluzas, las cifras no deberían variar mucho en relación con la población. De esta situación sólo se salvaba Cádiz que, aunque a lo largo del siglo XVIII vio como aumentaba su población religiosa, en los años de la Guerra de la Independencia —a pesar de estar prácticamente a la misma altura poblacional de Sevilla— sólo contaba con 626 religiosos entre frailes y monjas.[70]

Uno de los terrenos de batalla en esta pugna por el control de los fieles fue el del derecho de asilo en las iglesias, por el cual, lo que en lenguaje eclesiástico se llama iglesia docente, tenía prerrogativas que la hacían aparecer como de rango superior a la justicia civil. El asunto tendrá mucha importancia en los días de la Prisión General y en los años que la precedieron. Buena parte del reinado de Felipe V está lleno de episodios de esta confrontación.

En el concordato (muy trabajado, puesto que los estados papales habían sido partidarios del pretendiente austriaco) que firmaron la Santa Sede y el rey español en al año 1737, éste había logrado que se excluyeran del privilegio de inmunidad *las ermitas é iglesias rurales en despoblado, que llamaban Iglesias frías.*[71] En el archivo parroquial de Tocina existe un

69 Citado por Luis Perdices Bias. *Pablo de Olavide (1725-1803) El Ilustrado.* Editorial Complutense. 2º Edición. Madrid 1993. Pág. 91 y nota 106.

70 José Luis Millán Chivite. «Revolución política y crisis económica urbana». En: *Cádiz en su Historia.* I Jornadas de Historia de Cádiz. Abril 1982. Caja de Ahorros de Cádiz. Pág. 138.

71 Justino Matute y Gaviria. Anales *eclesiásticos y civiles de la M.N. y M. L. ciudad de Sevilla, metrópli de Andalucía.* Sevilla 1887. Tomo II. Edición facsimilar de Ediciones Guadalquivir. Sevilla 1997. Pág. 249.

largo pleito, iniciado en 1689, a raíz de haber sacado la justicia a unos gitanos de la ermita de la hermandad de la Vera Cruz, situada fuera del pueblo, para hacerlos presos.[72]

Con todas estas premisas, la gran mayoría del clero y, sobre todo, el regular, o sea, el de las órdenes religiosas, dueño de un gran número de propiedades latifundistas y con grandes casas en Sevilla y otras ciudades, se opuso más o menos abiertamente a la administración ilustrada. La otra parte, aquella cuyos destinos dependía del rey o del gobierno (capellanes reales, curas de lugares de realengo...) siguió viviendo del lado del que le daba de comer, o estuvo con el gobierno porque éste, previamente, elegía para esos puestos a aquellos que compartían sus ideas, como es el caso de José María Blanco White, el abate Marchena, Alberto Lista...

La reforma de lo anterior y la administración de lo nuevo, por tanto, debían dar paso a otra sociedad a la que muchos no querían acceder. En consecuencia, a lo largo de todo el siglo se darán continuos enfrentamientos que, aunque moderados por la educación y la imposibilidad de romper la baraja, partirán, de hecho, España en dos mitades con distintos gustos y distintos horizontes. Quizás esas *inexplicables* concomitancias entre altos nobles y gitanos, y esos padrinos y madrinas que libraban a nuestros *calés* de la cárcel o la muerte, puedan comenzar a tener explicación por aquí.

De la misma manera, la alianza entre los gitanos y los frailes nos aparecerá a menudo en multitud de episodios. El más conocido es aquel que nos refiere Borrow en el que nos cuenta —como de tiempos pasados otra anécdota, referida a un monje de la Cartuja de Jerez, encargado de la venta de los caballos del monasterio[73], que contestó a una copla en caló de un gitano, con otra del mismo jaez. En Badajoz, en

72 Archivo parroquial de Tocina. Legajo 47. (En el documento se los llama ya «castellanos nuevos»)

73 El caso de las ganaderías en los establecimientos de órdenes religiosas no es nada raro en la Andalucía del siglo XVIII y principios del XIX. Antonio L. López Martínez, en un largo artículo, *La génesis de la ganadería de lidia en Andalucía,* nos descubre las estrechas conexiones entre la cría

medio de una agria disputa entre dos sacerdotes, uno de ellos krausista y otro ultramontano, este último hará también gala de saber hablar caló[74].

EL REINADO DE FELIPE V: NUEVOS SEÑORES

Sin embargo, formalmente y con esas salvedades a las que hemos aludido, Andalucía, desde el momento inicial de la Guerra de Sucesión, se puso de parte del pretendiente francés.

Apenas se había abierto el siglo XVIII y, más concretamente el 30 de noviembre de su primer año, Sevilla, la ciudad que, a comienzos del siglo XVI, había peleado enconadamente contra Toledo por ser la escogida para la boda del Emperador Carlos V con Isabel de Portugal y ganarse así el título de *cabeza de España,* la que había hospedado primero y luego levantado el mayor túmulo del mundo para honrar la memoria del rey Felipe II, la que jamás se vio *tan limpia ni bien empedrada, ni tan abastecida de todo género de mantenimientos, ni tan alentada la gente de todos los estados* para recibir a Felipe IV, cambia ahora, repentinamente, de bando y se pone decididamente de parte del pretendiente francés a la corona de España.

A ello la guía, sin duda, el temor a que pudiera llegarse a un pacto por el cual los dominios españoles se repartieran entre el nieto de Luis XIV y el candidato austríaco, el archiduque Carlos, y todo ello acelerara aún más la progresiva pérdida de influencia de la ciudad en el contexto español y europeo.

Pero, así y todo, la suerte estaba echada y, aun cuando la ciudad de la Giralda ya no fuera la de antes, desde el mismo

---

de caballos y toros y las instituciones monacales. Cfr. *Revista de Estudios Taurinos.* Nº 3. Fundación de Estudios Taurinos. Sevilla. 1995. Págs. 79-106.

74 Manuel Pecellín Lancharo. *El krausismo en Badajoz: Tomás Romero de Castilla.* Servicio de Publicaciones de la Universidad de Extremadura. Cáceres 1987. Págs. 330 y 331.

momento en el que comience la larga *Guerra de Sucesión,* se verá obligada a aportar cuantiosos recursos, gravosos sin duda para ella, en dineros y en soldados, pensando, quizás, que ese desesperado esfuerzo devolvería a la metrópoli su antigua grandeza y, todo hay que decirlo, también porque mientras Cádiz, Rota y Sanlúcar de Barrameda estuvieran amenazadas por la escuadra anglo-holandesa, partidaria del Archiduque Carlos, ella misma estaba al mismo tiempo en peligro inminente.

Un año y medio después de que Sevilla levantara su pendón por el rey Felipe V, Inglaterra, Alemania, Prusia, Holanda y Portugal le declaraban la guerra; por julio de 1702 se aproximaba a Cádiz una escuadra anglo-holandesa con ánimo de desembarcar un importante contingente de tropas.

Sevilla era, lógicamente, la ciudad más amenazada y la que podía, por otro lado, aportar mayor número de tropas. Entre otras disposiciones que se tomaron estaba la de *...que los capitanes de las* (milicias) *esta ciudad* (Sevilla) *arbolasen las banderas de sus respectivas compañías, alistando todos los hombres que quisiesen sentar plaza en ellas; que los caballeros capitulares de ambos cabildos hiciesen lista por collaciones de los vecinos que podían marchar, y de las armas y caballos disponibles...*[75]

Los ingleses no consiguieron quedarse con la plaza y tendrían que «conformarse» con la de Gibraltar, pero su acometida cambiaría durante más de 100 años la ordenación política de Andalucía y decidiría el paso de Sevilla a Cádiz de todos los poderes reales. El ataque de la escuadra británica obligó a Felipe V y a sus ministros a reforzar la bahía tanto comercial como militarmente.[76]

---

75 Joaquín Guichot y Parody. *Historia del Excelentísimo Ayuntamiento de la ciudad de Sevilla.* Tomo 111. Edición facsímil de la de 1898. Colegio Oficial de Aparejadores y Arquitectos técnicos de Sevilla. Sevilla 1990. Pág. 10.

76 Una breve, pero buena y coherente explicación del proceso de transformación teritorial se encuentra en «Revolución política y crisis económica urbana», de José Luis Millán-Chivite. *(Cádiz en su Historia.* I

En la ciudad de Sevilla ya no dominan las grandes casas nobiliarias del siglo de Oro, como los Afán de Ribera, los Enríquez, los Ponce de León o los Medina Sidonia. A lo largo del *quinientos* y del *seiscientos* habían ido estableciéndose en ella comerciantes alemanes, franceses, italianos y flamencos que, amparándose en disposiciones y sentencias que declaraban el gran comercio como una profesión no deshonrosa sino noble, han ido alcanzando la hidalguía, comprando señoríos y, en definitiva, adquiriendo el estatuto de nobleza.

En la ceremonia que tiene lugar para refrendar la toma de posición por el partido del pretendiente francés al trono de España, el caballero, alcalde de Sevilla y alférez mayor del asistente (o sea, jefe de las milicias de la ciudad), que recorre las calles con el pendón y lo levanta por el nuevo rey en los lugares señalados de la procesión cívica que se desarrolla por todo el centro de la urbe[77], es Don Pedro Jácome, de origen flamenco, como se ha dicho, y, naturalmente, un miembro eminente de esa familia de comerciantes enriquecidos que ha obtenido, como tantas otras, un título nobiliario. En estos momentos dirige una sociedad que, hasta entonces, apenas si había sido capaz de labrarse un mediano prestigio, la Maestranza de Caballería, pero que tendrá mucha importancia en adelante.

El Marqués de Tablantes, Ricardo de Rojas y Salís, pariente lejano suyo, nos lo presenta en sus *Anales de la Real Plaza de Toros de Sevilla 1730-1835* como un decidido partidario del pretendiente Felipe V pero, a la vez, como un gran *conseguidor,* puesto que es capaz de alcanzar del nuevo monarca, no sólo la constitución definitiva y la consolidación de la *Hermandad de la Maestranza* sevillana, sino también que el rey acceda a nombrar, con carácter perpetuo, a un Infante de España como Hermano Mayor de la misma y que, al apro-

---

Jornadas de Historia de Cádiz. Abril 1982.) Publicaciones de laCaja de Ahorros de Cádiz. Cádiz 1983.) Págs. 133 y ss.

77 El relato de esta procesión puede encontrarse en Joaquín Guichot y Parody. *Historia del Excmo. Ayuntamiento*... Op. Cit.. Págs. 5 y ss.

bar sus ordenanzas, se consigne en el artículo 1° que *se eligiese de entre la Nobleza* la más ilustre, *para distinguirla con el carácter de Maestrante*[78].

El hecho de encontrar a un *flamenco,* Don Pedro Jácome, como una de las más altas autoridades sevillanas pudiera parecer anecdótico pero, en realidad, no lo es si pensamos que Sevilla había sido, durante dos siglos y hasta entonces, un enclave urbano que tendría en aquella época la consideración tan internacional que hoy pueda tenerla Nueva York. Como es bien sabido, a lo largo de los siglos anteriores, se habían ido estableciendo en el suelo andaluz numerosas colonias extranjeras, de franceses, italianos y flamencos, principalmente, muchos de cuyos elementos integrantes no tardaron en cambiar sus apellidos, castellanizándolos. Así, los Spinola fueron Espínolas, los White, Blanco, los Nunhes, Núñez...

Noticias de toda índole sobre el asentamiento en Sevilla de familias procedentes de todas las latitudes de Europa las encontramos en las obras de Fernand Braudel, Enrique Otte y Antonio Domínguez Ortiz, pero es éste el que nos ofrece más referencias sobre la arribada de comerciantes de los que, después, muchos de ellos llegarán a ser nobles y, así mismo, militares, artesanos, artistas...[79] Todos ellos formarán, en un intrincado tejido, las nuevas clases y sectores dominantes de las ciudades de Sevilla, Jerez, El Puerto de Santa María, Cádiz y de buena parte de los enclaves de la región del bajo Guadalquivir.

De la misma manera que sucedía en la parte alta de la escala social, se habían ido asentando también, en estos territorios, innumerables extranjeros de clases sociales más bajas que llegaron a dominar el campo de determinadas profesio-

---

78 Ricardo de Rojas y Solís, Marqués de Tablantes. *Anales de la real Plaza de toros de Sevilla. 1730-1835.* Real Maestranza de Caballería de Sevilla. Sevilla 1988. Edición facsimilar de la de 1917. Pág. 48.

79 Antonio Domínguez Ortiz. *Los extranjeros en la vida española durante el siglo XVII y otros escritos.* Diputación de Sevilla. Sevilla. 1996. Págs.107 y ss.

nes y que, como es lógico en todo proceso de consolidación social, *ayudarían* a la formación de diversos clanes y grupos de presión. Ello tendría consecuentes reflejos en el mundo del hampa y de los bajos fondos, de tanta importancia para la conformación y la perpetuación de nuestro folclore, en general, y del flamenco, en particular.

LA CORTE DE FELIPE V EN SEVILLA

La Guerra de Sucesión cambiará radicalmente el panorama sevillano; porque, después de haber sido durante siglos la *joya de la corona,* la ciudad se enfrentaba directamente al peligro de una invasión, y porque, a partir de ahora, los regimientos con estancia en ella comenzarán a ser cada vez más frecuentes hasta acabar en guarnición permanente. La ciudad cambia cuando, como era de prever, la Casa de la Contratación es trasladada a Cádiz y Sevilla pasa a ser, como Venecia y en expresión de Morales Padrón, una *viuda del mar.*

Pocos años después, cuando todo no era sino decadencia, un hecho convulsiona la vida ciudadana: la llegada de la Corte, con el Rey a la cabeza, por espacio de más de cuatro años. Las esperanzas y las frustraciones de aquel evento las consignó Joaquín Guichot y Parody en su *Historia del Ayuntamiento de Sevilla*[80] y las ha contado más dramáticamente Ana Gloria Márquez Redondo en su libro *Sevilla 'ciudad y corte' (1729-1733).* Los sevillanos recibieron con júbilo la noticia de la venida del monarca pensando remontar su decadencia y arrebatar a Cádiz los privilegios que había obtenido. Pero, conforme el tiempo fue pasando, la ciudad se encontró mucho más endeudada, si cabe, de lo que ya lo estaba antes del evento y, además, con una clara conciencia de que los tiempos pasados no volverían.

80 Joaquín Guichot y Parody. Ibidem.. Tomo 111 Op. Cit. Págs. 46 y ss.

Pero aquellos reyes ya no eran los de antes; los que los acompañaban, tampoco, y la ciudad, aun menos. A lo largo de la estancia, los problemas de la ciudad se fueron multiplicando día por día y los de su papel en el reino no se arreglaron. Con los reyes, sus parientes y allegados, sus ministros, consejeros, cortesanos, criados y servidores, vinieron otros muchos miles de personas: todo el cuerpo diplomático, un gran ejército de tropas de caballería y de infantería que englobaba a las cuatro guardias reales (la italiana, la española, la valona y la flamenca) y quince compañías más de soldados de a pie.

Los guardias españoles se hospedaron en el Cuartel de los Humeros. Los flamencos fueron instalados en el mesón de San Pablo, cerca de la puerta trianera; los italianos, en el Mesón de la Reina de Triana. Y, en cuanto a los de infantería, los valones lo hicieron en el mismo barrio y, en concreto, en un *Corral de Pineda* que me ha sido imposible de localizar hasta ahora, pero que pertenecía a la iglesia, y los españoles, en unas dependencias del hospital de las Cinco Llagas.

El municipio se encontró con que no sabía de qué manera solucionar los problemas de alojamiento[81], teniendo en cuenta que, entonces, los soldados tenían, a su vez, muchos servidores[82] En un principio se intentó hospedar a todos los militares en casas particulares de vecinos, pero después, poco a poco, la situación se fue haciendo cada vez más tensa

---

81 Ana Gloria Márquez Redondo. *Sevilla «Ciudad y Corte»* (1729-1733). Biblioteca de Temas Sevillanos. Sevilla 1994. Págs. 71, 174. *(... La respuesta que se dio desde la Corte... Bajo ninguna causa debían los aposentadores acceder a las exigencias de los aposentados, a quienes los vecinos sólo debían asistir con el 'simple cubierto', entendiéndose por tal, la cama, la luz y el mantenimiento diario...')*

82 En este sentido, aunque refiriéndose a tiempos anteriores pero que, al menos en lo que a la caballería y a las guardias reales se refiere, no diferirían mucho de los que tratamos (después si cambiaron las cosas), nos dice, a este propósito, Nuria Sales, citando a Sancho de Londoño: *...tan necesarios* como *los soldados mismos,* (a los) *criados de soldados en proporción de uno por cada diez, al menos.* Cfr. Nuria Sales. *Sobre esclavos, reclutas y mercaderes de quintos.* Editorial Ariel. Barcelona. 1974. Pág. 39.

y no hubo más remedio que habilitar para cuarteles varios establecimientos y corrales de la ciudad y sus arrabales.

A muchos oficiales se les buscó acomodo en casa particulares aunque con gran resistencia de los vecinos que se negaron a darles algo que no fuera lo que estrictamente imponía la ley; no es de extrañar, por tanto, que se vieran forzados a tomar por criados a sevillanos de baja condición social ni tampoco que hubiera gente a la que ese empleo sirviera para regularizar su situación.

Si Joaquín Guichot nos presenta esa *olimpíada* (así la llamaron algunas plumas clericales) con los datos objetivos y asépticos de una crónica, Ana Gloria Márquez nos refiere en su libro noticias de todo tipo de vicisitudes, propias de una ciudad tomada por la soldadesca: en la Alameda de Hércules las puñaladas llegaron hasta el cuerpo de una alta autoridad municipal, y los desmanes hasta los incendios, como el que produjeron intencionadamente los mismos soldados en los cuarteles de Triana; a lo largo de los casi cuatro años de *Ciudad y Corte* se desarrolla un estado de *juerga* permanente que crea un enclave dual plasmado, incluso, en el cambio de hábitos que llegan hasta nuestros días.

Por ejemplo, esos tumultos incitan a las personas de orden a abandonar sus paseos habituales en el gran espacio urbano de la Alameda, creada por el Conde de Barajas como el *salón* emblemático de Sevilla a finales del *seiscientos*[83]. En este ambiente de mescolanza y de adueñamiento de la calle, seguramente, se darían muchos acercamientos entre los soldados de los regimientos e individuos de los estamentos más bajos de la población, así como de todos ellos y gente que, siendo de otras clases, era amante de un tipo de vida airada o, simplemente, jaranera.

Esta situación extraordinaria de abigarramiento militar dejaría, muchas secuelas después de la marcha de la Corte en lo que al comportamiento de destacamentos del ejér-

83 Ana Gloria Márquez Redondo. Op. Cit. Págs. 179 y ss.

cito y a sus relaciones con el público se refiere. La ciudad siguió pretendiendo no tener guarnición fija, pero los tiempos habían cambiado y, unos años después, se establecerían en ella, de forma permanente, cuerpos militares de todos los ejércitos.

En los años posteriores a la estancia de Felipe V son muy pocos los datos que podemos dar sobre esa *nueva vida* o *mala vida,* en acepción italianizante. Si decir que, en la *Historia del Ayuntamiento,* Joaquín Guichot resalta los desórdenes que provocó el hambre, casi inmediatamente después de la partida de los reyes, y que hicieron tomar al cabildo la medida de retirar todo el pan de las panaderías y venderlo, a través de las rejas, en el propio consistorio.

Como el dinero seguía escaseando, ya que las únicas medidas que se tomaron fue pedir a los más ricos que efectuaran donaciones y se expropió al cabildo catedralicio el muelle que hasta entonces había tenido en el puerto y por el que cobraba derechos de descarga mediante un arrendador (téngase en cuenta esto para comprender las *santas* alianzas que se producirán después contra los prohombres ilustrados en los inicios de la *Guerra de la Independencia).*

VIDAS DIVERGENTES DE SEVILLA Y CÁDIZ

Cuando la ciudad de Sevilla ya no fue, ni con mucho, la *octava maravilla* de antes, muchos personajes y muchas mercancías comenzaron un viaje hacia Cádiz, que comenzaba a levantar su catedral con nuevo estilo, y a la que ahora un fraile, Gerónimo de la Concepción, llamará ya *Emporio del orbe.* Ella será la que la sustituya como bocana que deban enfilar las naves del comercio trasatlántico y, junto a ella, gozarán de la prosperidad El Puerto de Santa María, Puerto Real y La Isla de León (el actual San Fernando).

Desde la mitad del siglo anterior, El Puerto de Santa María era base e invernadero de las Galeras Reales de España y a ello se deben las estancias de Miguel de Cervantes, que era proveedor de las mismas, en aquella ciudad. Pero, al mismo tiempo que esto ocurría, numerosos extranjeros y compañías de navegación comercial se habían ido estableciendo en la bahía gaditana, poco a poco y unos tras otros, aprovechándose de la debilidad de la corona de Carlos II y de las luchas intestinas entre las familias de validos, a fin de eludir las pesadas cargas de la que otrora fuera todopoderosa *Casa de la Contratación.* Así lo denunciaba esta misma, en carta al Consejo de Indias en el año 1669:

Los puertos, y en especial las ciudades de Cádiz, Puerto de Santa María y Sanlúcar están pobladas de extranjeros, y en ellas son dueños absolutos de todo género de comercio mayor y menor. Corredores y zánganos y hasta los que sirven en transportar las mercadurías son extranjeros.[84]

Antes de que se llegara al final del primer cuarto del *Siglo de las luces,* la misma Casa de la Contratación habría emigrado también y, tras ella, seguirían el mismo camino el Consulado del mar, la Escuela de pilotos... todo lo relacionado con las colonias. Unos años antes, concretamente el primero del siglo, un cura francés, el padre Labat, había publicado en Londres el libro *Account of Spain* en el que se leía:

Es casi increíble la opulencia y tráfico de esta ciudad. Apenas habrá una nación que no haya enviado a ella algunos de sus naturales para comerciar; hay tal variedad y confusión de trajes e idiomas a la hora del mercado principal que suele ser a las once de la mañana, que el espectáculo se asemeja al escenario de una ópera, y la mirada se embriaga de luz y calor.[85]

El mundo gaditano del *setecientos* recoge la fastuosidad de todos los acontecimientos del XVI pero no es el sevillano de

84 AJ. Contratación. 5.180, folio 132. En el año 1773 *aparecen censados en Cádiz 2.291 extranjeros* (Cfr. Antonio Domínguez Ortiz. «Cádiz en la Historia moderna de Andalucía». En *Cádiz en su Historia.* I Jornadas de Historia de Cádiz. Abril 1982. Publicaciones de la Caja de Ahorros de Cádiz. Cádiz 1983. Pág. 10.

85 En *Viajes de extranjeros por España y Portugal.* Recopilación de J. García Mercada!. Madrid 1959. Volumen 11. Págs 885 y ss.

un siglo antes: los extranjeros ya no temen a un Tribunal de la Inquisición que sólo es un triste remedo del trágico *rey de las conciencias* del *seiscientos* y que se las ve y se las desea para poder inspeccionar navíos, detener el tráfico de libros prohibidos y controlar la religión que profesan los grandes y medianos comerciantes[86]. Domínguez Ortiz nos da, para 1791, la cifra de 96 familias protestantes residentes en la ciudad.[87] Esta colonia debió ejercer también influencia entre la población española, ya que las Iglesias Evangélicas mantienen todavía en sus himnarios muchos de José Joaquín de Mora, nacido en el año 1783[88] .

El teatro, prohibido y vuelto a prohibir en Sevilla en esta época, tiene en Cádiz carta normal de naturaleza; cuando se dan algunos intentos de los frailes para acabar con él, es el mismo prior del hospital de San Juan de Dios quien sale en su defensa, ya que con sus beneficios se atendían las necesidades del instituto[89].

Las grandes familias de la antigua nobleza no había tenido en la ciudad el mismo poder que en Sevilla: apenas unos pocos títulos habitaban en ella; pero ahora, además, éstos y aquel los detentan apellidos que fueron de grandes comerciantes extranjeros (en Sevilla también lo tienen, como hemos visto y como veremos) que, sin embargo, van adquiriendo nobleza y haciéndose rentistas o terratenientes, dejando así el campo expedito a que sean otros extranjeros los que se hagan dueños del ámbito mercantil. Son bastantes los patronímicos italianos, franceses o de Flandes que se repiten en las dos ciudades. En Cádiz tuvieron especial importancia las colonias de genoveses y de flamencos.

---

86 Antonio Domínguez Ortiz aporta un raro documento que demuestra todo esto: «Cádiz en la Historia moderna de Andalucía», en *Cádiz en su Historia...* Op. Cit. Págs. 21 y 22. En el mismo, se declara que los guardas del Santo Oficio, en realidad, van a los barcos a cobrar dinero por no registrar y hacer la vista gorda.

87 Ibidem. Pág. 20, nota 20.

88 Gabino Fernández Campos. *Reforma y Contrarreforma en Andalucía.* Biblioteca de la Cultura Andaluza. Nº 65. Barcelona 1986. Págs. 200 yss.

89 Manuel Bustos Rodríguez. lbidem. Pág. 79.

La metrópolis de la bahía comenzó a crecer, partiendo de unos 20.000 habitantes, en 1640, hasta duplicar su población en menos de cuarenta años y llegar a superar los 70.000 habitantes en 1780. Pero esta cifra de población es engañosa; como sigue sucediendo hoy, aquella aglomeración no estaba aislada: tenía a sus flancos las del Puerto de Santa María, Puerto Real, San Fernando, desgajada como proyecto de *Ciudad Ilustrada* (algo muy parecido a San Petersburgo) de la capital... la bahía irá creciendo por todas partes hasta conformarse a algo parecido a lo que hoy llamaríamos un área metropolitana.

En el terreno de la fiesta y la *mala vida* no debieron existir muchas diferencias entre la Sevilla del XVIII y la Cádiz del XVIII, porque las mismas circunstancias producen siempre los mismos efectos. Si acaso, cambiaron los instrumentos. En las poblaciones de la bahía cantan y bailan ahora, además de los gitanos, los negros y los mulatos[90] que, en muchas ocasiones, son esclavos comprados expresamente para que hagan esta función. Los gitanos, a la postre, se revelarán como más fuertes, tanto en lo que concierne a incorporar los sones negros a su repertorio, como en formar un grupo social más compacto y capaz de asimilar a los demás.

EL ORDENAMIENTO MILITAR BORBÓNICO

Casi desde el primer momento de la instauración de la nueva dinastía en España, los Tercios —que seguían repartidos por media Europa— habían sido sustituidos por regimientos; concretamente en 1702, o sea, varios años antes de la retirada definitiva de España de los Países Bajos; desapa-

90 Para todas las cuestiones relacionadas con la bahía de Cádiz en el siglo XVIII y la importancia del elemento negro en la conformación de los bailes andaluces, ver: José Luis Navarro García. *Raíces de Ebano. El elemento negro y afroamericano en el baile flamenco.* Portada Editorial. Biblioteca Flamenca nº 4. Sevilla 1999.

recieron, pues, con ellos, los viejos grados, como el cargo de Maestre de Campo que fue sustituido por el de coronel.

El abandono de Flandes, a parte de tener como causa la presión del movimiento independentista de Guillermo de Orange[91], se realizó para reforzar el ejército de Felipe V en la Guerra de Sucesión ante las presiones de Inglaterra en las costas españolas y, en concreto, en las andaluzas. Los regimientos surgidos a partir de los tercios y formados por sus mismos hombres, provenientes de los más variados territorios, siguieron teniendo nombre alusivos a ellos, igual que los que vinieron después de Italia (Regimiento de Garellano...). El lenguaje dispar que usarían estos soldados debió ser singular y, por poner una comparación en nuestros días, similar al que escuchamos diariamente en nuestros equipos de fútbol, llenos de profesionales extranjeros.

Apenas firmado el tratado de Utrech por el que España perdía, en el Norte de Italia, el Milanesado, y Sicilia, Nápoles y Cerdeña, recomenzaron los intentos de recuperación de estos territorios sureños italianos. Pero ya, desde mucho antes, había comenzado una reorganización profunda del ejército.

Con relación a la forma que adoptaban estos regimientos en aquellos años, sobre todo en lo referente a los que componían el arma de infantería, y al modo expeditivo de formarlos y de organizarlos hay que hacer algunas precisiones: mientras España vivió en la abundancia, el ejército fue una manera de ganarse la vida como cualquier otra, no sólo para aquellos españoles que no tenían otro modo, sino también para muchos mozos de la mayoría de los países de Europa; después, a medida que la cuesta abajo se empinaba y alargaba, este sistema se combinó con el de las levas, más o menos forzosas, para las que se cogía a todo el que se encontraba desocupado; los cuerpos de ejército se formaban, por

91 También la subordinación de España a los intereses franceses: Bruselas, capital de Flandes, fue ocupada por ellos y, desde entonces, es la cabeza dela zona valona.

lo tanto, con gente que no pertenecía a los estratos de profesiones consideradas nobles. Pero en el siglo XVIII todo esto cambió y los nuevos reyes comenzaron a imponer el procedimiento de *quintas*.

Una de las consecuencias de las innumerables guerras con Inglaterra de nuestro siglo XVIII fue esa necesidad de proceder a la implantación de las *quintas*. Hasta el advenimiento de los Borbones, el ejército español había sido, primero, un ejército de milicias nobiliarias y ciudadanas y, después, un ejército profesional; sólo las vacas flacas trajeron también la necesidad de hacer levas por los medios más expeditivos y de intentar imponer las quintas. Ya hemos visto en algunos de los ejemplos anteriores cual era el procedimiento por el que se llevaban a cabo las primeras y, por tanto, como debía ser la gente que se encuadraba en las compañías. Aunque no tuviéramos otras fuentes que las noticias que nos suministra Torcuato Pérez de Guzmán para años posteriores, ya sabríamos cómo *arregló* el ayuntamiento el padrón de su vecindario. Pero disponemos de otras opiniones.

Los datos concretos sobre militares en Sevilla de que disponemos para la primera mitad del siglo XVIII son bastante pobres, si exceptuamos las que salen a relucir, de pasada, en alguna publicación como la de los *Anales de la plaza de toros de la Real Maestranza*[92] , ya que la ciudad seguía siendo un enclave sin guarnición fija y sin muchas ganas de tenerla. No sé cómo la ciudad pudo librarse una y otra vez hasta estas fechas, ya bien entrado el siglo, del método de reclutamiento que los Borbones habían impuesto —y del que ya hemos hablado— ni tampoco he encontrado muchas referencias sobre su guarnición con regimientos no estables: sólo la que nos da el *cronista* Guichot de como, en 1745, le fue revocado a la ciudad el privilegio que tenía de no contribuir con hombres a las quintas del rey y sustituirlos con

92 Marqués de Tablantes. *Anales de la Real plaza de toros de Sevilla. 1750-1835.* Sevilla 1917. Edición facsimilar de la Real Maestranza de Caballería de Sevilla de 1998.

voluntarios. El proceso mediante el cual se escogía uno de cada cinco jóvenes en edad militar a menos que se buscara, mediante dinero, un sustituto, introdujeron un gran malestar en muchos lugares y, en concreto, en una ciudad que, como Sevilla, estaba acostumbrada a que se la tratara como *caput orbis* y no como a un lugarejo de captación de reclutas.

Pero, a parte de las escasas ganas que Sevilla viera, las medidas racionalizadoras de los ministros de Felipe V y, en particular de Patino, trajeron como consecuencia un reforzamiento del poder militar y naval. *El ejército se volvió más eficiente. La reanimación de los astilleros llevó a la construcción de un gran número de excelentes barcos y, al mismo tiempo, se produjo un renacimiento general del espíritu militar.*[93] El año 1734, ese en el que se prende a vagabundos y gitanos para mandarlos al ejército, es crucial para una de tantas guerras —desconocidas en la Historia de España— en las que se implicaron los prohombres de Felipe V, pensando, quizás, que todavía no habían terminado los tiempos del Gran Capitán: la guerra por la sucesión de Polonia contra los ejércitos de María Teresa de Austria.

Este apresamiento de hombres para engancharlos en los cuerpos militares tenía lugar cuando los capitanes, que se habían comprometido a conseguir los soldados necesarios para formar las compañías y que por ello tenían pluses en su sueldo, no lo conseguían. Era entonces cuando se cogía a todo aquel que podía estar bajo sospecha de no tener *papeles en regla* y que, metido en una especie de chantage, no tenía más remedio que incorporarse a la milicia. Así se rellenaron, en 1733 y 1734 en Cádiz, los batallones que debían marchar

---

93 Cristina Borreguero Beltrán.— *Los soldados españoles en Italia. 1734.* En *El Mediterráneo. Hechos de relevancia histórico-militar y sus repercusiones en España.* V Jornadas nacionales de Historia Militar. Sevilla.1997. Cátedra General Castaños. Región Militar Sur. Sevilla 1998. Pág. 698. La autora cita, en este caso, la opinión de Christopher Duffy en *The Fortress in the Age of Vauban and the Frederick the Great 1660-1789.Siege* Warfare Volume 11. Routledge and Keegan, Paul. Londres. 1985. Pág. 98.

a Italia y que acababan de llegar de la toma de Orán[94]. En esta guerra italiana participaron, pues, muchos andaluces. Sevilla tuvo más de una compañía y también acudió un regi miento de caballería que se llamaba *de Andalucía.*

SOLDADOS Y FORZADOS

Si observamos atentamente la situación de España desde el fin de la guerra de Sucesión hasta el año 1745, que es en el que, en realidad, comienzan las acciones punitivas contra los gitanos, veremos que existe un paralelismo entre las medidas censitarias y la situación militar.

Particularmente, fue la toma de Orán, acaecida en 1732, mientras la Corte estaba en Sevilla, lo que dio vuelos a las aspiraciones de volver a intervenir en Italia y recuperar así los territorios que se habían perdido tras la Guerra de Sucesión. A tal fin se comenzó a preparar un ejército de 34 batallones de infantería y 38 de Caballería y Dragones, reclutando hombres por los más diversos procedimientos. Al año siguiente, varios de estos cuerpos estaban sin completar, como el de Parma, en Cádiz, al que le faltaban 689 hombres o el de Sevilla, que debía buscar para completarse, 137. El método para rellenar estos huecos era el de instar a los oficiales y jefes a buscar soldados como fuera: *los coroneles de los Regimientos* o *los capitanes de las compañías se comprometían a conseguir los hombres necesarios a cambio de un plus por cada soldado enganchado.*[95]

Las mayores batallas se dieron al año siguiente, 1734, y, aunque alternando las victorias y las derrotas, los españoles ocuparon Sicilia, dando comienzo así en aquella isla el reinado del hijo de Felipe V, Carlos, el futuro Carlos III de España. En 1747, apenas logrado este propósito y coinci-

94 Ibidem. Pág. 702.
95 Cristina Borreguero Beltrán. Ibidem. Pág. 702.

diendo con la subida al trono de Fernando VI, el hermano mayor del recién nombrado rey de Sicilia, se dio orden de *evacuar toda Italia y no perder ningún soldado, si era posible, salvando el honor de las Armas.*

EL REINADO DE FERNANDO VI

Para la mayoría de nuestros historiadores, el reinado de Fernando VI es sinónimo de *buen gobierno.* Ya vimos, al principio de este libro los elogios que le dedicaba el «republicano» Joaquín Guichot. No se trata, pues, de la opinión interesada de unos cuantos cronistas áulicos, sino de un juicio general que revela, sobre todo, cómo se estructuraba la mentalidad ilustrada y post-ilustrada y que nos habla de la partición de España en dos maneras de ver la vida que caminarán —cada una por su lado— sin enfrentamientos directos y sin que ninguna de las dos representen netamente los bloques *conservador* y *revolucionario* en los que se dividió, por ejemplo, la Francia nobiliaria y enciclopedista de la misma época.

El reinado, o, mejor, los dos reinados, de Felipe V[96] estuvieron condicionados, en su primera parte, por la Guerra de Sucesión, y, en la segunda, por el gobierno de los ministros, ya que el rey no salía nunca de sus apartamentos. Pero en éste, el de su hijo, el nuevo monarca, aun viviendo también en una casi completa soledad y sin tener descendencia, comenzó a tomar disposiciones para poner en situación de paz real a España y ordenar de forma ilustrada sus dominios. Entre todas esas medidas, los hombres de su administración llevaron a cabo la planificación, la ejecución y la prolongación de la Prisión General contra todos los gitanos españoles y los que estaban calificados como tales.

96 Felipe V abdicó en su hijo Luis, que murió al poco tiempo, recuperando en rey-padre el trono. Esto mismo ya había ocurrido con Fernando el Católico.

Este hecho es, auténticamente, el que, a mi juicio, marcará la propia vida de los gitanos pero también muchos de los episodios de la Historia de España en la primera mitad del siglo XIX. Creo que los gitanos contaron, más de lo que se piensa, en los episodios absolutistas hasta la instauración del constitucionalismo: era la reacción primitiva de un colectivo perseguido. Real y dramáticamente perseguido no sólo como *«nación»* sino en cada una de sus familias y cada uno de sus individuos.

A la luz de algunos testimonios personales que vamos a sacar —muy pocos, es verdad, pero sobrecogedores— ¿no sería más lógico hablar del dolor, de la pena o del odio de unas personas reales que se llaman Monge, Román, Torres, Fernández, Heredia, Montoya... , y de sus hijos, y de sus nietos, que de una difusa tristeza o una pena colectiva inconcreta?

Pero otra de las medidas tomadas en este reinado —ésta muy aplaudida por nuestros intelectuales *progresistas*— fue la de retirar los ejércitos españoles de Europa. Esta operación concentraría en nuestra tierra y, en particular, en la bahía de Cádiz, una ingente cantidad de militares, desocupados entre batalla y batalla[97] con ganas de fiesta al llegar o antes de partir, hablando una jerga particular y expresando por medio de ella sus hazañas reales o inventadas.

97 Después de recuperar los territorios sureños italianos, las únicas guerras que España lleva a cabo son contra Argelia, tradicional nido de piratas, y contra Inglaterra, como aliada de Francia.

CAPÍTULO V

ANDALUCÍA Y SUS ZÍNCALI EN EL SIGLO XVIII

Al tratar esta época de la que nos ocupamos se ha hablado mucho y en muchos libros de una *ruptura* entre los gitanos y la sociedad. ¿Qué sociedad?, habría que preguntarse a juzgar por la mescolanza de gentes que nos van a aparecer con el calificativo de *gitanos*. Porque creo que, en realidad, esa *falla* que se observa desde la perspectiva del historiador, no es más que un síntoma de la separación que se abre en buena parte de España entre la sociedad ilustrada con sus métodos científicos y los modos de vida que continuaron existiendo en los sectores sociales que, afincados en el viejo saber y el viejo administrar, o sometidos a él, no llegaron a percibir o recibir los resultados prácticos de esas ideas que se pretendían introducir desde la Europa racionalista.

Todo lo cual tiene, además, una gran importancia en lo que atañe a la población de una Andalucía, ahora, mucho más al margen de los vientos sociales y económicos imperantes que en siglos anteriores, cuando estas tierras eran el centro neurálgico del Imperio.

Por eso, con toda seguridad, la desconexión de la comunidad gitana tuvo que ser menos dura en nuestra tierra que en otros territorios españoles, como parecen señalar las cifras y conclusiones de Antonio Gómez Alfaro, en su trabajo

Anotaciones a los censos gitanos de Andalucía[98] y como podremos ver en muchas de las noticias que irán apareciendo a continuación.

En honor a la verdad, dejando en su justo valor los muchos episodios represivos de los Siglos de Oro que, aunque no están aislados, habría que darles mejor el calificativo de desgranados teniendo en cuenta que no hay que restar importancia a un acoso continuo a los grupos de vagabundos, quedan verdaderamente los hechos, dramáticamente concluyentes, del XVIII, mucho más crueles, injustos y reales que toda la fraseología escrita y vuelta a escribir sin tener en cuenta las circunstancias de cada época.

Como hemos visto sucintamente, en la España del siglo XV se persigue, sobre todo, a los judíos, en la del XVI a los luteranos y a los calvinistas hasta arrasarlos y, en la última parte de esta centuria y en la primera de la siguiente a los moriscos, que acaban siendo expulsados de la península y puestos masivamente en la otra orilla del Mediterráneo. Todo ello —ya está dicho— era necesario para la realización de la idea de un Estado Católico, o sea universal, que, necesariamente, debía ser —como la Iglesia Católica— homogéneo.

Los gitanos, aunque existan pragmáticas, denuncias de cortesanos, disposiciones de sucesivas Cortes y casos dramáticos, trágicos y repetidos de ejecuciones, prisiones o castigos, son demasiado pequeños e inocuos para que un Poder como el español busque su desaparición que era lo que se buscaba entonces para los que aparecían realmente como enemigos. La idea del Estado se regía por la de mantener una ortodoxia extrema, tanto en lo interno como en lo externo y por eso se instaba a todo el que mantenía ribetes heterogéneos (o sea, heterodoxos) —lengua, traje, oficio... — a que los abandonara; pero sólo se perseguía, realmente y sin contemplaciones, a quienes podían, objetiva y subjetivamente, entorpecerla o frustrarla.

98 Antonio Gómez Alfaro. *Anotaciones a los censos gitanos de Andalucía.* Op. Cit. Págs. 239 y SS.

Por eso precisamente, cuando se clama para acabar con los gitanos, no tiene más remedio que adjudicarles todos los defectos ideológicos, morales y humanos: no sólo los que, a juicio del poder, habían tenido judíos, protestantes y moriscos, sino también los que se achacaban a los indios americanos, desde el paganismo y la impiedad hasta la antropofagia.

Juan de Quiñones, alcalde del Rey, escribe en 1631 un *Discurso contra los gitanos*[99] en el que, además de recoger todas las acusaciones anteriores, les achaca, además, la de antropofagia: *No hacían cosas peores los Caribes de las Indias, que comían carne humana.* En concreto refiere el relato del juez Martín de Fajardo que obtuvo, bajo tormento, la confesión de varios gitanos de haberse comido a un fraile franciscano. En la curiosa sarta de acusaciones, ésta se mezcla con otra en la que se dice contra los gitanos que tres de ellos estaban comiendo unos borregos en Cuaresma. El asunto puede inducir hoy a la risa, pero en aquella época era un argumento como cualquier otro para probar que, además de antropófagos, no eran cristianos.

Pero, imperceptiblemente, se ha dado un gran salto. Cincuenta años antes los argumentos iban por el lado de la religión y de la homogeneidad espiritual de los españoles; ahora los gitanos comienzan a convertirse en enemigos o, al menos, en miembros malsanos —todavía no lo son del Estado— de la sociedad. Cuando, ya en la segunda mitad del siglo XVII, el dinero y el trigo empiecen a ser cada vez más escasos y las ciudades en general, y Sevilla en particular, se vean asaltadas por legiones, más y más nutridas, de pobres, las cañas se tornarán lanzas y empezarán a buscarse de verdad nuevos culpables para una situación de decadencia que nadie sabía cómo explicar y ante la que cada cual hallaba soluciones de todo tipo.

99 Juan de Quiñónes. *Discurso contra los gitanos.* Madrid 1631. Mario Penna incluye en su libro *El flamenco...* amplios párrafos del mismo. Págs, 230 yss.

La pobreza, cada vez más generalizada, va rompiendo el círculo de la relación dialéctica entre la sociedad que buscaba encontrar la ocasión propicia para la fiesta y el grupo que podía proporcionarla. Si ya no hay fiesta, los que van de allá para acá no serán cómicos o juglares sino vagabundos peligrosos, más pobres todavía que los pobres de domicilio establecido, más peligrosos, por tanto.

Esa pobreza se extiende, además, por todas partes; todo el mundo tiene necesidad, desde la alta administración a las capas sociales más inferiores. El profesor Domínguez Ortiz ha explicado muy claramente la situación de los marginados en la Baja Andalucía a lo largo de la segunda mitad del siglo XVII y la primera del XVIII, deteniéndose en el *estamento* de los esclavos y las vicisitudes por la que atraviesa a lo largo de esta época[100].

La decadencia de España —y toda decadencia en aquel tiempo llevaba implícita la pérdida de batallas o la imposibilidad de meterse en guerras— significó, en este campo, una pérdida de mano de obra esclava que, con anterioridad, había sido destinada a lo que hoy llamamos obras públicas o a la construcción naval. España estaba en crisis pero seguía teniendo casi los mismos territorios ultramarinos que cuando se hallaba en su esplendor: continuaba teniendo, por tanto, la misma necesidad de esclavos.

Se pone en marcha en este período una práctica cada vez más habitual: la de llevar a remar a las naos o condenar a trabajos forzados a los esclavos con dueños particulares o gente similar, acatando, sin embargo, —estamos todavía en los años finales del siglo XVII— las reglas de una sociedad teocrática: esos trabajos eran un destino lógico para todas aquellas personas en razón de ser *infieles* (a los esclavos cristianos

100 Antonio Domínguez Ortiz. «La sociedad bajo andaluza». En Antonio Domínguez Ortiz y otros. *Historia de Andalucía.* Editorial Planeta. Barcelona 1981 Tomo VI. «Los inicios del capitalismo (1621-1778)»: Ver especialmente las páginas. 157y ss.

no podía obligárseles, aunque a esta conclusión se llegara después de las protestas de muchos dueños de esclavos).

En 1637 la falta de remeros para las galeras era grande, aunque se habían dado órdenes a los tribunales de condenar a ellas el mayor número posible de delincuentes, y se ordenó hacer una redada de gitanos y esclavos. Naturalmente, Andalucía fue la región más afectada por esta medida inhumana, por albergar el mayor número de marginados sociales; con la diferencia de que los gitanos eran, la mayoría de las veces, inaprensibles, mientras que los esclavos tenían dueño y domicilio conocidos... El comisionado... no sólo se incautaba de los moros y berberiscos... sino de los negros y mulatos cristianos, «quitándoselos a sus amos, que los han criado a sus mesas como hijos»... El Consejo de Castilla se hizo eco de estas protestas y el rey consintió en dispensar a los esclavos cristianos mediante la entrega por sus dueños de cien ducados para comprar sustitutos...

...En 1669 todos los esclavos de la bahía de Cádiz fueron requisados por un año para edificar el hospital de la Armada del puerto de Santa María...

...En el siglo XVIII los esclavos eran ya muy escasos, exceptuando los berberiscos que, como esclavos del rey, trabajaban en las carreteras, arsenales y otras obras públicas, y cuya suerte era muy dura. La misión de Ahmet El Gazel tuvo como finalidad principal libertar a los esclavos marroquíes...[101]

Desde estas perspectivas vamos a comprender mucho mejor la insistencia de los detractores de los gitanos sobre el hecho o la posibilidad de que no sean cristianos, lo mismo que comprenderemos por qué los negros sevillanos defendían a capa y espada su cofradía, por qué la crearon después en Cádiz, por qué hicieron lo mismo los mulatos y por qué

101 Ibídem Págs. 162 y 163. Sobre la visita de ese embajador tiene publicado Antonio Domínguez Ortiz un trabajo, «Un embajador marroquí en Sevilla. La estancia de Sidi Ahmet-el-Gazel en 1766». En *Sociedad y mentalidad en la Sevilla del Antiguo Régimen*. Biblioteca de Temas Sevillanos nº 0. Ayuntamiento de Sevilla. Sevilla 1979. Págs. 133 y ss. El embajador encuentra descendientes de moros en Lebrija y otros pueblos andaluces pero constata que ya hace mucho que no son infieles, esto es, cristianos.

los gitanos fundarían la suya: de todo ello dependía, en gran medida, su porvenir y hasta su vida.

En el contexto de todo la anterior cobra sentido un hecho curioso ocurrido en el año 1750 (tengamos en cuenta que es el año en que habrá más gitanos presos) en medio de la Semana Santa de Sevilla: a la pretensión del arzobispo de hacer pasar a todas las hermandades bajo su balcón se niega la de la Exaltación, de Santa Catalina, con sus orígenes en individuos de la alta administración. El prelado manda que se pare y que la de los negros —la del Cristo de la Fundación y la Virgen de los Ángeles— pase por delante, a lo que éstos se niegan aduciendo que son más antiguos y deben ir detrás, y así estuvieron horas y horas hasta que se resolvió el conflicto; indudablemente los negros tenían su *razón práctica* para no perder ninguna de sus prerrogativas. No sólo de piedad y fervor vive el hombre.

¿QUIENES ERAN *GITANOS* PARA LOS ILUSTRADOS?

Quizás por esa *inaprensibilidad* de la que, según Domínguez Ortiz, hacían gala y que llevaría a que muchos tomaran su mismo modo de vida, para entonces, *gitano* era ya cualquiera que no tuviera una profesión definida —algo cada vez más frecuente—, o vagara de una población a otra. Las últimas obras de la picaresca están llenas de gente que, sin ser gitana, se enganchaba a aquella vida para escapar del ejército, de deudas o de enemigos, o que —desde la parte contraria— era calificada así precisamente para poder encuadrarla en los tercios militares o llevarla a galeras. Al principio de su obrita el bachiller trianero nos advierte:

En la gitanería de Triana tiene refugio y amparo gente de mala vida con la que no se toma la providencia que corresponde y pasan por gitanos los que no lo son, llevando Provisiones que no les pertenecen, usando el nombre y apellidos de difuntos o de vivos que sacaron otra por decir que la habían perdido y así ocurre con Simón Montoro, el herrero, que tiene tres Provisiones, y las deja a otros que no son de la familia, con lo que van seguros cuando salen, con lo que burlan a las Justicias de los lugares donde pasan[102].

Esto comienza a ser así cuando se está llegando al final inferior de la escala. Es ahí donde un Estado, empobrecido día a día, pero necesitado de seguir usando la fuerza para hacerse respetar en un mundo en el que comenzaban a mandar nuevas tendencias, no tiene más remedio que reforzar las medidas para echar mano de todo lo que formaba la base social de sus territorios. Es entonces cuando el gitano —y, sobre todo, el gitano asentado comienza a aparecer como una posibilidad de *fuerza productiva* gratuita.

¿Eran cristianos los gitanos? Vemos como se renueva en estos años esa pregunta y como su respuesta negativa es un argumento en los alegatos que pretenden su persecución y, seguramente, ello obedecía a esa polémica anterior:

Viven con mucha libertad perjudicando a las almas. No bautizan a sus hijos, ni confiesan, ni comulgan ni se casan por andar siempre vagando[103], se dijo muchas veces en esos foros eclesiásticos en los que se buscaba la unión de lo humano y lo divino.

Nos hallamos, pues, en presencia de dos vectores, uno proveniente de políticos y el otro de mentalidades religiosas, que, a finales del siglo XVII y desde distinta óptica, confluyen en considerar a los gitanos como individuos destinados a realizar trabajos de esclavos. Pero todavía no hemos llegado a la coyuntura propicia.

Por el lado opuesto, a finales del siglo XVII, España era todavía un país que se adentraba, poco a poco, en la decadencia pero sin perder sus antiguas estructuras. Los grandes nobles seguían conservando el espíritu de la nobleza guerrera, pero ya no tenían guerras que ganar. De ello echa-

---

102 *Libro de la gitanería*... Op. Cit.. Folio 2.

103 Constituciones Sinodales de Uclés. Citado por Vicent Vives. *Historia Social de España y América*. T.IV. Págs. 130-131.

rán la culpa a la administración de validos y, quizás, a los propios reyes, levantándose en continuas escaramuzas de las que salen derrotados y con el destierro o la vida como pago.

En estos parámetros continuará estancado este estamento durante todo el siglo XVIII (ello es lo que denuncia claramente José Cadalso en esa misiva de sus *Cartas Marruecas* que hemos citado) y gran parte de la sociedad que lo rodeaba, también. Pero estos nobles y esta sociedad son particularmente potentes en Andalucía donde, en sus grandes y medianas ciudades, existía un gran contingente de frailes y monjas, con grandes riquezas teóricas en bienes raíces, producto de las donaciones y privilegios. Cuando, tras la Guerra de Sucesión, los gobiernos de Felipe V y sus sucesores intenten tocar estos bienes, nos encontraremos con legiones de religiosos intentando rechazar aquellas ideas.

Por lo tanto, en esta otra sociedad que seguirá existiendo a pesar de los propósitos ilustrados y que, muchas veces, hasta irá en contra de ellos, seguramente los gitanos —los de verdad y los de mentira— encontrarían aliados, gente importante que los trataba como había tratado aquel teniente de alcalde a la *gitanilla* de Cervantes, o, al menos, como decía el memorial que los dueños trataban a sus negros: sentándolos a su mesa. Con esa familiaridad se tutearán el ventero y el marqués que Moratín verá en Écija y así tratará a los gitanos el padre ecónomo de los cartujos de Jerez, otorgándoles, en sus haciendas o en sus monasterios, esa protección de la que tanto se han extrañado algunos de nuestros intelectuales. A esa gente, importante todavía, no le importaba que hubiera trashumantes con tal de poder tener fiestas, y contar con herradores, esquiladores, venteros, arrieros, tratantes...y bailarines. En París comenzaba a imponerse la máquina, aquí seguía dominando el caballo.

Pero, a la vez, en este mundo cambiante, una parte de los gitanos habría encontrado, seguramente, ocasiones propicias para hacerse sedentaria y ganarse la vida con la producción de pequeños enseres y herramientas, necesarias para el comercio, la industria y la navegación, para seguir interviniendo en asuntos de caballerías, y también para ocupar puestos en lo que a la interpretación tanto de la música sacra como de la profana se refiere.

En realidad, en muchos lugares, habían comenzado a hacerlo desde bastante más atrás; ahora tan sólo tuvieron que amoldarse a las nuevas circunstancias para intentar aparecer tan débiles e inofensivos como en siglos anteriores. Los gitanos del siglo XVIII, desde los más asentados a los que, junto con otros desheredados, seguían recorriendo los campos, ya no eran los de antes, aunque de ello no se enteraran en las altas esferas donde muchas veces seguían imperando los mismos estereotipos de los más intransigentes *halcones* de siglos pasados.

EL SUEÑO DE LA RAZÓN

Sin embargo, en lo que se refiere a la esfera de la administración pública, ahora todo comenzó a ser distinto: cien años después, Goya escribiría debajo de uno de sus grabados: *el sueño de la razón produce monstruos,* refiriéndose, quizás, a las paradojas y a la crueldad de una guerra —la de la Independencia— que llegaba con nuevos colonialismos al intentar llevar a sus últimas consecuencias los gritos de *Libertad, igualdad y fraternidad* de la Revolución francesa.

Pero puede ser que la primera siesta de esa Ilustración que caminaba hacia el *Juego de la pelota* se diera aquí. Dado que se dibujaba en el horizonte civilizatorio un panorama distinto y que la sociedad imaginada por los racionalistas debía ser la del trabajo, el comercio y la industria, se llegó a la conclusión de que todos aquellos que se llamaban popularmente gitanos debían ser eliminados de un proyecto en el que se requería unos súbditos de nuevo tipo.

Los gitanos, en cuanto tales, no eran el principal adversario de estos ilustrados que están forjando una nueva administración y un nuevo ejército. Sus adversarios principales eran los nobles de los viejos solares castellanos, y los miles y miles de frailes que, junto con sus instituciones y asociaciones de fieles, campaban por sus respetos en todo el territorio español y, de forma predominante, en Andalucía. Pero los gitanos aparecían como un soporte de la cultura sostenida por aquellos sectores.

Para los Ilustrados, se trataba de apartarlos de aquel mundo, de enseñarles a trabajar con las nuevas técnicas e integrarlos en la sociedad que ideaban, aun a costa de mantenerlos en prisión los años que hiciera falta. A su lado aparecen ahora, como extraños aliados, aquellos eclesiásticos que, sumidos todavía en el *mundo feliz* del pasado, y convencidos de la imposibilidad de la conversión, idearon un método muy simple para que en el futuro no siguiera perviviendo aquella secta de descreídos: impedir la procreación por medio de la separación indefinida de todos los hombres y todas las mujeres.

La medida ya había sido pensada otras veces, aunque con distintos matices. En la sesión de las Cortes del 19 de marzo de 1594[104], los procuradores de Burgos, Jerónimo de Salamanca y Martín de Porras hacen la propuesta de llevar a todos los gitanos a una provincia y a todas las gitanas a otra, muy alejada de la primera, para que se vieran obligados a casarse con gentes no gitanas. Dado que, para aquellas mentes, los gitanos no estaban casados puesto que no lo habían hecho según las normas de la iglesia católica, les serían quitados los niños que tuvieran a fin de que pudieran crecer educados de manera distinta. Algo parecido volvería a repetirse en 1633.

Pero entonces no había forma de ejecutar esas disposiciones porque en la España de los Austria, eso que hoy llamamos fuerzas de orden público eran prácticamente inexistentes y los ejércitos estaban demasiado ocupados en Flandes,

104 Cfr, por ejemplo, Mario Penna. *El flamenco y los flamencos. Historia de los gitanos españoles y su música*. Edición, traducción y notas de Antonio Zoido Naranjo. Portada Editorial, Sevilla 1996. Págs. 127 y ss.

Italia, Cataluña, Portugal, media América, Filipinas..., como para dedicarse a esas menudencias caseras.

Ahora se produce una extraña conjunción de intereses: la de los racionalistas y esos sectores eclesiásticos dependientes de la Corona que, anclados en el pasado, continuaban esgrimiendo los mismos argumentos de un siglo atrás. Nada tenía que ver todo eso con la nueva mentalidad del Estado de los Borbones, pero, juntos, conformarían, en realidad, una de las mayores operaciones «contra natura» de nuestra historia. Así era aquella época; y al mismo tiempo que aquí se seguía al pie de la letra con los gitanos la regla de *la educación, con sangre entra,* en las colonias del Paraguay se devolvía a la *naturaleza* de la selva a los indios guaraníes, ya educados por los jesuitas.

En mi opinión, desde esa óptica de despotismo ilustrado, y aunque hoy nos parezca mentira, la Prisión General de los gitanos fue ejecutada y llevada adelante, en gran parte, por un *tic* contrario a lo realizado por la administración anterior, como un intento de *enmendar* lo que se había hecho *mal* en el siglo XVII con los moriscos, llevándolo ahora a cabo *bien,* o sea, razonada, sistemática y racionalmente. Entonces —pensaban los ilustrados— la expulsión de los moriscos no debería haberse producido sino que deberían haberse buscado los métodos adecuados para incorporarlos al resto de la sociedad española.

Ahora, si la expulsión de los gitanos, llamada eufemísticamente por los ilustrados «destierro», no sólo no debía hacerse, sino que no podía producirse, entre otras cosas porque, ¿a donde se expulsaba o se desterraba?, no había más remedio que asimilarlos lo más rápidamente posible al resto de la población de desheredados, pero uniformes en su modo de vida y costumbres, para hacer que contribuyeran a la erección de una sociedad nueva.

Después de que transcurrieran los primeros años del siglo XVIII, las cosas se habían vuelto muy distintas a como eran cien años más atrás. Había tenido lugar una reforma muy profunda de las fuerzas armadas españolas y, además, nuestros ejércitos abandonaban —o iban siendo obligados a abandonar— los territorios europeos en los que operaban desde mucho antes. Es la decisión de concentrarse en el interior del país —o, lo que es lo mismo, la de crearse la ilusión de que no había más derrotas— lo que distingue el período de Fernando VI y lo que lo hizo «simpático» a los ojos de nuestros historiadores posteriores.

Podía, por tanto, ponerse en marcha y realizarse aquella vieja idea pero con mayor refinamiento y efectividad. Ahora no sólo era posible trasladar a hombres y mujeres a territorios lejanos entre si sino, también, encarcelarlos para evitar que se casaran entre ellos y aun para impedir, simplemente, que los hombres se casaran, ya que, de hacerlo, sus mujeres, aun siendo no gitanas, adquirieran el fuero del marido y volvería a reproducirse el grupo social.

¿Se trataba de realizar algo parecido a eso que en nuestra época se ha puesto tan de moda en los países balcánicos y que ha sido bautizado con el nombre de *limpieza* étnica? No debemos extrapolar los conceptos: de la misma manera que no puede decirse que Felipe V fuera *antinacionalista* por pretender poner a toda España bajo un mismo sistema administrativo (simplemente era francés y, por tanto, centralista), tampoco podemos llamarlo *racista.* Los documentos sobre la disposiciones antigitanas de los Borbones, las levas, los censos, la designación de ciudades como residencia obligatoria, la preparación y la ejecución de la *Prisión General* (sobre todo, en su segunda etapa) hablan claramente de cómo, en la teoría, el punto que dividía a los que se encarcelaba y a los que se dejaba en libertad eran las *costumbres,* o sea, la integración.

Pero, aunque cuidemos mucho de no extrapolar conceptos, el hecho tuvo que suponer para la comunidad gitana española —y para la mayoría de ella, asentada en Andalucía— una tragedia sin precedentes, un hecho que puede olvidarse consciente o inconscientemente para intentar escaparse objetiva y subjetivamente de él, pero que permanecerá en el subconsciente y aflorará necesariamente en muchos jirones de las más variadas manifestaciones culturales.

Dejemos, al menos, un interrogante. Los planes de la preparación de la Prisión General son la crónica de una muerte que se anunciaba casi desde los primeros años del siglo, pero su consumación puede ser que cerrara las puertas de muchas de las cosas que antes habían sido realizadas a la luz del día, que, después, fueron convirtiéndose en secretos y, hasta hace poco, constituían un patrimonio mítico de las comunidades gitanas, como el de la celebración de las bodas. Si lo que se buscaba era, ni más ni menos, impedir que los gitanos y las gitanas se casaran entre sí, ¿no es lógico que, tras esa experiencia, se buscara el realizar la ceremonia en una atmósfera de secreto y apartamiento?

Documentadas están, en todo caso, las reacciones de muchos ciudadanos y grupos no gitanos en los días de la redada: al lado de bastantes ejemplos de solidaridad que conocemos, hay —como siempre— aprovechamientos y ganancias ante las desgracias ajenas, la compra a bajo precio de los bienes de los presos, las denuncias interesadas del adversario o del competidor... El vecino, aun el de más baja condición social, adquiere —en el momento de la posibilidad del informe o la denuncia secreta— un predominio sobre los que informa o a los que denuncia, porque —de verdad— el futuro de aquellos está en sus manos, misteriosamente, como lo está la enfermedad que llega sin aviso.

Dios mío, líbrame
Dios mío, líbrame,
de una mala lengua, de un testigo falso,
de un mal incurable...

Los gitanos que, hasta ese momento, habían conseguido engancharse en un gran número a la escala social hasta agrupar bajo su mismo nombre a un sinfín de individuos de las más raras procedencias, volverán a ser en muchos casos y en la mayoría de los enclaves andaluces, a partir de la prisión y hasta la aparición en nuestros días de masivos contingentes de emigrantes, el último eslabón de la cadena social en la que sólo podrán ascender si se convertían en héroes o divos gracias a la *afición* taurina o a la flamenca.

EL LARGO CAMINO POR EL SUR

Los gitanos de España, los *zincali,* según Borrow, habían atravesado los siglos XV, XVI y XVII como la minoría más tolerada o, mejor dicho, la perseguida con menor saña por un Estado cada vez más intolerante contra todo aquello que se opusiera a su homogeneidad. En realidad, las leyes contra los gitanos están siempre teñidas de elementos que, en judíos, moriscos y protestantes, eran síntomas relevantes de una realidad más profunda y que aquí son expuestas, más para dejar las cosas claras que para iniciar un degüello general. Está más que demostrado que aquellos a los que el Estado persiguió de veras, dejaron de existir, tanto en el sentido social como en el físico.

El traje, la lengua propia, las ceremonias secretas y la falta de prácticas cristianas habían sido las señales que delataban la existencia de marranos, moros o cristianos evangélicos, pero no la esencia de aquello por lo que se los juzgaba con posterioridad a su descubrimiento: su religión. Cuando se acusa a los gitanos de impiedad o de no hacer caso a los sacramentos, esas acusaciones serían, seguramente, desmentidas y borradas por las inmediatas protestas de fe de los calés que, sin saber que lo había dicho San Pablo, se plegaban con extraordinaria facilidad a cualquier práctica religiosa popular y, además, cantaban las excelencias de todos los santos de la corte celestial.

Así pues, lograron salvarse de cualquier persecución por su innata capacidad «darwinista» de adaptarse fácilmente al medio. Con ello no se salvaban de las iras de los entendimientos ultramontanos, pero, a la postre, los hacían inocuos.

Seguramente fue esta capacidad de *salvarse de la quema* —*en* el sentido más estricto de la palabra y en una época en la que eran muchos los que no lo conseguían— lo que hizo que mucha gente tomara su modo de vida como modelo *platónico* (su vida errante es ensalzada con frecuencia por nuestros poetas) y también como modelo práctico (decenas de obras del género picaresco están inundadas de gitanos que son, en realidad, prófugos, burladores...), posiblemente porque las condiciones de aquel imperio lo permitían.

Pero, del mismo modo, esas condiciones hicieron posible, seguramente, que muchos de ellos fueran asentándose en medio de las comunidades humanas en las que vivían, como veremos al tratar la cuestión de los censos.

Así llegamos a los comienzos del siglo XVIII con una turbamulta en la que reciben, genéricamente, el nombre de *gitano* gentes de muy distinta condición: por una parte, los errabundos, por otra, los que se asentaron haciendo constar su origen —ya que así lo requerían las leyes— en los documentos que la administración les exigía y, por último, los que ejercen unos determinados oficios (herreros, esquiladores, canasteros, carniceros...): esos que, precisamente, son los de los gitanos asentados.

Porque, aunque parezca mentira y para bien y para mal, serán los gitanos los que, cuando comiencen las medidas coercitivas, den *identidad* a otros individuos de personalidad aun más indefinida, como expósitos, desertores, berberiscos, negros, mulatos... Sin embargo, a la hora de las aclaraciones, saldrán más perjudicados los gitanos que todos los demás, sobre todo en la primera parte de la Prisión General.

Después de todos estos casos pormenorizados, ¿es posible calcular el número de gitanos que había en España a principios del siglo XVIII, cuando llega a la administración del Estado la dinastía borbónica de la mano de Felipe V?

Es difícil de decir, puesto que los acontecimientos posteriores, como hemos visto, demostraron que mucha gente era conocida con el apelativo de *gitano* sin serlo. Pero, si el censo más completo, el de Carlos III, da unos 12.000 individuos, y esto sucede después de todas las operaciones de *limpieza* que traen consigo los sucesivos censos y de las vicisitudes y muertes que ocurrirían en los años de la Prisión General, creo que podríamos calcular en más de 20.000 los que estaban bajo esta denominación genérica antes de la pragmática de 1717.

TRASHUMANCIA: ESTACIÓN FINAL

A parte de las noticias clásicas sobre la llegada y el asentamiento de gitanos en la Andalucía de los siglos XV, XVI y XVII, tenemos constancia de que, desde mediados de este último siglo, o sea, desde las guerras que Cataluña y Portugal levantaron contra Felipe IV y en Andalucía, la conspiración del duque de Medina Sidonia en 1641 aumentaron considerablemente las migraciones de gitanos hacia el sur de la península, preservado —como todos los centros neurálgicos de todos los imperios— de aquellas contiendas. En estos movimientos seguramente muchos de ellos dejarían, en todo o en parte, su trashumancia y se asentarían en poblaciones andaluzas[105], mientras otros continuarían siendo nómadas.

Pero pudiera ser que, entre los gitanos residentes desde mucho antes en Andalucía, el asentamiento en un lugar determinado se debiera a otras causas. Cuando se endurezcan las medidas represoras en el año 1745, aparecerán documentos —la mayoría de ellos avalados por los ayuntamientos— en los que se dice que determinadas familias de gitanos viven y trabajan en esas poblaciones, por ejemplo, en Alora (Málaga), desde el tiempo de la conquista del reino de Granada por los Reyes católicos. Una familia procedente de

105 En 1674, el párroco de Martas (Jaén) decía en un memorial enviado a Madrid: *especialmente de cuarenta años a esta parte...* (los gitanos) *se han extendido tanto en todos estos reinos y en especial en estas Andalucías por ser tierra más gruesa.* (Antonio G. Alfaro. Ibd. Pág. 242)

Illora (Jaén) alega, incluso, que, en el mismo tiempo, dicha villa fue poblada por gitanos.[106]

Pero aun pueden existir otras causas para que, desde tiempos anteriores al siglo XVIII aunque posteriores a los esgrimidos por los malagueños, los gitanos fueran asentándose, sobre todo en lo que se refiere al oriente andaluz y, en general, a todo el levante español: la expulsión de los moriscos y con ella la carencia de mano de obra en oficios *viles,* como los de matarifes, vendedores de tripas y de menudo, giferos, tocineros..., seguramente llevaría a muchos a ocuparse de estos menesteres.

Ya mucho antes de la Guerra de la Alpujarra se habían dictado normas para que no fueran los moriscos los que ejercieran estos oficios, sabiendo que, en ellos, estas tareas tenían un cierto contenido ritual. Los *Capítulos sobre indígenas* de 1526 decían que *donde houiere christiano viejo que le quiere degollar, no deguelle la carne ninguno de los nueuamente conuertidos de moros, y donde no huuiere christiano viejo que la deguelle la persona que el clérigo del tal lugar aprouare para ello.*[107] En una sociedad tan clasista como la española de los siglos XVI y XVII es lógico pensar que no hubiera muchos cristianos viejos que quisieran ponerse en el lugar que habían dejado unos moriscos infamados y que el oficio, por designación eclesiástica, viniera a parar a manos gitanas.

En Sevilla, por ejemplo, la situación de decadencia y de abandono de la ciudad por miles de personas, tuvo que ayudar a la integración de muchos gitanos en el sistema productivo. Torcuato Pérez de Guzmán, en su trabajo acerca de los gitanos herreros del barrio de Triana, nos da noticias muy importantes que esclarecen la situación sobre su estado de integración social: a consecuencia de la pragmática del año 1695, en el reinado de Carlos II, debió darse una *guerra industrial* entre herreros gitanos y *castellanos* en la que éstos, posiblemente en una situación industrialmente más

106 Antonio Gómez Alfaro. Ibidem. Pág. 241 y 242.

107 Citado por Antonio Gómez Alfaro en *Anotaciones* ... Op. Cit. Pág. 253.

precaria que aquellos, quisieron sacudirse la competencia gracias a estas disposiciones junto con la promesa de instalar nuevas fraguas dentro del casco histórico de la ciudad, cosa que no debieron conseguir, al menos en la magnitud que prometían, puesto que, de esta contienda comercial, que se prolonga por espacio de más de medio siglo, saldrán vencedores los gitanos, mejores herreros que sus competidores.[108]

Por otra parte, tenemos documentos que atestiguan cómo, en esos años, debían existir muchas diferencias entre los gitanos asentados desde tiempos anteriores en Sevilla o Triana, y los que habrían llegado últimamente Estas diferencias se advierten en el manuscrito del *Libro de la Gitanería de Triana,* donde se habla de los gitanos que tienen enclaves propios y conocidos y, en concreto, del caso de un gitano trashumante que llega con un oso al que hace bailar.

Alfonso Lazo cita un estudio sobre la Fábrica de Tabacos de Sevilla[109] en el que aparece el *maestro esquilador* del establecimiento, de etnia gitana, al que se encarga el esquileo de una partida de 240 caballos. En el *Libro de la gitanería de Triana* vemos asimismo a otros gitanos que, trabajando en el mismo establecimiento, habían intentado sacar tabaco de contrabando escondido en el ano.

Los casos de gitanos asentados se reparten por todo el territorio andaluz y buena parte del resto de España. En Castillo de Locubín (Jaén) y Doña Mencía (Córdoba) encontramos, según datos suministrados por Gómez Alfaro, a gitanos que eran *voz del pueblo,* o sea, pregoneros, alternando esta función con la de enterrador el primero de ellos. Por su parte, los vecinos de Vélez-Málaga, defendiendo a los perse-

---

108 Antonio Gómez Alfaro nos da noticia de otro pleito entre herreros gitanos y no gitanos en Málaga. Aunque a los primeros sólo se les permitía realizar objetos pequeños como *asadores, parrillas y herraduras pequeñas, todas de cortísimo valor,* éstos habían presentado recurso alegando que con todo ello *disminuían sus utilidades.* (Gómez *Alfaro.-Anotaciones...* Op. Cit. Pág. 255.

109 Rodríguez *Gordillo.-Archivo Histórico de la Fábrica de tabacos de Sevilla. Borrador General Diario. 1749-1751.* En Alfonso Lazo. Op. Cit. Pág. 17, nota 55.

guidos de su localidad, sacan a relucir otros oficios, necesarios para la colectividad, como los de la fabricación de canastas, imprescindibles en tiempos de vendimia en una tierra como la de la Axarquía.

Del mismo modo, encontramos casos en los que el oficio se combina perfectamente con la trashumancia: en Benamejí (Córdoba), los testigos convocados para dictaminar sobre la buena o mala fama de los apresados dirán de sus vecinos que *en cierto modo son útiles a este vecindario porque se necesitan... para el ejercicio de herreros, donde acuden los labradores a el aderezo de rejas, de arados, y los demás hierros, que son precisos para la labor de los campos, mayormente porque desde que murió Rafael Navarro de Alcántara maestro de herrero, y cerrajero, que vivió en esta villa sin ser de los que se llaman gitanos no ha podido hacer pie en ella ninguno otro castellano, por no haberse podido mantener en la cortedad de este vecindario.*[110]

Otras veces las trashumancia parcial viene provocada por la misma estrechez del término de la población en la que se asientan, como sucede en Trebujena (Cádiz), donde, a decir de Gómez Alfaro, el gobernador envía al rey un memorial para autorizar a los gitanos de esta población a desplazarse para el trabajo a los pueblos próximos, aunque en otros casos —como sucedía en Casariche— fueran los lugareños los que tuvieran que desplazarse a otro lugar para esos menesteres *desde que muriera el gitano Juan Romero.*[111]

En todo caso debía ser conveniente que los gitanos con oficio y a la vez trashumantes pasaran de vez en cuando por los pueblos, aunque, a la vez, tampoco se quisiera que permanecieran allí para siempre. Con ese cinismo se expresa el alcalde de Paimogo (Huelva) a raíz de la pragmática de 1745 que los obligaba a asentarse en las poblaciones señaladas al efecto: *Lo que si sucedía antes de dicha Real Pragmática era el venir a este pueblo los llamados gitanos, estar en él dos o tres días*

110 Ibidem. Pág. 245.
111 Ibidem. Pág. 255.

en sus maniobras de trasquilas y demás y después si ellos mismos no se retiraban, se expulsaban y transitaban a otros pueblos.[112]

Este panorama variopinto deja sentado que, al menos desde finales del siglo XVII, los gitanos andaluces habían comenzado, de una forma u otra, a asentarse o, al menos, a integrarse por los oficios y su utilidad social, en poblaciones que hoy corresponden a varias provincias.

Quizás también todo eso de debiera a que, en 1695, Carlos II emitía una pragmática —una más— donde, a parte de repetir las amonestaciones y penas de todas las anteriores, añadía una innovación: en el plazo de un mes, las autoridades de cada localidad elaborarían el censo de sus gitanos y sus pertenencias. Una vez realizado éste, se prohibía a los mismos permanecer en núcleos menores de 200 vecinos. Una vez establecidos en esas ciudades de mayor entidad sólo podrían dedicarse al cultivo de la tierra, abandonando además sus trajes, no hablando su lengua, etc.

En el territorio de la bahía de Cádiz, donde se concentra en los años anteriores a la persecución el mayor contingente gitano, debió suceder algo parecido a lo que había ocurrido con anterioridad en Sevilla y, según Luis Suárez Avila, los gitanos que se asentaron en El Puerto se concentraron en dos barrios:

Establecen una gitanería en la parte alta de la Ciudad, en las calles de Rosa, Lechería, Rueda, Santa Clara, Espíritu Santo y sus aledaños, donde se afincan los que ejercen de campo, los guiferos, gandingueros, cabestreros, matarifes, tablajeros ... ; la otra reune a los gitanos que se ocupan en menesteres marineros en las calles de la Bajamar, Ribera del Río, Pozos Dulces, Curva y Victoria. Son estos últimos, pese a las Pragmáticas, herreros de ribera, calafates, salineros... En uno y otro caso, la principal ocupación de estas gentes fue la mendicidad, en sus más variadas y pintorescas formas.[113]

Aunque no tengamos noticias específicas sobre gitanos en Puerto Real, si poseemos datos de sus establecimien-

112 Ibidem. Pág.255.
113 Luis Suárez Avila. Op. Cit. Pág.36.

tos industriales, como eran la fábrica de jabón (recuérdese que la de Sevilla estaba en Triana), y la de clavos y pernos de cobre, oficio de gitanos tradicionalmente (las estadísticas nos dan, a finales de siglo, más de 50 herreros); también vemos que, entre aquellos establecimientos comerciales que, en otros casos, eran regentados frecuentemente en esta época por gitanos, existían 27 ventas, 6 posadas y mesones, 5 tabernas y 53 tiendas de comestibles, de las que varias deberían ser carnicerías, que no se citan específicamente[114].

Entonces allí, en El Puerto de Santa María, La Isla, Puerto Real y sus anexos, tuvo que reproducirse, bajo formas nuevas, todo lo que en Sevilla se había formado en épocas anteriores alrededor de la fiesta y el espectáculo porque —dígase lo que se diga— la fiesta está casi siempre donde está el dinero. Los gitanos y ahora también los negros se concentran o son concentrados allí a millares para cumplir ese mínimo papel de animadores de un mundo que durante todo el día busca afanosamente el negocio y por la noche necesita la relajación.

Tanto en el estudio de Alfonso Lazo como en los de Antonio Gómez Alfaro y María Helena Sánchez Ortega nos encontramos con numerosos gitanos que, desde mucho antes de los sucesos de los que nos ocupamos, trabajan en oficios y ocupaciones integrados plenamente en la sociedad de la época. Por ejemplo, en una provisión de la Chancillería de Granada, de 1713, se ordena al corregidor de Ronda que permita a un gitano ejercer el oficio de herrero[115].

LAS FAMILIAS MIXTAS

En el trabajo de Antonio Gómez Alfaro sobre los censos de gitanos y en el publicado recientemente en la revista *Demófilo,*

114 Antonio Muro Orejón y otros. *Puerto Real.* Los pueblos de la provincia de Cádiz. Excma. Diputación de Cádiz. Cádiz 1983. Págs. 53 y ss.

115 María Helena Sánchez Ortega. *Documentación selecta* ... Op. Cit. Págs. 237-238.

de la Fundación Machado, ambos ya citados, se trata el tema con bastantes pormenores, comenzando el autor a citar casos documentados en 1717 (pero que, en muchas ocasiones, tratan de situaciones provenientes de mucho más atrás) y terminando por los que obtiene a raíz de la Pragmática de Carlos III, en el período 1783-785.

En estas últimas fechas se registran en los cuatro reinos andaluces 101 matrimonios mixtos, siendo el de Sevilla, con 53, el que tiene un mayor número. Aquellos de gitano con mujer no gitana ascendían a 48, mientras los de gitana con marido no gitano eran 62[116]. En los reinos de Granada y Jaén, por cada tres casos de matrimonio de gitano con castellana se da uno de castellano con gitana, o sea, la proporción era inversa a la que se daba en Sevilla. En Córdoba, sin embargo, las dos modalidades se hallan aproximadamente al 50 %.

A pesar de estas cifras no podemos pensar en una verdadera y general integración, inimaginable en una sociedad muy estratificada y todavía con los clichés mentales de siglos anteriores: el emparejamiento se efectuaba casi siempre entre individuos de estratos inferiores y como productos de un territorio, el andaluz, al que, desde hacía 200 años, se habían estado incorporando personas provenientes de muchas latitudes.

Desde 1717, la geografía del mestizaje es muy variada pues los casos nos aparecen, además de en Sevilla, en Castro del Río, Iznájar, Sanlúcar de Barrameda, Guadix, Tarifa, Medina Sidonia, Alhama, Castillo de Locubín... Pero la procedencia del cónyuge no gitano no lo es menos, pues éstos o

116 Antonio Gómez Alfaro. «Tipología, matrimonios mixtos y mestizajes gitanos en los censos históricos andaluces». En Revista Demófilo. Op. Cit. Pág. 39. El autor aclara en el texto:
...se ha intentado la elaboración de un cuadro, contabilizando a los viudos/as de payas/os y los matrimonios vigentes, siempre que la tipificación paya de uno de los cónyuges esté refrendada... ; se comprenden algunos individuos de quienes se subraya su condición expósita e incluso el caso de un mulato figurante en los registros gitanos por motivos más o *menos fáciles de comprender.*

sus descendientes alegan ser habaneros, vizcainos, berberiscos, negros, indianos, gallegos...[117]

La mayoría de estas alegaciones —incluidas las de un gran número de gitanas casadas con no gitanos— comienzan a aclarar el panorama gitano desde los principios del siglo y, sin duda, sirvieron para restringir, en parte, el alcance de la Prisión General. Es lógico pensar también que, a partir de esos hechos dramáticos, muchos hijos de gitanas ocultaran la condición de su madre, perdiéndose por tanto la genealogía de muchísimas personas.

Todo lo cual no es óbice para que, de vez en cuando, tengamos a la mano alguna historia que, mostrándonos el revés de la medalla, nos haga pensar estar ante un caso sacado de una novela romántica. Tal es el caso de un hijo de María Dolores Gálvez, miembro de una de las familias de gitanos fragüeros más antiguas de Medina Sidonia:

Cuando en 1785 murió allí un caballero, maestrante de Ronda, don Francisco de los Cameros y Amaya, se halló que en su testamento reconocía como heredero a un hijo natural, *habido de moza soltera.* La historia del caballero debía ser tan conocida que, inmediatamente, fue identificada como tal Dolores Gálvez e incorporada como «viuda» del fallecido al *Libro de entierros,* aunque, tanto ella como su hijo, siguieran incorporados a los censos de gitanos de la localidad hasta que, a la hora del casamiento de éste, el cura borrara el epítèto de *castellanos nuevos* de sus ascendientes.

Se da la coincidencia de que el caballero amante de Dolores había tenido, durante su juventud, un criado llamado Gregorio, que antes había sido, primero esquilador y después trabajador de la herrería de los Gálvez. ¿Tomaría Cadalso al joven Francisco de los Cameros y al tal Gregorio como modelos para esa *Carta Marrueca* de la que hemos hablado y que discurre en la serranía gaditana? Creo que es bastante probable, toda vez que la historia debió ser muy

117 La mayoría de estos datos están tomados de A. Gómez *Alfaro.-Anotaciones...* Op. Cit.

conocida. En todo caso, y como dice Gómez Alfaro, aquí la realidad habría superado a la ficción[118].

EL PRINCIPIO DEL FIN

Tan sólo unos pocos años después de su advenimiento al trono, y todavía en medio de la Guerra de Sucesión —en agosto de 1705 y en septiembre de 1708—, Felipe V había emitido dos Reales Provisiones que, en resumen, venían a decir lo mismo que las anteriores. Pero nueve años después de la última, en 1717, una nueva disposición avanza un paso más en el sentido del control y dispone que sean ya determinadas poblaciones las únicas que pudieran albergar gitanos. En Andalucía, estas ciudades eran las de Carmona, Córdoba, Antequera, Ronda, Jaén, Úbeda y Alcalá la Real, y todos los gitanos de los reinos andaluces deberían confluir hacia ellas en el plazo de cuatro meses. A las prohibiciones anteriores se añadía la de ejercer el oficio de herrero.

Inmediatamente surgieron las protestas: por un lado, las de ayuntamientos o familias nobiliarias con grandes *estados* y *haciendas,* que alegaban el hecho de necesitar a sus gitanos en aquella profesión y en otras, principalmente, las relacionadas con la compra-venta de caballerías, por otro, como se ha dicho más arriba, muchos gitanos representaban una fuerza de trabajo imprescindible en las faenas de elaboración del tabaco y el procesamiento de la caña de azúcar; por último, se levantan las voces de muchos individuos o familias que alegan haber sido incluidos como *castellanos nuevos* en los censos, sin serlo y las de muchos gitanos que, sin embargo, presentan, gracias a su larga estancia en diversas poblaciones, certificados de *castellanos viejos.*

Aparecerá de este modo una situación bastante confusa, pero, en gran medida, exponente de lo que era el estado

118 Antonio Gómez Alfaro. Tipologías... Op. Cit. Págs 47 y48.

real de la cuestión: los cambios de domicilio ordenados por la autoridad pondrán en los caminos a los gitanos de muchas ciudades de las que eran ya ciudadanos, incardinados perfectamente en aquella sociedad en la que vivían y, a la vez, dejarán a muchos enclaves de población sin unos oficios imprescindibles para otras muchas profesiones.

No sólo son excepciones, como en el caso mentado de Álora (Málaga) donde José Román (el apellido quizás no sea más que la castellanización de romaní*), de oficio herrero, natural de esta villa,* alega *que su primer hasendiente vino en el tiempo de la conquista con el dicho oficio*[119], sino que en otras muchas ciudades (de algunas ya hemos sacado casos concretos) son las autoridades o personas principales las que los defienden, como las de Aguilar de la Frontera, Benamejí, Vélez-Málaga, Jerez de la Frontera, Motril (12 familias gitanas realizaban trabajos indispensables en los ingenios de azúcar), Trebujena, Lorca... O sea: prácticamente en todas las actuales provincias andaluzas y en otras, hay casos de autoridades o vecinos que avalan a sus gitanos, alegando que sus oficios de canasteros, herreros, vendimiadores, esquiladores... son necesarios para la comunidad en la que viven.[120]

Las autoridades de Málaga, en concreto, escribieron al Consejo de Castilla que, *debido a la expulsión de 16 gitanos, vecinos de la ciudad desde generaciones atrás, y ejercían los oficios de herreros «sirviendo de beneficio a el tráfico de los vecinos, harrieros* (sic) *y labradores: el pueblo había quedado por completo despojado de tales profesiones indispensables*». Del mismo tono eran las misivas de Villafranca contra la expulsión de una familia que llevaba más de 30 años en la localidad, *dejando*

119 Antonio Gómez Alfaro. *Anotaciones...* Op. Cit. Pág.

120 También existen denuncias de *ciptogitanismo* que prueban igualmente lo que decíamos a propósito de la integración: *Don Manuel Gálvez, vecino de la Puente de Don Gonzalo, no sólo delata* como *posible «hijo de gitano» al médico don José Matilde López, sino también al presbítero don Pedro Padilla, que era ministro de la Inquisición en aquella villa cordobesa por esconder al gitano Francisco Torrejón AHN, Consejo, legajo 526.* (En Gómez Alfaro. Op. Cit. Pág. 247.)

a los labradores, perdiendo muchas horas o *sin poder cultivar sus barbechos.*[121]

A través de todos los documentos que se conservan de estos años, creo —y en esto parecen concordar otros autores— que las disposiciones de 1717 debieron quedar en papel mojado para lo que a la gran masa de gitanos se refiere. Si acaso, producirían una mayor concentración en aquellos centros que ya tenían una población gitana notable y consolidada desde hacía tiempo.

Al margen de las grandes cuestiones, muchos autores se preguntan sobre el por qué de la inquina de los gobernantes ilustrados hacia una profesión —la de herrero— que, a todas luces, era necesaria para los planes económicos y administrativos que se diseñaban, máxime cuando los mismos dirigentes del gobierno insistían una y otra vez acerca de la no existencia de *oficios infamantes.*

Creo que de algunos de los argumentos y protestas expuestos más arriba, podría extraerse la conclusión de que, en realidad, esta prohibición iba dirigida, tanto contra los gitanos, como contra los grandes señores que se empeñaban en ser ganaderos y no labradores, como se pretendía desde la administración, y los mantenían en sus estados y haciendas, permitiendo, a su vez, que muchos de ellos siguieran sin tener que cumplir las órdenes que se les daban en las pragmáticas. Todas las opiniones de los ilustrados señalan a la Mesta como una de las más grandes causantes del atraso que padecía España.

Alfonso Lazo también parece pensar algo similar cuando, refiriéndose a los herreros, dice:

El que una profesión sea despreciada no invalida la profesión en sí, que puede resultar indispensable. El problema que se planteó entonces fue el siguiente: al obligar a los gitanos a dedicarse exclusivamente a la tierra, y dado que, prácticamente, sólo eran ellos los que ejercían la herrería, el esquileo y el comercio menor con ganado, tales

121 Alfonso Lazo. Ibidem. Pág. 9 y 10

oficios estuvieron a punto de desaparecer en muchas localidades agrícolas, situación agravada por el hecho de que los gitanos tenían que abandonar esos pueblos. Por eso, en todas las villas de Andalucía, los grandes propietarios, los poderosos, los terratenientes, elevaron su protesta en defensa de una minoría expulsada que para ellos resultaba indispensable. Y es que, por ejemplo, los caballeros particulares, los oficiales del ejército e incluso las autoridades ciudadanas utilizaban a los gitanos para que, como expertos conocedores y hábiles en el trato, comprasen a vendiesen caballos en las ferias.[122]

Sea por las razones que fuere y ante toda esta avalancha de protestas, el gobierno se vio obligado a dar algunos pasos hacia atrás y así, desdiciéndose de lo anterior, el rey dispone que *determinados «castellanos nuevos» pudieran seguir ejerciendo sus oficios de herreros, esquiladores o tratantes de caballos sin ser molestados y pudiendo moverse libremente por las ferias del reino.*[123]

Pero, por la otra parte, o sea, por la de aquellos que eran considerados *gitanos* no en sentido étnico sino social, hay sobradas muestras de lo que había sido, desde mediados del siglo XVII, el devenir de grandes masas de población sin oficio ni beneficio; en todas partes, y como ya ha quedado apuntado más atrás, se producen numerosas reclamaciones, bien porque los individuos censados como gitanos argumentan que no lo son (salen a relucir, negros, mulatos, berberiscos, portorriqueños, cubanos, vascos... que, hasta entonces habían recibido el calificativo de *gitanos*), bien porque existían ya numerosos *calés* perfectamente asimilados a la población de su entorno, con oficio estable, enlazados con otros grupos por medio de matrimonios mixtos e, incluso, con documentos de haber servido en el ejército, en la misma Guerra de Sucesión, y de haber llegado en él a ser oficiales, como es el caso de una familia de Barcelona, cuyo cabeza, gitano, había llegado a obtener el grado de capitán.

Aparecen continuamente los casos de personas que alegan no ser de esa etnia; se nos muestran, continuamente y en

122 Alfonso Lazo. Op. Cit. Pág. 9.
123 Alfonso Lazo. Op. Cit. Pág. 10.

todas partes: *gitanos* o *gitanas* que son en realidad magrebíes, indios o criollos americanos, negros e, incluso, vascos (así sucede en Tarifa con el herrero Ignacio Chavarría (evidentemente Echevarría), *de quien* —un testigo— *oyó decir muchas veces que los padres... eran vizcaínos y no gitanos*[124]). Todos los de estos casos son tomados por gitanos porque comparten con ellos hábitats, oficios y, sobre todo, porque son cónyuges de individuos de esta etnia...

En el archivo municipal de Carmona (Sevilla), que tenderemos que sacar a relucir muchas veces, queda patente asimismo otra cuestión que debió afectar a mucha gente de otros muchos municipios en estos primeros momentos: la de aquellas personas «mestizas», hijas de gitano o de gitana, no siéndolo el otro progenitor, o descendientes en segunda o tercera generación de una pareja así compuesta. En el caso que traemos a colación, el rey Felipe V, ante la petición —dice Lazo— de algunos grandes, permitió que fueran considerados *españoles limpios de toda mala raza,* con tal de que fueran sedentarios.[125] En consecuencia, estos gitanos, de reconocida adscripción a la etnia o grupo social, paradójicamente, debieron recibir cartas de *castellanos viejos,* puesto que con ellas nos los volveremos a encontrar en los sucesos de 1749.

Así, pues, al principio del *siglo de las luces,* el problema gitano, sobre todo en la baja Andalucía, estaba bastante oscuro y era más complicado de lo que habían previsto los altos funcionarios y de como, muchas veces, nos lo han presentado versiones históricas con colores más sentimentales que reales.

En su afán de poner orden a toda costa, el gobierno de Felipe V abre a la vez dos brechas que van a propiciar una alianza, extraña en el resto de Europa si exceptuamos —quizás— el sur de Italia: la de nobles y marginados sociales. El ministro Ensenada, que será uno de los principales artífices

---

124 Antonio Gómez *Alfaro.-Anotaciones...* Op. Cit. Pág. 245. 125.

125 Alfonso Lazo. Ibidem. Pág. 12.

del censo que conducirá directamente a la Prisión General, es el mismo que ordena realizar el catastro para censar también tanto el número de fincas rurales y urbanas existentes, las distintas propiedades, la cuantía de sus frutos y productos, su valor y, por tanto, las rentas que debían pagarse al Estado por todo ello.

La extrañeza de los gobernantes ante este raro compadrazgo sale a relucir desde los primeros momentos, esto es: desde las medidas de Carlos II, y, en palabras de Alfonso Lazo *el gobierno... se queja continuamente de la resistencia pasiva que encuentra a la hora de aplicar la ley. Por ejemplo, en 1695 ya señala «que la permanencia de los gitanos en estos reinos se debe a la ayuda que han encontrado en personas de diferentes estados» y en 1708 que «los gitanos cuentan con el patrocinio de personas poderosas que se inclinan a su amparo»: afirmación que vuelve a repetir en 1717. Por eso los Monarcas tuvieron que ordenar fuertes sanciones contra tales protectores: 6.000 ducados de multa si se trataba de un noble y 10 años de galera caso de ser un plebeyo.*

Así, el número de los llamados *gitanos* en los primeros veinte años del siglo, y que comprendería tanto a los que lo eran como a los que se les asimilaba por dedicarse a las mismas profesiones o tener un estilo de vida similar, debió ser muy elevado. Alfonso Lazo se atreve a dar la cifra de 40.000, sólo para Andalucía, aunque no hace mención de donde ha tomado los datos para llegar a esa conclusión ni si el número incluía a los verdaderos gitanos y a los *gitanoides* (todo el que caía bajo la sospecha o la apariencia de gitano).

Las cifras anteriores a la Prisión General otorgaban una mayoría a la colectividad gitana de El Puerto de Santa María, aunque entonces no estaban nombradas las ciudades de Cádiz, Jerez de la Frontera y La Isla de León (San Fernando). ¿A qué se debía esta preponderancia de la gitanería de la ciudad portuense? No pueden darse, a mi juicio, argumentos incontrovertibles; Gómez Alfaro afirma que muchos de sus miembros trabajaban como operarios —no como presos— en los arsenales y Luis Suárez Ávila corrobora todo ello. El crecido número de gitanos podría deberse también a que, en el *setecientos,* El Puerto había pasado a cumplir con respecto a Cádiz y en terrenos no estrictamente laborales, el mismo papel que, en siglos anteriores, ejerció Triana con relación a Sevilla.

De cualquier manera, todavía a principio de los años cuarenta del XVIII debían existir multitud de personas, ligadas nominalmente al concepto de *gitano,* que vagaban por los campos y practicaban el asalto o el abigeato, ya que, en el año 1743, el rey da una orden general destinada a luchar contra el bandolerismo. En ella no se mencionaba ni una sola vez el nombre *gitano,* aunque Mª Helena Sánchez Ortega la haya incluido entre las de su libro[126] y, casualmente, el *Libro de la Gitanería de Triana* también la mencione:

Año 1743. Se dio un bando por el cual se podía aprendeher y matar cualquiera a los salteadores de caminos sin ser castigado por ello, y se habló mucho de esta medida.[127]

La filosofía y las medidas que se desprendían de esta orden —y que, a su vez, las tomaba de otras— estarían en vigor por mucho tiempo: por un lado, tal como dice el manuscrito de los gitanos trianeros, se eximía de cualquier pena a aquellos que matasen a los bandoleros y, por otro, se establecía para los bandoleros la pena de ser *arrastrados, ahorcados y hechos cuartos y puestos por los caminos y lugares donde hubieren delinquido*[128] Eso fue, exactamente, lo que se hizo casi cincuenta años después con Diego Corrientes, pero, volviendo a aquellos días, el bachiller nos cuenta que el año anterior, 1742, *las* (gentes) *de la Santa Caridad fueron a recoger el cuerpo de Juanillo, el Gitano de Mairena, que hecho cuartos lo habían puesto para ejemplo de la Justicia del Rey, dando sepultura a la que fueron muchos gitanos de Triana, Mairena y Carmona* [129].

Tenemos pues, al menos, una noticia de un gitano que cayó bajo el peso de esta ley, aunque, seguramente, no sería

126 Mª Helena Sánchez Ortega. *Documentación Selecta...* Op. Cit. Págs. 103-107
127 *Libro de la Gitanería ...* Op. Cit. folio 4.
128 Mª Helena Sánchez Ortega. Ibidem. Pág. 105.
129 *Libro de la gitanería...* Op. Cit. folio 4.

el único, y, como dice nuestro bachiller, debió hablarse de todo aquello y sacar como consecuencia que las medidas cada vez más duras impedían el vagar por el campo y obligaban al asentamiento.

CAPÍTULO VI

EL ENSAYO GENERAL DE 1745

Un paso más —el último— hacia la prisión va a darse en 1745 y, esta vez, con tonos irreversibles. En octubre de ese año una real Cédula, con visos de orden terminante, conminaba taxativamente a todos los gitanos y gitanas a trasladarse a las ciudades que, ál efecto, habían sido señaladas en el año 1717. En el documento se llegaba a decir, incluso, que deberían tomarse soluciones de fuerza en el caso de que los perseguidos pretendieran refugiarse dentro de iglesias o lugares sagrados y los jueces eclesiásticos se pusieran de su parte.

El tono de la Pragmática era por tanto muy grave. De los hechos derivados de estas disposiciones también nos habla el bachiller en su manuscrito:

Año 1745. Muchos gitanos se fueron de Triana a el anuncio de ser declarados por bandidos públicos, y los que tuvieren armas, matarlos, como decía el bando del Asistente, Don Ginés de Hermosa y los que no fueren a el Registro, la pena de seis años de galeras y doscientos azotes a los hombres y cien azotes a las mujeres, lo que hizo marchar a muchos que luego volvieron de los campos y otros lugares sagrados en que se habían refugiado.[130]

La confusión debió ser enorme porque, como se recordará, Sevilla no estaba incluida en la lista de poblaciones en las que se permitía residir a los gitanos, con lo que, los

130 *Libro de la gitanería de Triana.*- Op. Cit. folio 6.

de Triana, debieron quedar en una situación muy embarazosa y, tal como nos dice el *Libro de la Gitanería,* buscar de cualquier manera su salvación. Los de otras poblaciones con numerosas familias corrieron suertes diversas, como veremos a continuación.

LOS GITANITOS DEL PUERTO Y LAS MINAS DE ALMADÉN

Como un resultado atípico de las órdenes perentorias para que los gitanos se concentren en las ciudades que les han sido señaladas, tenemos la noticia fehaciente de que el gobernador de El Puerto de Santa María, envía a trabajar forzadamente en las minas de Almadén a un grupo numeroso de gitanos que, seguramente, son los que después quedarán dramáticamente inmortalizados en el romancero.

Los gitanitos del Puerto
fueron los más desgraciaos
que a las minas del azogue
se los llevan sentenciaos...

Efectivamente, en El Puerto de Santa María, y en 1745, el brigadier Diego de Cárdenas, gobernador de aquella ciudad, interpretó de un modo particularísimo las órdenes de censo y concentración de los gitanos, dadas por el gobierno, apresando a cuantos *se hallaban avecindados, connaturalizados, residentes* o *transeuntes en la ciudad, y quienes, sin ser gitanos, vestían su traje y se comunicaban con ellos*[131]. De esta manera, apresaron a 43 hombres y 32 mujeres, mandando a la mayor parte de los primeros —a los más fuertes— a las minas de Almadén y a los demás, a los presidios de África. La lista

131 A.H.N. Consejos. Legajo 49.688. Citado por Antonio Gómez Alfaro en «¿Una historia en coplas? La tragedia de los gitanitos del Puerto». En Revista *Candil,* nº 75. Jaén. Mayo/Junio 1991. Págs. 727-734.

incluía a un matrimonio en el que la mujer procedía de la casa cuna, a otra, de padres no conocidos y a Francisco Mesa que en sus alegaciones dice que *no conoció a su madre ni ha sabido cómo se llamaba, y sólo si haber tenido noticias de que es hijo de lo que llaman de atraviesa, sin poder dar a entender si es natural* o *adulterino, pero que quien le crió fue una gitana, sin hacer memoria, como no hace, cómo se llamaba ésta ni adonde vivía.*[132]

Desde entonces, las terribles explotaciones de Almadén, en Ciudad Real, estarán inexorablemente unidas a la memoria gitana, aunque los de El Puerto de Santa María no fueran los primeros que tuvieron que soportarlas. Como tantas otras veces, el manuscrito trianero nos da otra noticia interesante acerca de este infame paradero:

Año de 1742: Los ministros de la Santa Hermandad fueron a las casas de Landín a recoger las provisiones de la familia de los Bustillos y cualesquiera títulos despachados a los que estaban en las Minas de Almadén. O sea, que, a parte de los de El Puerto, ya habían sido enviados allá otros gitanos que, además, por lo que nos dice nuestro informante, tenían documentación.

Estas minas de azogue, en explotación desde los tiempos de los romanos (aunque entonces no se las usara para sacar un mineral que sirviera al tratamiento de la plata sino para extraer bermellón) fueron un regalo añadido al del descubrimiento de América, que Carlos V se encontró: sin su producto, España, hasta el descubrimiento y explotación de la mina de Huancavelica, tendría que haber buscado en otra parte el mercurio —como tuvo que hacerlo a partir del mediados del XVII—, ese mineral indispensable para el lavado de la plata que salía de las minas del Potosí. El historiador Pierre Vilar, entre otros, ha estudiado esta relación.[133]

A mediados del siglo XVII, y después de una época de gran producción, ésta había retrocedido y comenzaron, por

---

132 Antonio Gómez Alfaro. *Tipologías* ... Op. Cit. Pág. 42.

133 Pierre Vilar. *Oro y moneda en la Historia.* Editorial Ariel. V Edición. Barcelona 1981. Ver, especialmente, las lecciones XIII y ss. Págs. 152-204.

tanto, los nerviosismos por encontrar remedio a esta situación, comenzando por buscar más mano de obra.

La mano de obra siempre había sido un problema en Almadén y, para remediar esta carencia, se acudía normalmente a la inclusión de presos —además de esclavos— entre el personal trabajador. La Cárcel de Forzados de Almadén tuvo siempre una triste celebridad entre la población reclusa española. Se instaba *a los magistrados que mandaran a los más criminales posibles... e incluso desviando a Almadén criminales condenados a servir de galeotes. A menudo se produjeron contenciosos entre oficiales de la armada y los de Almadén sobre el destino de los galeotes, muy solicitados por ambos organismos.*[134]

Desde los años de Carlos V, eran una familia de sus banqueros, los Fúcares (Fuckart) los encargados de explotar las minas, pero a finales del primer cuarto del siglo XVII, o sea, cuando ya comenzaban a no ser claramente rentables, las dejaron, pasando el Estado, a través del Consejo de Hacienda, a hacerse cargo de ellas.

El desorden reinante en España desde antes de la segunda mitad de ese siglo llegó también hasta las explotaciones de mercurio, y los conflictos por el incumplimiento en la entrega de caudales, las fases de la producción y el transporte hasta el puerto de Sevilla se hicieron cotidianas. A parte de todo ello, parece que eran muy frecuentes los robos de mineral por parte de los mismos jornaleros, presos y esclavos, vendiendo a continuación lo robado a arrieros y transportistas que, a su vez, contrabandeaban con el producto.

Esta situación también fue tomada en consideración por los ministros del primer rey de la nueva dinastía a principios del siglo XVIII y en 1717 —otra vez nos aparece el año— se decidió que su gerencia pasase directamente al Consejo de Indias.

---

134 Mervyn Francis Lang. *Las flotas de la Nueva España (1630-1710). Despacho, azogue, comercio.* Muñoz Moya Editor. Sevilla 1998. Pág. 90. La mayoría de los datos de este apartado están tomados de esta obra.

Desde entonces comenzaron a tomarse medidas racionalizadoras. En el año 1735, *a raíz de las quejas acerca del mal empacado y demoras producidas en las Atarazanas de Sevilla, se ordenó que todo el empacado, incluyendo la puesta en macetas y encajonamiento se realizara en las mismas minas de Almadén, dejando el almacén de Sevilla como lugar de verificación por los comisarios que habían de acompañar los fletes desde la mina hasta el embarque en Cádiz.*[135]

Las medidas que se han descrito y otras parecidas comenzaban, también por este lado, a decidir la suerte de muchos de los vagabundos de los caminos de España y, en particular, la de los gitanos.

LA SITUACIÓN SE ENDURECE. EL CASO DE CARMONA

Pero lo acontecido a los gitanos de El Puerto, aún siendo el caso más dramático, como se ha dicho antes, no era un hecho aislado: en 1745 a parte de mandar a muchos a las minas y a otros enclaves, se obligará al exilio a miles de gitanos y gitanas. Será a partir de ahora cuando se acentúe, por métodos racionalistas y de forma continua y acelerada, lo que algunos decenios antes era solamente una práctica ocasional aunque frecuente.

Casualmente, el archivo municipal de Carmona conservó toda la documentación de estos hechos y, a través de este caso local concreto, podemos examinar cual debió ser la situación de los gitanos en las ciudades que habían sido señaladas, sobre todo en las andaluzas, para que los gitanos se instalasen.

Entre noviembre de 1745 y febrero del 46 llegan a Carmona los siguientes hombres, mujeres y niños mayores de 10 años, procedentes de estas poblaciones:

---

135 Mervyn Francis Lang. Op. Cit. Pág. 106.

Arcos 65
Cádiz 85
Chiclana 6
Écija 7
Espera 11
Jerez 79
Osuna 53
Puerto de Santa María 41
Ronda 4
Sanlúcar de Barrameda 129
Trebujena 28

La suma es de 508 personas que, según la procedencia, debían seguir una ruta marcada previamente y a las que, en teoría, las autoridades de cada localidad debían dar alojamiento y vituallas para sobrevivir hasta la siguiente. Sin embargo, se sabe que hubo diferentes expediciones que, aun partiendo de la misma procedencia, arrastraron problemas de separaciones familiares, bien porque unos miembros viajaran en contingentes distintos del de otros, bien porque surgían enfermedades que obligaban a algunos a permanecer en un punto mientras sus familiares seguían...

En primer lugar, nos encontramos con que, en opinión de Alfonso Lazo, sólo llegó a Carmona un uno por ciento de gitanos nómadas; el noventa y nueve restante eran miembros de familias que ya vivían asentadas en otros lugares. Por ejemplo, tenemos el dato de una familia de 17 personas, naturales de Sanlúcar de Barrameda que, a pesar de aportar sus certificados de *castellanos viejos,* tienen que marchar a instalarse en la ciudad que les había sido designada.

En segundo lugar, y por lo tanto, la llegada masiva de todas estas gentes a la ciudad debió ocasionar necesariamente muchos trastornos, máxime cuando la mayoría de los recién venidos había tenido que dejar sus útiles de trabajo en sus puntos de origen, o no tenía en el de llegada lugar ni modo de trabajar. Debido a ello, algunos corregidores escribieron a Madrid exponiendo sus quejas por el *exce-*

sivo numero de (gitanos) que han concurrido a nuestros (pueblos), no pudiendo mantenerse en ellos por no tener en qué ocuparse.[136]

...Y OTRAS CIUDADES MÁS

Ante estas peticiones el gobierno reformó lo que había decretado unos meses antes. Así, el 7 de febrero de 1746 se publicaba una Real Provisión que intentaba solucionar los múltiples problemas que se habían presentado: para los que se declararon gitanos o no pudieron probar su no pertenencia al grupo en cuestión, se habilitaron, además de las 41 que ya habían sido designadas en 1717, estas otras 34 poblaciones:

... Sevilla, Granada, Andújar, Écija, Guadix, Baza, el Puerto de Santa María, Úbeda, Baeza y Mancha Real, por lo respectivo a las Andalucías. A Ciézar, Hellín, Lorca, Albacete, Almansa, Yecla y Villena, por lo respectivo al reino de Murcia, en la Valencia a la Ciudad Capital, Alicante, Villa Real a Torella y Alcoy, para el de Aragón, Zaragoza y Egea de los caballeros, en Cataluña, Barcelona, Gerona, Lérida, Tortosa y Villafranca del Panadés. Para la Mancha Requena, Infantes, y para la Extremadura y Castilla la Vieja, Valladolid, Villanueva de la Serena, Zamora y Zafra...[137]

Además de añadir estas poblaciones a las ya designadas, en ellas se establecía un rígido baremo demográfico: una familia gitana por cada cien que no lo fueran, con lo cual habría (y después, a lo largo de las vicisitudes de la prisión General nos saldrán varios casos) familias que, al estar compuesta de más de un matrimonio, tendría que tomar domicilios distintos, que se prefiriera la familia natural (el matri-

136 Alfonso Lazo. Op. Cit. Pág.16.
137 Alfonso Lazo. Op. Cit. Pág.16.

monio y los hijos solteros) y que no se alojara a todas estas familias en el mismo barrio.

Seguramente, a esta orden de ampliación es a la que se refiere el *Bachiller Revoltoso* cuando dice que *luego volvieron de los campos y otros lugares sagrados* puesto que, para el reino de Sevilla, las nuevas ciudades fueron, la misma Sevilla, El Puerto de Santa María y Écija. [138]

Meses después, y en vista de que seguían las protestas, el rey —ya lo era Fernando VI— accedió a que pudieran seguir viviendo en sus pueblos aquellas familias que llevaran en ellos más de diez años de vecindad. Esta medida tuvo que influir necesariamente en el aumento de gitanos en grandes concentraciones urbanas, como Sevilla, en las que, difícilmente, podía superarse esa relación de 1 a 100.

Pero, tras estas disposiciones, tuvo lugar un segundo éxodo, en parte, de vuelta a las ciudades de donde habían partido, pero, en parte también, a otras cuando en las que habían recalado se superaba ese baremo marcado por la ley. Por ejemplo, a Carmona, con 2.599 familias, sólo debían corresponderle 25 o 26 familias gitanas. Aun suponiendo que cada familia de las llegadas estuviera compuesta por 10 miembros (lo cual es una media muy alta), le sobraban la mitad de los grupos.

La orden no admitía excusas y, de inmediato comenzó un exilio que se prolongó durante meses sin dar ocasión a rectificaciones. A él, seguramente, se refiere lo que nos dice *el Bachiller Revoltoso* como noticia del año 47: *El año dicho, dio*

138 ¿A qué se debe que en la primera disposición existieran tan pocas ciudades andaluzas destinadas a los gitanos y en la segunda se añadieran tantas? No tengo datos concluyentes, pero diversas noticias, como la de la pugna entre la administración central y las ciudades por los corregidores y esa alianza entre la nobleza y los gitanos me llevan a pensar que los ilustrados seleccionaron ciudades realengas y con personalidades de su confianza para asentar en ellas a los gitanos. Da la casualidad que, por ejemplo, El Puerto de Santa María fue hasta el final de la Guerra de Sucesión, de la Casa de Medinaceli y no está incluida en el primer reparto. Después pasa a la corona y entonces se la incluye. Algo así debió suceder con Sevilla.

un bando de el Asistente para no salir los gitanos de sus vecindades con el pretexto de ir a la Corte a solicitar vecindario ni a nada.

La *geografía gitana andaluza,* en los días anteriores a la Prisión General, quedó configurada de la siguiente manera, por ciudades y número de familias:

Alcalá la Real	3
Andújar	10
Antequera	22
Baeza	21
Baza	12
Carmona	18
Córdoba	45
Écija	35
Granada	32
Guadix	12
Jaén	4
Mancha Real	1
Puerto de Santa María	157
Ronda	18
Sevilla	130
Úbeda	7

Por lo tanto, según aquellos censos, existían entonces en Andalucía (mejor deberíamos decir, en estas poblaciones de Andalucía designadas por las Pragmáticas, porque parece muy extraño que no existieran gitanos en ciudades como Jerez, lo mismo que, al principio de la operación de *Prisión,* aparecerán memoriales y noticias de gitanos de Málaga, Alora, Lucena... , y otras ciudades no consignadas anteriormente) 527 familias gitanas, de las cuales, más de la mitad correspondían a El Puerto de Santa María y Sevilla, y casi dos tercios, si sumamos las familias de Carmona y Ecija, ciudades relacionadas íntimamente con esta última.

De todas formas, como se presentaron tantas alegaciones y como, seguramente, quedaron muchos gitanos sin censar, no podemos saber cual era su número exacto. No obstante, los que han realizado trabajos de investigación en este campo opinan que los gitanos rondaban o sobrepasaban, en toda España, la cifra de los 12.000, ya que, en total, las familias censadas en todo el territorio nacional fueron 881, de las que, como se ve por el cuadro anterior, cerca de las dos terceras partes, pertenecían a Andalucía.

INTENTOS GITANOS DE ASIMILACIÓN

Ante todas estas medidas, los gitanos no debieron permanecer inactivos, sobre todo, aquellos que estaban ya más asentados en el tejido social y económico de las grandes ciudades, como los herreros y otros de diferentes profesiones. Nuestro bachiller nos da dos noticias en su pequeño manuscrito y quizás la primera de ellas sea una clave para la segunda, más conocida e, incluso, divulgada por varios historiadores.

Como hemos dicho, el año 1746 murió Felipe V y le sucedió su hijo Fernando VI. Cada vez que se producía un hecho semejante (todavía hoy sigue la costumbre) el nuevo monarca concedía un indulto para la población reclusa y para otros delitos o penas: destierros, multas... Así debió suceder ahora, aunque parece ser que a los gitanos encarcelados no les llegó la gracia de Su Majestad:

Año 1746. Fueron las gitanas, unas cuarenta, y niños, a la Real Audiencia, a pedir que no se excluyeran a los gitanos de el indulto del Rey.[139]

El hecho de que, durante los largos años de la prisión, nos encontremos a los apresados en El Puerto todavía en las minas de Almadén dice bien a las claras que hubo gitanos a los cuales no afectó el indulto pero, dada la situación confusa que se vivía en estos años, tampoco podemos afirmar que nadie fuera indultado. Más bien, la segunda noticia

139 *Libro de la Gitanería* ... Op. Cit. folio 6.

parece indicar que hubo de todo y se quiso hacer muestra de lealtad de buenos súbditos.

El *Libro de la gitanería de Triana* nos cuenta también con detalle, aunque con fecha extraña, que en 1747, *en las fiestas que se hicieron con motivo de la Subida al trono de el Sr. Don Fernando el Sexto, los gitanos de Triana lucieron una máscara muy vistosa con cuatro danzas de hombres y mujeres, que a el término divirtieron a la gente de Triana hasta muy entrada la noche, que la Ronda lo prohibió y en el tumulto para evitarlo, resultó con una cuchillada uno de los ministros. A el día postrero, la Justicia aprehendió a Martín Riquelme, herrero, que no había estado en el motín, y que quedó libre al no saberse el que hirió a el Ministro de la Ronda.*[140]

Aunque la crónica del bachiller había demostrado más que suficientemente su veracidad, la fecha del manuscrito —1747— no coincidía con la de la subida al trono de Fernando VI —1746— y ello me despistó; lo atribuí a que, quizás, en algunas publicaciones, se hubiera exagerado sobre la importancia de este hecho, dado que Joaquín Guichot, al hablar de estas fiestas en su *Historia del Ayuntamiento de Sevilla,* no decía nada sobre las celebraciones de ese *gremio* que, a fin de cuentas, no era tal, ni de las celebraciones de Triana que, obviamente, tendrían que ser distintas de las de Sevilla al existir solamente el puente de barcas[141]. Por eso creí, al principio, que se trataría, simplemente, de un hecho menor y, por tanto, no consignado en los grandes relatos.

Sin embargo, después comprobé que Justino Matute, siempre tan atento a los sucesos de Triana, en sus *Anales de Sevilla,* recogía el evento como de febrero de 1747, después de que, a finales del 46, lo mismo hubiera decidido llevar a cabo el personal de la Fábrica de Tabacos. El paseo de las dos carrozas tiene lugar con poco más de un mes de diferencia

140 *Libro de la gitanería de Triana... Op. Cit. folio 7.*

141 Joaquín Guichot. *Historia del Ayuntamiento de la ciudad de Sevilla.* Tomo III. Colegio Oficial de Aparejadores y Arquitectos Técnicos de Sevilla. Sevilla 1990. Págs. 61 y ss.

y, suponemos, que una en Sevilla y la otra en Triana. Dado las noticias que poseemos sobre los muchos casos de trabajadores gitanos de la tabacalera, no sería demasiado atrevido pensar que ambos hechos pudieran haber estado unidos por una voluntad común. Quizás esos carros alegóricos haya que ponerlos en relación con aquella otra noticia que nos da el manuscrito trianero y entenderlos, o como un gesto de agradecimiento por el indulto concedido, o bien, como un esfuerzo por lograr una medida de gracia para todos.

El relato de Matutes es el siguiente:

Tuvo efecto este año á 11 de Febrero la máscara que los llamados Gitanos habían dispuesto en obsequio del rey D. Fernando VI, cuya idea fue representar la conquista de Méjico en un costoso carro, á que acompañaban varias cuadrillas de indios y bailarines, con que dieron mucho gusto, así por la propiedad de los trajes como por su singularidad ...

...tuvo lugar la máscara que dispusieron los individuos de la Real Fábrica de Tabaco, situada entonces en la casa de los caballeros de Taberas en la calle Real de San Marcos. Su administrador D. Diego Pérez de Baños tenía bien acreditado su amor al Rey, más deseaba que lo manifestasen igualmente cuantos estaban sujetos á su jurisdicción, quienes en seis carros acompañados de numerosas cuadrillas de música y bailes, con ingeniosas invenciones dieron á luz el 27 de junio su lealtad.[142]

He subrayado la frase, a mi juicio intencionada, o del administrador o de Matute. La presencia de gitanos en la Fábrica de tabacos, aparte del testimonio que nos aporta Lazo tomándolo de Gordillo, queda patente en un suceso de 1750 que nos dan a la vez y casi con las mismas palabras Matute y el *Bachiller Revoltoso:* el intento de algunos gitanos que trabajaban allí de sacar tabaco de contrabando metiéndoselo —después de haberlo embutido— en el año[143]

142 Justino Matute. *Anales eclesiásticos y seculares de la M.N. y M.L. ciudad de Sevilla, metrópoli de la Andalucía.* Tomo II Sevilla 1887. Edición facsimilar de Ediciones Guadalquivir. Sevilla 1987. Págs. 67 y 68.

143 (Matute, págs. 95 y 96. *Libro de la Gitanería,* folio 14.)

Por otra parte, en el Tomo III, página 30, de la misma obra de Justino Matute he encontrado la siguiente noticia:

(1783) *Los dependientes de la Real fábrica de Tabacos, en unión con su superintendente D. José Martínez de Elizalde, eligieron para su función de iglesia la parroquial de Santa Ana en Triana.*

Nuevamente, en el año 1790, los dependientes de la fábrica de tabacos escogerían esta parroquia para cantar el *Te Deum* por la subida al trono del rey Carlos IV[144]

La administración ilustrada, de todas maneras, no haría caso de estas muestras de alegría y acatamiento, sino que, por el contrario, seguiría presionando con levas y trabajos forzados hasta llegar a esa orden de *Prisión General,* a pesar de que, como hemos visto, los gitanos —seguramente dirigidos por los herreros— realizaran estos y otros intentos de mostrar su inserción. El carro alegórico al que se refiere el manuscrito tenía como motivo la conquista de América por España.

Por otra parte, ceremoniales como éstos nos muestran de qué manera los gitanos trianeros, los de otros barrios de la ciudad y otros pueblos del reino de Sevilla, como los de las ciudades de los puertos de la bahía gaditana, o, al menos, una parte importante de los mismos, estaban bastante integrados en la sociedad de mediados del siglo XVIII en la que vivían, algo que tendría mucha importancia para los avatares de la orden real y ejecución de Prisión General y que, en el territorio de la Baja Andalucía, conferirán a esos acontecimientos caracteres singulares que resalta Antonio Gómez Alfaro.

Porque, al mismo tiempo que los gitanos preparaban su carro alegórico, en el Consejo de Castilla comenzaban a disponerse las órdenes para que la orden de Prisión General tuviera los efectos que los gobernantes pretendían.

---

144 Ibidem. Pág. 100

CAPÍTULO VII

LA SUERTE ESTABA ECHADA

Pero retomemos el tema. Efectivamente, del 30 al 31 de julio de 1749, se ponía en marcha en toda España una vasta operación militar, meticulosamente preparada, para hacer cumplir, de una vez por todas, lo que las innumerables pragmáticas anteriores no habían logrado realizar: la desaparición de una de las etnias más débiles del continente y del colectivo social que se había formado a su alrededor, los gitanos; pero, con anterioridad ya se habían dado hechos que caminaban en la misma dirección.

Ante esos propósitos, poco importa el número de hombres, mujeres y niños apresados aunque, con toda seguridad, superaban los 10.000 y, probablemente, llegarían a los 12.000. Si hubieran sido el doble o el triple, también les hubiera sucedido lo mismo puesto que se trataba de borrarlos de la faz de España. Es más, quizás entonces, las medidas hubieran sido de mayor dureza.

I. ¿IDEOLOGÍA O ECONOMÍA?

Los hechos que vamos a relatar, como muchas de las vicisitudes de la Historia, no tienen unos antecedentes lineales. Para Antonio Gómez Alfaro parten de una mentalidad arcaica, la del obispo de Oviedo, Gaspar Vázquez Tablada que llega a la presidencia del Consejo de Castilla, máximo órgano de la monarquía española, casi al mismo tiempo que Fernando VI sucediera a Felipe V, o sea, en agosto de 1746. El obispo, al parecer, tenía el *problema* gitano entre sus obsesiones, aunque, como hemos visto, muchos de ellos celebraran la llegada del nuevo monarca con carros alegóricos. Este punto de partida es, materialmente, real y, aunque creo que la situación es más compleja, vamos a relatar estos hechos sucintamente.

Cerca de un año después, en julio de 1747, el obispo elevaba al monarca una *consulta,* que en realidad, era una propuesta, para terminar con lo que él consideraba uno de los mayores problemas del país; pero, en realidad, había comenzado a tomar posiciones con bastante anterioridad, puesto que hechos de similar naturaleza a los que tratamos debieron ser la razón por la que se pidió al Papa que delegara en el Nuncio la potestad de consentir que aquellos que se refugiasen en las iglesias fuesen trasladados a las de los propios presidios mientras se examinaba su causa.

De la situación ambivalente y confusa de este año también encontramos una noticia en el *Libro de la gitanería de Triana*

1747. Dos gitanos perseguidos por los Ministros Reales se acogieron a la Hermita de la Encarnación y los fueron a extraer impidiéndolo la gente.[145]

La respuesta papal positiva había llegado tres meses antes de la *consulta,* y un año después, el 25 de abril de 1748, otro decreto pontificio daba vía libre para que, a su vez, en los casos contenciosos que se presentaran, el Nuncio pudiera subdelegar en los respectivos obispos a fin de que operaran con libertad en sus diócesis.

---

145 *Libro de la gitanería de Triana...* Op. Cit. Addenda. La ermita de la Encarnación —de donde procede la actual cofradía de San Benito— estaba situada en el lugar que hoy ocupa el convento de las Mínimas, en la calle Pagés del Corro y en el tramo que se conoció popularmente como *Cava de los gitanos.*

De este modo se intentaba obviar uno de los principales escollos a una operación policial de envergadura como la que comenzaba a prepararse, puesto que el *refugio en sagrado* había sido hasta entonces una de las principales armas defensivas de los más débiles contra la fuerza de los poderosos. El subterfugio, que venía de muy antiguo, como hemos visto en capítulos precedentes, no debió quedar solucionado del todo, ya que Matute vuelve a tratarlo en 1773, año en el que, por lo que a Sevilla concierne, siguen quedando dos iglesias con fuero: la Catedral y Santa Ana, en Triana, *en que debería ampararse a los delincuentes que por las leyes no estuviesen declarados fuera de esta gracia en consideración á la enormidad de sus delitos*[146].

Estas situaciones estuvieron, luego, muy presentes en los argumentos de las novelas románticas; recuérdese, por ejemplo, la importancia que tiene en *Nuestra Señora de París,* de Víctor Hugo, ya que, gracias a él, Quasimodo puede salvar de la muerte a la gitana Esmeralda[147], o en la obra teatral de Antonio García Gutiérrez, *El Trovador,* y en su libreto para la ópera del mismo nombre de Giuseppe Verdi.

Las ideas del obispo son, en definitiva, las de los *halcones* del siglo anterior y están llevadas adelante a la manera teocrática. Quizás, de no haber coincidido con un gobierno ilustrado y, por tanto, racionalista, hubieran terminado en el mismo sitio donde terminaron las de siglos anteriores: en el papel mojado.

Pero ahora, a las ideas religiosas de impedir el «amancebamiento» y, por tanto, la continuidad y la expansión del grupo social, por el método de llevar a los gitanos a una pro-

---

146 Justino *Matute.-Anales...* Op. Cit. Tomo II. Págs. 248-249.

147 Una prueba de que la referencia de Victor Hugo es española ta tenemos en que el autor francés hace bailar el *fandango* a su gitanilla a finales e la Edad Media, siendo éste un baile de negros llegado de América (cfr. José L. Navarro. *Semillas de* ébano. *El elemento negro y afroamericano en el baile flamenco.* Portada Editorial. Sevilla 1999. Págs. 199 y ss.) Tampoco —por otra arte— podría llamarse Esmeralda, ya que esta piedra preciosa es también americana.

vincia y a las gitanas a otra, se superpone la mentalidad enciclopedista del marqués de Ensenada; se trataría de hacer lo mismo que antes se había pretendido, pero con un objetivo distinto: llevando, por un lado, a los gitanos a los arsenales de la marina y a otros establecimientos para proporcionarles un *trabajo honrado*, y, por otro, recluyendo a las gitanas en lugares cerrados, una especie de *guetos* en ciudades, donde aprenderían oficios *dignos*.

Esta política tenía antecedentes. Ya hemos visto como en los años de las guerras en Italia, se tomaba a la gente por la fuerza. En el manuscrito trianero encontramos que:

En el año '34, la justicia de La Puebla de Cazalla aprehendió a tres mozos gitanos en un baile sin otra causa alegada que debían servir a las Armas y que debían de limpiar el pueblo de gente perniciosa que no cometieran insultos.

En el mismo año, faltando gente para el reemplazo del ejército de Italia, recogieron vagabundos y en la iglesia de San Juan Bautista de Marchena se acogieron a sagrado los varones de tres familias de gitanos que no eran vagabundos y tenían ganada vecindad.[148]

Lo mismo había sucedido en 1745 —todavía, por tanto, en el reinado de Felipe V—, cuando, como ha quedado constatado, se había producido una de aquellas levas por las que, forzadamente, muchos gitanos eran llevados de vez en cuando, o al ejército, o a las minas, o a los astilleros, o a las galeras y quizás eso indique un cambio cualitativo en la mentalidad de los prohombres de la administración con respecto al problema que se arrastraba desde hacía siglos, pero que, desde el punto de vista de una mentalidad ilustrada, que sólo concebía una sociedad ordenada hacia el trabajo como única manera de alcanzar la felicidad, adquiría ahora nuevas cualidades.

Junto a las teorías de nuestro obispo también hay otras de claro corte ilustrado y, en particular, las de Bernardo Word. Este personaje, de origen irlandés, que años des-

148 *Libro de la Gitanería de Triana.*- Op. Cit. Folio 20.

pués será un personaje importante en los planes económicos de los Borbones como ministro de la Junta de Comercio y Monedas y encargado de la Real Fábrica de Cristales de la Granja, parece que estuvo trabajando con Ensenada en los planes para la ejecución de la Prisión General a juzgar por lo que el mismo dijo en sus dos obras más importantes: *Proyecto económico* y *Obra Pía*. Allí señala como, gracias a su proyecto de 1748, se consiguió meter en prisión a más de 12.000 personas.[149]

En estas obras, aunque escritas después, y, en particular, en la segunda, se proponen una serie de medidas que corresponden a las tomadas para la prisión de los gitanos. En resumen, Word distingue entre el verdadero pobre, al que se debe socorrer, y el vago; aplicando las leyes que en aquel tiempo regían en Inglaterra podía distinguirse fácilmente entre uno y otro ya que, en definitiva, consistían en asignar a cada pobre una parroquia y si se le encontraba en otra, castigarlo después de haberlo *cambiado* de categoría social.

Los gitanos, sin embargo, estarían muy por fuera de estas medidas. Para ellos no bastaría con asignarles una residencia obligatoria sino que habrían de tomarse otras con el propósito de *limpiar de una vez el reino de toda esa casta de hombres y mujeres, grandes y chicos.* Al contrario de lo que había ordenado Felipe II en 1581[150], el rey Fernando VI debería señalar *algún paraje de América, lexos de los demás vasallos españoles... se podría formar una colonia con ellos, con esperanza de que diera bastante utilidad. Esto podría ser en las riveras del río Orinoco, en donde ay... un gran acopio de pescado... se podrá establecer en aquel paraje una pesquera excesivamente superior a la de*

---

149 Serrail, Jean. *La España ilustrada de la segunda mitad del siglo XVIII.* Fondo de Cultura Económica. México 1968. Pág. 127. Citado por Alfonso Lazo. Op. Cit. Pág. 18.

150 En Elvas, en el citado año, Felipe II había ordenado a los virreyes y demás autoridades que reembarcaran a todos los gitanos *y vagabundos que usan de su traje, lengua, tratos, y desconcertada vida, entre los Indios, a los cuales engañan fácilmente por su natural simplicidad,* que encontraran en América. (Cfr. Mª Helena Sánchez Ortega. Op. Cit. Págs. 96 y 97.)

Terranova y suficiente para el abasto de España y otros países de Europa.[151]

A la vista de todo esto y de las circunstancias socioeconómicas que hemos visto en el capítulo anterior, creo que hay que concluir que en el proyecto de Prisión General se fundieron la mentalidad de los siglos anteriores con la de los ilustrados que pretendían un país regido por la razón para alcanzar metas económicas altas y una prepotencia política en la Europa del comercio.

DEUS EX MACHINA

El ataque y asalto militar a los barrios gitanos de toda España, el apresamiento de sus habitantes y el comienzo de la búsqueda sistemática de los trashumantes por los campos —que, a mi parecer, superan en mucho lo que cabe dentro del concepto clásico de redada— tuvo lugar en el justo medio de la octava de la festividad de Santa Ana y, por tanto, en lo que a Triana se refiere, quizás no por casualidad sino porque se previera una concentración extraordinaria, en los días grandes dedicados a la santa patrona del populoso barrio que, como vimos al principio, la celebraba con grandes fiestas y luminarias. Su conservación en la memoria simbólica estaba, por lo tanto, servida, aunque para mucha gente se perdiera el recuerdo histórico del evento.

La Prisión General de los gitanos del verano de 1749 se llevó, por tanto, a efecto, tal como nos cuentan Antonio Gómez Alfaro[152], Alfonso Lazo, Justino Matute y el mismo Joaquín Guichot, o nos revelan los documentos aportados por Mª Helena Sánchez Ortega, con la exactitud de una vasta y compleja operación de guerra, y después de haber sido tomadas preventivamente todas las medidas jurídicas y

151 *Obra Pía.* Citado por Alfonso Lazo. Ibidem. Págs. 19 y 20.
152 Antonio Gómez Alfaro. *La gran redada...* Op. Cit. Págs. 14 y ss.

canónicas necesarias para que, como hemos podido constatar documentalmente, los perseguidos ni siquiera pudieran refugiarse en las iglesias, ermitas o conventos y ser defendidos allí por los párrocos o por los religiosos.

No sólo existió minuciosidad en todas las disposiciones prácticas, sino también en el proceso para tranquilizar la estricta conciencia del monarca. De este modo se consultó al jesuita Padre Rávago, confesor del rey, que respondió de esta manera: *Me parecen bien los medios... para extirpar esta mala raza de gentes, odiosa a Dios y perniciosa a los hombres... Grande obsequio hará el rey a Dios nuestro señor si lograse extinguir esta gente.*

Además, a lo largo y a lo ancho de la geografía española, imperaron durante meses las normas del secreto extremado (lo mismo que se llevan adelante en una guerra convencional) para que todo resultara según los planes previstos. Luego, esos planes siguieron desarrollándose administrativamente durante años con toda su dramática carga de logística y de intendencia, sin, al parecer, reparar en el coste de ciertas operaciones, que debió ser altísimo.

En cuanto a los afectados, Torcuato Pérez de Guzmán —sin entrar directamente en el tema— opina que pudo afectar a unos 9.000 gitanos y gitanas, aunque no llegue a especificar si ese número está referido únicamente a Andalucía o abarca toda España; Antonio Gómez Alfaro nos da la misma cifra, pero deja la puerta abierta, sin embargo, a que pudieran ser hasta 12.000 personas las apresadas. Por mi parte, después de haber consultado y comparado todos los documentos que aparecerán aquí, estoy convencido que el total de los encarcelados debió alcanzar una cifra aún superior.[153]

Como desarrollaremos paso a paso, a continuación, fueron enviados los hombres, en su mayoría, al arsenal de La

153 A lo largo de los muchos documentos y relatos van apareciendo, además de los gitanos, otros prisioneros que no lo son pero que, por muy diversos motivos, han caído bajo los mismos apartados.

Carraca, en San Fernando, y también a las minas de Almadén, a Cartagena y a El Ferrol (todavía había allí una treintena de gitanos sevillanos en 1763, año en el que fueron devueltos a sus hogares, o, mejor, a los que se les había señalado previamente). Junto con los hombres, iban asimismo todos los niños mayores de 7 años que, durante tres años, deberían someterse a un período de aprendizaje para pasar a continuación a realizar trabajos —aunque hoy nos parezca una barbaridad— de adultos.

De la misma manera, las mujeres también fueron diseminadas por establecimientos fabriles de toda España. A los niños pequeños que acompañaron a éstas, se los fue trasladando, después, desde los lugares de encarcelamiento femenino hasta los masculinos, a medida que iban cumpliendo la edad fijada para el trabajo.

CON LOGÍSTICA CARTESIANA

Tanto Alfonso Lazo como Antonio Gómez Alfaro y Mª Helena Sánchez Ortega, e incluso los autores que tratan los hechos de pasada, recalcan en los preparativos muchos detalles interesantes que hay que tener en cuenta desde el principio.

El primero de ellos es la minuciosidad en el entramado de todo el plan y las medidas que se toman para que todo se lleve adelante en secreto. Estas llegan hasta el punto de dudar, tan sólo unos meses antes, sobre si poner en ejecución las indicaciones del rey Fernando VI para que se expulsara inmediatamente de Madrid a los muchos gitanos que allí había en espera de fijación de domicilio (recuérdese que el *Libro de la gitanería* habla de un bando para que los gitanos no se trasladen a la Corte), según lo establecido por los censos, dado que la medida *podrá espantar e indisponer para la ejecución de la providencia general* (o sea, para ejecutar la prisión general que se preparaba).

El obispo de Oviedo y Presidente del Consejo de Castilla, a quien se traslada esa duda, contesta que puede llevarse a cabo, toda vez que nadie sería consciente todavía de *la idea y pensamiento de acabar,* o *en gran parte disminuir, los Gitanos del reino.*

La meticulosa preparación se advierte, de la misma manera, en el método seguido para su puesta en marcha. Por primera vez es el ejército el encargado de llevarla a cabo. Ello es posible porque, como se recordará, tres años antes España había retirado a sus soldados de Europa y, por tanto, existían, por primera vez después de varios siglos, las suficientes fuerzas de orden público en la península para llevar a cabo una operación de esta envergadura.

Hasta entonces estas operaciones habían estado encomendadas a la Santa Hermandad, un cuerpo desprestigiado hasta el punto de que el rey Felipe V había tenido que mandar una carta a las autoridades de Ciudad Real en la que, después de recordarles que conocía como atropellaban a sus miembros, les quitaban los reos y bienes embargados y los ofendían de palabra y de obra, las conminaba al respeto y la ayuda a este cuerpo.[154] No podemos olvidar tampoco que, por lo que respecta a otras autoridades, en el mismo libro del *Bachiller Revoltoso* se decía:

El Alguacil de los Vagos de Triana, a el que llamaban el Negro era amigo de los gitanos, y se había amancebado con una gitana de la familia de los Duarte, y por el dicho Negro conocían los gitanos los pregones antes de darlos, y así se aseguraban la salida.[155]

Ahora, el servicio masivo y disciplinado de las fuerzas de infantería y de caballería debería ser clave para lograr unos resultados que antes había sido imposible conseguir.

En esta gran *maniobra táctica,* las instrucciones se entregan a los capitanes generales para que, desde ellos, vaya descendiendo a los respectivos jefes que deberán hacer preparati-

154 Mº Helena Sánchez Ortega. Op. Cit. Págs. 108 y 109. Los miembros de la Santa Hermandad, al parecer, vestían jubones con las mangas verdes. Hay quien dice que el conocido dicho «A buena hora, mangas verdes», se refierea que, según la gente, siempre llegaban tarde.

155 *Libro de la gitanería de Triana.* Op. Cit. folio 6.

vos sin saber a ciencia cierta cual es el objeto de su misión. Esta ausencia de un *bando* general que incluyera, además, todas las disposiciones y la propia dispersión de las órdenes por los pueblos y ciudades de toda España, ha contribuido, sin duda, a que la mayor parte de estos documentos se hayan perdido.

Efectivamente, en el mismo sobre que se dirigía a los corregidores de las poblaciones para que reunieran a los gitanos, prepararan todo lo necesario para su marcha a los lugares indicados y los entregaran a la tropa, había otra misiva con la indicación de que se entregara al mismo jefe militar que la había llevado. Era ahí donde el que mandaba la fuerza se enteraba de cual era, en realidad, su cometido. El documento decía lo siguiente:

El Rey (Dios le guarde) ha resuelto que las catorce familias de Gitanos que con provisiones el Consejo están avecindadas en esa ciudad se muden y pongan en las que expresa la Instrucción que se ha formado y acompaña a esta carta a cuyo fin ha mandado Su Majestad que pase a esa ciudad un oficial con el destacamento de cincuenta infantes y veinte caballos por lo que le prevengo a vuestra merced que luego que llegue a esa ciudad le entregue el pliego que con ésta se dirige para él, comunicándole el todo de la dependencia, y la Instrucción y esta carta poniéndose de acuerdo para la ejecución de modo que se logre el fin como tan importante a la quietud pública del reino debiendo decir a vuestra merced que respecto de haber tomado Su Majestad esta resolución bajo la confianza de hallarse en esa ciudad las expresadas familias, conforme a la provisiones y despachos del Consejo se ha hecho responsable a su permanencia y a los gastos ocasionados por la tropa; y por tanto quiere Su Majestad que si todas las dichas familias no se hallasen en ese pueblo como deben, ni vuestra merced justificare su paradero, se mantenga la tropa hasta que con segura noticia del paraje donde están se ejecute la prisión.

Para el caso de que algunos se hallen o retiren a lugar sagrado remito a vuestra merced el adjunto ejemplar del despacho expedido por Monseñor Nuncio para la extracción de Gitanos de los sagrados a fin de que vuestra merced requiera con él al Prelado de esa diócesis (haciendo antes poner en su mano la adjunta carta, que incluye igual ejemplar del despacho de Monseñor Nuncio) y además a quien corresponda en la forma y como se previene en la Instrucción otorgando la caución acostumbrada para que no embarace la extracción, previniéndole que de lo contrario se dará cuenta a Su Majestad. Y de cuanto en este particular se adelantare me dará vuestra merced aviso. Dios guarde a vuestra Merced muchos años. Madrid 28 de Junio de 1749. Gaspar, obispo de Oviedo (rubricado)

El oficial que manda el destacamento que pasa a ese pueblo, tiene orden de adelantarse a la tropa a fin de que antes del arribo de ella, esté arreglada la ejecución de la diligencia la que se debe practicar en el mismo día que llegue el destacamento pues así se logrará mejor el lance.[156]

Otro detalle a no pasar por alto es el que se desprende de las indicaciones precisas acerca de la manera de recoger a todos los hombres y mujeres, responsabilizando además del buen resultado de la operación a las autoridades locales, y cómo sufragar los gastos que ocasionaría toda aquella vasta operación y que consistía, ni más ni menos, en la pura y simple venta de las pertenencias de los gitanos.

De lo primero hay que deducir que la operación se centró especialmente en todos aquellos que debían encontrarse en un estado de integración más avanzado, ya que figuraban en los censos realizados por la propia administración y estaban asentados en los lugares y barrios destinados a tal fin; y de lo segundo cabe deducir que, al calcularse los costos de esta manera, una parte de los gitanos al menos, no debía ser la estereotipada por las pragmáticas anteriores como vagos, errabundos y sin oficio, sino que debía tratarse de personas que ya vivían en medio de una sociedad *normalizada* y poseían, al menos, algunos bienes.

Desde la noche del 30 al mediodía del 31 de julio de 1749 la mayoría de los grupos militares —que estaban ya acuartelados en cada una de las 75 poblaciones que en años anterio-

156 Antonio Gómez Alfaro ha reproducido y transcrito en su libro *La gran redada* este documento por el ejemplar enviado a Orihuela. Págs.15 y ss.

res habían sido destinadas a los gitanos— tomaron posiciones para cerrar todas las salidas posibles y actuaron conforme el contenido de la carta entregada a su jefe:

...se arrojarán a las casas de los Gitanos, prenderán a todos, hombres, mujeres y niños, cerrarán las casas o dejarán centinelas en cada una, llevarán los presos a la cárcel, donde todos juntos con las separaciones prevenidas se dejará una guardia de veinte hombres.[157]

La forma secreta de llevar a cabo la *Prisión General* —no en todo debemos ver mala voluntad o propósitos de ocultación— hace que sea muy difícil tener una crónica de los primeros momentos, dado que ésta se desarrolló localmente. Así y todo poseemos algunos fragmentos, escenas e instantáneas que, a veces, recuerdan escenas de la película *La Misión* (cuyo argumento se desarrolla por los mismos años en las poblaciones guaraníes regentadas por los jesuitas, en el Paraguay).

En muchos sitios los gitanos —sobre todo los que ya estaban bastante integrados— se entregaron sin ofrecer alguna resistencia, creyendo posiblemente que todo aquello sería una medida más de las muchas que se habían tomado con ellos en los últimos años. Gómez Alfaro nos dice que en Orihuela (Murcia) bastó con citarlos a todos en las oficinas del corregidor el día 31 de julio y que, incluso, dos de ellos se presentaron en el castillo de Alicante donde ya estaban sus parientes.

En otros lugares, por el contrario, se dieron intentos de fuga, delaciones por parte de vecinos, o, al contrario, vecinos que escondieron a hombres y mujeres, arrostrando así el peligro de ser también ellos detenidos. Entre las primeras, tenemos el caso de Puente Genil, donde un vecino acusa a un clérigo de haber escondido a un sirviente aduciendo que *si esto se tolera, cada uno tendrá su padrino y no se conseguirá*

157 Gómez Alfaro. *La gran redada* ... Op. Cit. Pág. 37.

el fin; en Teba (Málaga) denuncian al propio médico de la población como hijo de gitano.

Sin embargo, en Cogolludo (Guadalajara) cuando llega la tropa para realizar las detenciones, se organiza una especie de complot, encabezado por el alcalde, en el que, mientras por un lado se ordena la búsqueda, por otro se encarga al escribano que dilate ésta hasta que una pareja gitana se ponga a salvo, asilándose en un convento.[158]

En Utrera (Sevilla), donde la población gitana —como hoy— era cuantiosa, se da una situación complicada; la pugna existente entre el corregidor y el alguacil mayor derivó en una denuncia de éste contra aquel, alegando que había permanecido inactivo y, por tanto, permitiendo a los gitanos ocultar o vender sus bienes y, en concreto, a uno de ellos, que debía gozar de una posición acomodada dado que la suma de la venta de su cosecha al marqués de la Cueva ascendió a 3.000 ducados con los que —además de otros 15.000 que tenía ahorrados— escapó de la ciudad. Otros gitanos habrían escondido sus bienes perdiendo *el real erario el ahorro de la costa en la manutención de los demás Gitanos que hay aquí en abundancia,* o *del seguimiento de los que se dice se mantienen en los campos de este término, que es dilatado y en algunas partes montuoso.*[159]

Vecinos de la Puente de Don Gonzalo, hoy Puente Genil (Córdoba), Motril y pueblos de Guadalajara también habrían prestado ayuda a amigos gitanos de su localidad, defendiéndolos, ocultándolos o facilitándoles la fuga por lo cual se producen protestas y denuncias de otros. Algunos ayuntamientos, como el de Málaga, intentarán que sus gitanos herreros no vayan a la cárcel.

---

158 Antonio Gómez Alfaro. *La gran redada...* Op. Cit. Pág. 46 y 47.
159 Ibidem.

II TRIANA, SEVILLA Y...

En Sevilla, donde habitaban miles de gitanos, la redada debió tomar caracteres casi bélicos. Los movimientos logísticos y de tropas tuvieron, lógicamente, que comenzar con mayor antelación que en las poblaciones pequeñas y visualizarse mucho más hasta parecerse a un cerco, puesto que toda la ciudad fue rodeada enteramente.

EL RELATO DE JUSTINO MATUTE

El 31 de julio á *las doce de la mañana vio Sevilla con espanto cerradas todas las puertas de la ciudad, excepto las de la Carne y del Arenal, en las que se pusieron dobles guardias, con orden de no permitir á nadie la salida. Súpose asimismo que todos los caminos estaban tomados con tropa por disposición del Capitán general, quien había comunicado al Asistente sus instrucciones con una real orden que había recibido para su cumplimiento. Poco tardó en saberse el motivo de tales precauciones, pues á la hora misma se dio principio á la prisión de todos los gitanos que había en ella y sus arrabales, embargándoles los bienes, con encargo de matar al que se resistiere ó tratare de huir; y en efecto mataron á tres que iban por el camino de la Cartuja. El mismo día se publicó bando con pena de confiscación de bienes y de ser castigado como traidor cualquiera que encubriese sus personas ó pertenencias. Las puertas se mantuvieron cerradas hasta las ocho de la mañana siguiente, mas quedaron con guarnición de tropa, que sólo permitía la entrada; y el 6 de Agosto sacaron de la cárcel trescientos gitanos, y en gabarras los embarcaron á la Carraca, de donde fueron trasladados a Cádiz con cuatrocientos más que llegaron de otros puntos. Las gitanas y muchachos menores de siete años fueron conducidos á Málaga en carros, y continuaban las prisiones de algunos otros que, aunque gitanos, no se portaban ni conocían como tales. Á solicitud de éstos y sus valedores salió real orden de 14 de Septiembre para suspender las prisiones y venta de sus bienes. Además de las muchas gitanas que salieron para Málaga, cada día venían de fuera otras, que llenaron las cárceles. Á éstas el 17 de Octubre las confinaron en el barrio de la Laguna, habilitándose dos puertas con suficiente guardia, una que daba salida a la Pajería*[160] *y otra frente de calle Tintores*[161]*, habiendo cerrado el postigo que caía sobre el husillo de la puerta del Arenal; más el 12 de Noviembre las trasladaron al corral del Agua*[162]*, collación de San Bartolomé, excitando en todas partes la compasión pública. El mal tratamiento que los ministros de justicia hacían á estos infelices, sus continuas y eficaces plegarias, y el ser comprendidos en la orden muchos que vivían en buena opinión y aún estimados, dieron materia a otras representaciones, que al fin alcanzaron la mitigación de aquella orden general; y tomados los informes de los curas, y otros igualmente secretos, fueron restituidos los que acreditaron su buena conducta, quedando en su fuerza y vigor para los vagantes y gentes sin modo de vivir conocido, confirmando igualmente la real orden que contra estas gentes expidió el rey D. Felipe V. De todo se hizo cargo la real orden é instrucciones que sobre la materia se expidieron con fecha de 28 de Octubre del presente año. En virtud de ellas el 6 de diciembre empezaron á entrar en Sevilla las gitanas que habían sido conducidas a Málaga, á las que siguieron los gitanos el 27, unos y otros bien quebrantados de lo que habían sufrido, y los más con menos proporciones de las que antes tenían para habilitarse a seguir ejercicios honestos con que pasar la vida.*[163]

Es el de Justino Matute el punto de vista del ilustrado moderado que trata de dar una visión objetiva aunque procurando salvar las altas responsabilidades del rey y sus ministros, cosa que se comprende dado que el nieto de Fernando VI —Fernando VII— lo había indultado después de muchos meses de cárcel bajo la acusación de traidor por haber

160 Actual calle Zaragoza.

161 Actual Joaquín Guichot, cerca ya de la Plaza Nueva.

162 Este corral ocupaba la superficie de la casa actual del nº 15 de la calle Céspedes (Francisco Morales Padrón. *Los Corrales de vecinos de Sevilla.* Universidad de Sevilla. 3» Edición. Sevilla 1997. Apéndice 1 Pág. 79.

163 Justino *Matute.-Anales...* Op. Cit. Págs. 85 y86.

tenido cargos públicos durante la ocupación napoleónica[164]. Aún coincidiendo en conjunto con el relato de los hechos del *Bachiller*, el suyo contiene algunas inexactitudes, como el traslado total de las gitanas desde la Laguna al Corral del Agua, como veremos.

UN RELATO VIVO DE LA PRISIÓN GENERAL

La narración de *el Bachiller Revoltoso,* que, por supuesto, coincide exactamente con las noticias que nos ha trasmitido la historia, añade, además, otros muchos detalles y nos proporciona la visión de un *gitanista.* Así nos lo cuenta:

Año 1749. Por una orden del Rey, los soldados prenden a todos los gitanos de Sevilla y muchos de Triana, los que vivían en las Chozas de la Cartuja pudieron escapar dejando todos sus bienes abandonados. Dos gitanos fueron muertos por los soldados cuando se iban de sus chozas montados en caballerías y uno resultó herido en la pierna y le cogieron preso. Parece que no dejaron refugiarse en Sagrado y esto hizo que la captura de ellos se hiciera fácil y pronta. Las gitanas sufrieron igual medida y los niños y los viejos, lo que daba lástima ver las cuerdas de gente aprehendida dejando en abandono sus bienes y ganado, sin saber a que obedecía la medida tan extrema. Un gitano se ahogó en el río delante de su mujer y dos hijos menores de edad. Se dio un bando para los vecinos no ocultasen en sus moradas a gitanos y a una familia se hayó (sic) en una pajera del Patrocinio que era de Rodrigo Tardío, que la quiso ocultar, por lo que fue llevado a la Cárcel Real. Los soldados quitaron las Provisiones[165] a los que las tenían para evitar dilaciones de la Justicia, dejando a los poseedores sin poder acreditar quienes tenían

---

164 Manuel Ruiz Lagos. *Ilustrados y reformadores en la Baja Andalucía.* Editora Nacional. Madrid 1974. Págs. 228 y ss.

165 *Libro de la Gitanería* ... Op. Cit. folios 9-13. Las Provisiones eran cédulas en las que se daba certificado de vecindad por vivir con arreglo a las pragmáticas y se habían otorgado anteriormente.

vecindad ganada por lo que muchos se aprehendieron indebidamente como se vería después.

En la Cárcel Real estuvieron los hombres y en la Cobertera del Pastor, las mujeres y los niños, hasta que fueron por los mayores de siete años que se llevaron en carros con los hombres que se mandaron a La Carraca y las mujeres con los menores a Málaga.

Los hombres salieron a la mañana con gran concurso de gente y las mujeres y menores en la tarde en carros que trujeron de la Tropa, donde iban gritando y diciendo dónde las llevaban, sin comida, ni lo más necesario para subsistir, y daba compasión el verlas. En el postrero carro iba Basilia Monge, la buñolera, pregonando una mercancía que no llevaba, lo que daba risa y decía a los soldados a caballo que cerraban, le trujeran la sartén y la masa y que no hacía falta aceite por dejarle un poco de su grasa el que era muy rollizo y bien mantecoso.

Las gitanas que trujeron a los pocos días se recluyeron en la Laguna poniendo guardias para que no escapasen de su prisión. Cuando acababa el año, volvieron de Málaga setenta gitanas y niños o más, y contaban cosas lastimosas de su destierro, y entonces viose que daban libertad a algunos gitanos de la Carraca que se les hizo información de estar casados como Dios manda y vivían arreglados a las Pragmáticas que se habían dado a ellos y hubo muchas reclamaciones de los bienes que dejaron, que estaban vendidos y las caballerías, y se dijo que si reclamaban irían otra vez a la Carraca, y muchos callaron temiendo ser aprehendidos, pero los menos acudieron al regente a la Real Audiencia que hizo valer la orden de S.M. de los bienes raíces.

Un gitano de los que habían estado en la Carraca dio una cuchillada a el panadero de Santo Domingo, había comprado dos caballerías menores cuando lo aprehendieron con los de su clase, y ahora se negaba a devolver hasta que no recibiera el gasto del pienso dado a las dichas caballerías.[166]

---

166 Como se sabe, en la Laguna de Sevilla —desde la actual plaza de Molviedro y calle Castellar hasta Harinas— había estado en siglos anteriores la mancebía que siempre tuvo puertas. (En Francisco Aguilar Piñal. *La Sevilla de Olavide.* Ayuntamiento de Sevilla. Sevilla 1995. Pág. 67.) Ahora debieron, lógicamente, reforzarse.

Como se ve, existen algunas diferencias y, fundamentalmente, en esa vuelta a casa al finalizar el año con la que Matute da por concluido el problema, despistando a historiadores posteriores. Como podemos observar comparando los dos relatos, si para la Carraca fueron trescientos gitanos —se supone que hombres y muchachos en edad de trabajar— debió salir para Málaga un número parecido de gitanas y niños menores. El *Libro de la gitanería* nos dice que regresaron a Sevilla *setenta mujeres y algunos gitanos.* Veremos a continuación y pormenorizadamente todo esto.

LA PRISIÓN GENERAL EN CARMONA Y SU COMARCA

Como quedó explicitado más atrás, Carmona tuvo un papel importante en todos los sucesos de esta década. Ahora tenemos también constancia de la fecha en que habían comenzado los preparativos materiales de la operación. A Carmona, la fuerza militar, formada por cincuenta soldados de infantería y veinte de caballería al mando del comandante José Olivesi había llegado un mes antes, el 24 de junio, y, a lo largo de ese tiempo, los soldados fueron tomando las medidas oportunas para materializar el apresamiento que, como ha quedado dicho, se llevó a cabo, prácticamente, de modo simultáneo en toda España.

Así, en esa población, a las 5 de la mañana del día 30 de julio, el Corregidor reunió en su casa a todas las autoridades y al oficial que mandaba la tropa llegada, y dio lectura a las órdenes recibidas, pidiendo prudencia y no *revelar más de lo necesario para el buen logro de la operación,* programada para la 1 de la mañana de ese mismo día (aunque no queda claro si se trata de las 13 horas del día siguiente). Se advierte, como en todas partes, de que si algún gitano se refugiaba en sagrado, se pusiese un cerco a la iglesia en cuestión y fuese el Corregidor a sacarlo.

A la hora acordada, los soldados y encargados de dar cumplimiento a la orden se repartieron por los seis barrios en los que habitaban gitanos, cerrando una parte de los militares las salidas de las calles, mientras otra asaltaba las casas y detenía a todos sus moradores. O sea, que aquí llevaron a rajatabla lo que la instrucción indicaba como «arrojarse a las casas de los gitanos»

La mayoría de los gitanos debió pensar que aquello era uno más de los recuentos y traslados a los que, desde principios del siglo, los tenían acostumbrados y en la mayoría de los casos no se resistió sino que, incluso, ayudó —quizás por el deseo de que no se separara a la familia— a buscar a los parientes que se habían ausentado por causas normales. Gómez Alfaro dice que no huyó ninguno. Un vecino recoge en Carmona a un niño que esperaba la vuelta de su padre y, después de darle un gazpacho, cuando se entera de que es gitano, lo entrega en la cárcel donde el corregidor, *con halagos y caricias* logra enterarse de que tiene 8 años y se llama Juan Valencia. La madre de un joven comunica a las autoridades que su hijo se halla trabajando en el campo, cerca de Arahal.[167].

Tras el aprisionamiento de todos los hombres, mujeres y niños, las viviendas fueron cerradas con llave o quedaron guardadas por centinelas hasta proceder al inventario de los bienes.

Estos eran, por lo demás, bastante escasos: utensilios profesionales de herreros o esquiladores, objetos domésticos, como lebrillos y vasijas, algunos animales de carga o de corral y apenas 100 fanegas de trigo recién recogido (prueba evidente de que, al menos, algunos gitanos eran pequeños agricultores). La venta de todo ello sumó menos de 2.800 reales, de los que 1.671 se obtuvieron por las pertenencias de un solo individuo (probablemente el dueño o los dueños del trigo). Si calculamos las personas (más de 100 sin con-

167 Antonio Gómez Alfaro. *La gran redada*. Op. cit. Pág. 38.

tar los niños) y lo recogido, para la manutención de cada uno de ellos había, por tanto, 25 reales, suma, a todas luces, insuficiente.

Ante esta situación de precariedad, no quedó más remedio que poner en venta también todas las casas e, incluso, obligar a algún que otro vecino a que comprara alguna de ellas cuando los compradores no surgieron espontáneamente.

El día 4 de agosto habían sido encarceladas las 18 familias que existían según los censos, así como otras que vivían allí sin estar censadas, además de varias más que estaban asentadas en poblaciones vecinas. En total sumaban, según Antonio Gómez Alfaro, 72 mujeres y niños pequeños y 39 hombres, mientras Lazo da 71 mujeres, 39 hombres y un número indeterminado de niños pequeños.

Al día siguiente comenzó el éxodo de los hombres, encadenados, hacia San Fernando por la ruta de La Campana, Utrera, Las Cabezas, Lebrija, Jerez y El Puerto de Santa María hasta quedar depositados en el castillo de Santa Catalina. La fuerza que los guardaba estaba compuesta por un capitán, dos alféreces, dos sargentos y cuarenta y tres soldados, bastante más numerosos, por tanto, que los presos. Mientras tanto, un teniente, un sargento, un cabo y veinticinco soldados conducían a las mujeres por Marchena, Osuna, Sierra Yeguas, el Valle y Zahara hasta Málaga.

Aunque el viaje de los hombres estaba programado con una duración de 20 días, tardaron sólo 10 en llegar (quizás por esa falta de dinero para provisiones). De igual manera, las mujeres y los niños, que deberían haber tardado 15 días, hicieron el camino en 8. Guichot nos dice que allí las mujeres *quedaron sumidas en la mayor miseria.*

Los datos anteriores, por sí solos, nos dicen claramente que las personas apresadas debieron ser bastante más de los que señalaban los censos, ya por esas noticias sobre familias no censadas, como por el hecho que los mismos censos dictaminaban que debía considerarse una familia la formada por el padre, la madre y los hijos solteros. Pero sabemos que, durante meses quedó mucha tropa patrullando los campos en busca de gitanos trashumantes o fugados, siguiendo las órdenes dadas por el propio Ensenada. El Archivo municipal de Tocina conserva un documento que narra la «montería» organizada en la isla del Tarajal, del río Guadalquivir, que no dio frutos:

En la villa de Tocina a veintinueve dias de agosto de mil setecientos cuarenta y nuebe años... Serán las ocho de la mañana, dicho Sr. Alcalde, acompañado de muchos vecinos de esta villa llevando los que pudieron aver las armas competentes... llegaron hasta donde prinsipia la presitada Isla del Tarajal y aviendo entrado en ella mucha gente y perros que para este mismo efecto se llevaban formándose a la manera que pudiese registrarse toda dicha Isla y previniendo jente asimismo a orilla della hacia la Dehesa y otra poca gente de la otra parte del río a previsión por si acaso resultase aver algunos gitanos y gitanas que se arrojase a el río huiendo a la otra parte...[168]

EL DESARROLLO DE LOS ACONTECIMIENTOS EN LA PRIMERA ETAPA

En lo que a Sevilla y Triana conciernen, nada nos dicen las fuentes de la fuerza militar que realizó esta redada de gitanos, pero a veces, como dijo Julio Caro Baroja en su estudio *Los moriscos del reino de Granada,* una noticia perdida entre otras muchas resulta que puede ser una clave, y esto es lo que me sucedió con ésta que nos cuenta el Marqués de Tablantes, acaecida en la plaza de toros de Sevilla, en mayo de 1748 (un año antes de la *Prisión General* de los gitanos, cuando, con toda seguridad, la estrategia de todo aquello estaba en marcha) a propósito de lo que sucedió con un soldado del *Regimiento de Flandes:*

Un soldado del Regimiento de Flandes, que había asistido al despejo de la Plaza (se refiere a la de toros, de la Real Maestranza),

168 AMT. Bandidos y Malhechores. Leg. 57.

viendo que alguna gente bajaba de los andamios con espadas para herir al toro, salió de su puesto para impedirlo y comenzó a repartir golpes con su espada a los menos obedientes. Las gentes empezaron a gritar que los dejaran, tirándole al mismo tiempo, no pocos limones. Furioso el soldado, arremetió entonces contra la gente... Así fue recorriendo los tendidos de media plaza, hasta que otros soldados de su mismo Regimiento lo recogieron.

Cuando acabó de lidiarse el último toro, la gente empezó a gritar al soldado, y formándose una turba numerosa, púsose al frente de ella un clérigo á quien alcanzó la furia del soldado... Fuéronse en su persecución hasta el cuartel de Triana[169]*, tirando piedras contra las ventanas del capitán... Los amotinados atacaron al cuartel, cuyas puertas fueron cerradas por orden del capitán... Mas luego sacó al soldado a un balcón del cuartel, desnudo de medio cuerpo arriba, con la cabeza y los bigotes rapados y dirigiéndose al pueblo, preguntó qué castigo quería se le diera, pues dispuesto estaba a darle baquetas o arcabucearlo. Oído lo cual, prorrumpió el soldado en lamentos, implorando perdón... el pueblo sevillano... así que esto vio gritaron todos: Perdón, perdón, con lo que concluyó el alboroto*[170]

Tuve alguna fortuna en hallar otras noticias referentes a esta unidad militar y encontré que el Ministro de Estado Francisco de Saavedra nos aportaba algunos datos sobre ella en su libro *Los Decenios*. Así, en 1770, más de veinte años después, nuestro autor se encuentra al regimiento en Cartagena, junto con otros, y nos cuenta que todos ellos eran de infantería[171] . En el año 1787, hablando de una persona que había labrado una gran fortuna en México, Saavedra nos dice que había servido en ese mismo regimiento y que con él llegó a

169 He hallado después el relato del mismo suceso en Justino Matute —que, seguramente fue la fuente para el marqués de Tablantes— y éste aclara que el cuartel estaba «fuera de la Puerta de Triana» *(Anales...* Tomo II, pág. 72.

170 Marqués de Tablantes. Anales... *Op. Cit. Págs. 87 y 88.*

171 Francisco de Saavedra. *Los decenios.* Transcripción, introducción y notas por Francisco Morales Padrón. Ayuntamiento de Sevilla. Sevilla 1985. Pág. 56.

las tierras en las que se había hecho rico.[172] Está claro, pues, que este regimiento fue usado en varias ocasiones como «fuerza de intervención»

El emplazamiento del cuartel, junto al puente de barcas que daba entrada al barrio, permitiría rodearlo con poco esfuerzo, toda vez que el único sitio por donde se podría salir sería por ese puente, de fácil clausura. El hecho que nos cuenta el *Bachiller Revoltoso* sobre la huida de los gitanos que vivían en las chozas de la Cartuja es asimismo congruente con todo esto, ya que, forzosamente, esas viviendas aisladas —chozas, las llama el *bachiller*- no podrían ser incluidas en el cerco.

LOS LUGARES DE RECLUSIÓN

Hemos visto como, en Sevilla y en un primer momento, los hombres fueron encerrados en la Cárcel Real y las mujeres en esas casas de la Laguna a las que hemos hecho mención y en ese lugar, la *Cobertera del Pastor,* de la que nos habla el *Bachiller Revoltoso,* pero que no he podido localizar; sin embargo, cerca de la iglesia de la O, en la calle trianera de Castilla, había una *huerta del pastor:* el relato directo de la marcha de las mujeres que nos hace el *bachiller* invita a pensar que quedaran presas en el mismo barrio.

El día después de la Virgen de Agosto 300 hombres eran embarcados en gabarras con destino al arsenal de la Carraca (otros 400 llegarían allí, procedentes de otros puntos de Andalucía), y un número indeterminado de mujeres conducidas en carros, como las de Carmona, hasta Málaga, donde no se las pudo alojar a todas en el lugar que se había previsto, la Alcazaba, por lo que fueron mandadas, en parte, a la cárcel, mientras que para otras —siguiendo el método sevillano— hubo que desalojar casas de las calles *Ancha de la*

172 Ibd. Pág. 175.

Merced y del *Arrebolado*[173], realizar obras parecidas a las de la Laguna, e introducirlas allí con custodia.

En lo que respecta al lugar de reclusión sevillano, corroborando la exactitud del *Libro de la Gitanería* y el error de Justino Matute al afirmar que todas las gitanas fueron trasladadas al Corral del Agua, existe un memorial del mes de julio de 1750 que, a parte de revelarnos que hay todavía gitanas allí y que desde allí se las trasladó a otro sitio, nos da una pormenorizada descripción del lugar.

Efectivamente, a propósito de la construcción de un hospicio, dice el documento: *de cuantos sitios hay en esta ciudad... no he hallado otro más a propósito que el que llaman Compás de la Laguna, donde hoy existen en custodia las gitanas que no han pedido las Justicias de sus respectivos pueblos, se debe también el especial favor al Sr. Asistente de que disponga su remoción a otro sitio pues... no puede ser más adecuado al intento el referido Compás, así por su grande extensión de terreno como por tener suficiente habitación de calles y casas, con una ventilación tan grande como todo lo que hay de campo hasta el muro, quedando dentro de un circuito la pila para lavar, con abundante agua, y una ermita para la misa y ejercicios cristianos... Y hay también la comodidad de estar hechas todas las obras para que estén en clausura de dicho sitio con las mismas que se hicieron para dichas gitanas y la que, sin entrar dentro, poderles suministrar carnicerías, tiendas y todo género de comestibles ...*[174]

El historiador José Deleito y Piñuela, nos aporta, asimismo. Un dato interesante sobre este emplazamiento y su destino social desde finales del siglo XVII:

---

173 Los dos volúmenes de Francisco Bejarano, *Las calles de Málaga. De su historia y ambiente* (Editorial Arguval. Málaga 1984) no dan ninguna referencia sobre estas dos calles, aunque es de suponer que la primera estaría cercana a la Plaza de la Merced, en el centro pero muy cercana a la antigua muralla.

174 Francisco Aguilar Piñal. *La Sevilla de Olavide*. Colección Clásicos Sevillanos nº 11. Ayuntamiento de Sevilla. Sevilla 1995. Pág. 67. La ermita, a la que se hace referencia, es la capilla que regenta la hermandad de Jesús Despojado, en la actual plaza de Molviedro.

Parece... que bajo Felipe IV llegó a cerrarse la famosa mancebía sevillana (se refiere a la del Compás de la Laguna). *Al desaparecer, sus pupilas se fueron del Compás, y las más, pasaron a las casas llamadas* de las Cureñas, *fuera de la puerta de Triana, junto al cuartel, llamado luego* de milicias[175]. Evidentemente, este cuartel es el mismo al que se referían el Marqués de Tablantes y Justino Matute.

Por un cúmulo de imprevistos de orden logístico (en realidad, solamente se había preparado bien la parte militar, la de la redada, pero nada más), la administración tuvo que suspender, en septiembre, los envíos cuando ya habían sido concentradas en Málaga más de 1.000 mujeres y niños, con lo que, las que llegaban a Sevilla procedentes de otros puntos, tuvieron que permanecer en la ciudad. El Marqués de la Ensenada lo justificaba diciendo que *dado el gran número de muchachas y muchachos gitanos que han sido enviadas a Málaga donde estaba su destino de depósito ya en lo sucesivo no se envíen allí más, sino que se envíen directamente a Sevilla, tanto las que ya están en las cárceles de los distintos pueblos* como *las que en lo sucesivo se apresen.*[176]

Durante este mes se ordenó desde Madrid seguir la caza y captura de gitanos en pueblos en los que, por diversas razones —fundamentalmente, la no colaboración de las autoridades locales— no se había realizado antes, y también seguir rastreando los campos, por los que todavía existían, bien gitanos nómadas, bien grupos que habían escapado de la captura anteriormente.

Es posible que en algunos territorios alejados, con pocos gitanos y, además, trashumantes, como Galicia, la prisión se efectuara algunos días o semanas después. En concreto, en Lugo, la orden de prisión de la que tenemos noticia documental es la que fue expedida por el Marqués de la Ensenada el 12 de agosto de 1749, aunque su aplicación por la Justicia

175 Deleito y Piñuela. *El desenfreno erótico.* Op. Cit., pág. 63,

176 Archivo Municipal de Carmona. Auto de Prisión de Gitanos. Septiembre 1749.

de la ciudad se dilata hasta el 6 de septiembre siguiente.[177] De todas formas, y dado que muchos gitanos habrían huido, en la misma fecha a la de Galicia, el Marqués de la Enscnada había escrito esa carta general a todas las autoridades, instándolas a proseguir la busca y captura de los gitanos dispersos. Quizás se trate, pues, de la misma a la que hacemos referencia en el párrafo anterior.

Mientras tanto, en Valencia, fueron siendo concentrados por fuerzas de aquella capitanía general todos los gitanos y gitanas procedentes de Murcia, Cuenca, la Alcarria, Toledo y la Mancha. Los varones son llevados en un primer momento al castillo de Alicante desde donde, pocos días después, saldrían 200 hombres y 40 muchachos para Cartagena. En el arsenal de esta ciudad compartirían prisión con muchos gitanos de Sevilla y de otros lugares de Andalucía. Las mujeres, después de estar durante un tiempo recluidas en el castillo de Denia, saldrían para los de la Oliva y Gandía. Poco después, sin embargo, y quizás para ahorrar gastos, todas eran encerradas en un antiguo convento de agustinos, situado en los arrabales de la capital del Turia, y que había servido hasta entonces como hospital militar.

---

177 Mª. Helena Sánchez Ortega. Op. Cit. Pág. 128.

CAPÍTULO VIII

ESTRATEGIA ILUSTRADA Y TÁCTICA GITANA

CONSTRUCCIÓN DE LOS ARSENALES

La creación de los arsenales de marina en España fue una decisión de la monarquía borbónica. Los incesantes ataques por mar de los ingleses a lo largo de la Guerra de Sucesión y la ocupación por sus tropas de Gibraltar y Menorca llevó a los gobiernos de Felipe V al convencimiento de que España necesitaba una nueva flota y, por tanto, el levantamiento de unas bases navales en las que se combinase la construcción y reparación de navíos con su guarda y armamento.

Los lugares escogidos —El Ferrol, Cartagena y la Isla de León, en Cádiz— forman un triángulo cuyos vértices responden a la necesidad de ofrecer resistencia al acoso británico: Galicia era paso obligado para cualquier flota que viniera del Atlántico Norte, el puerto murciano defendía en el Mediterráneo de un ataque proveniente de Menorca y desde San Fernando, a parte de estar cercano a Gibraltar, podía guardar el flanco Sur.

Los tres lugares y sus alrededores fueron convertidos en realengos por el primero de los Borbones españoles: el Puerto de Santa María, quitándoselo a la Casa de Medinasidonia cuyo apoyo a la nueva casa real —como quedó dicho— había sido endeble si no contrario; Cartagena, arrebatándosela a los ingleses que la habían tomado en la Guerra de Sucesión y el Ferrol, incorporando sin más aquel señorío a la Corona en 1733.

En los tres comenzaron grandes obras, destinadas a convertirlos en enclaves singulares e inexpugnables, que no terminarían hasta el reinado de Carlos III. Todas esas construcciones, de una complejidad extraordinaria, se empezaron en gran parte con mano de obra gratuita, formada por desterrados, penados o forzados. En algunos de los documentos que aporta Mª Helena Sánchez Ortega se habla de que en el año 1726 habían llegado ya al de la Carraca 300 desterrados (el mismo vocablo que se usa para los gitanos que se incorporan en 1749)[178]

NOTICIAS DEL TRASLADO

Luis Suárez Ávila cita un manuscrito de Luis Germán y Ribón[179] en el que se narran las vicisitudes de los primeros momentos de la Prisión General en Sevilla. Allí se dice lo siguiente:

El día 6 de agosto de 1749 sobre la tarde, sacaron de la cárcel de esta ciudad, cerca de trescientos gitanos, entre chicos y grandes, y con escolta de soldados los llevaron al río y embarcaron en gabarras para conducirlos a La Carraca ...

Al ver el pueblo (que en gran multitud acudió a la Plaza de San Francisco y cercanías de la cárcel) el despedimiento que estos hombres hicieron de sus mujeres, hijas y madres, y éstas con ellos, encargándoles los hijos que consigo llevaban, que eran de seis a siete

178 Mª Helena Sánchez Ortega. Op. Cit. Pág. 146.

179 El manuscrito se encuentra en una de las tres bibliotecas que regenta la Fundación Colombina (Biblioteca Colombina, Biblioteca de la Catedral y Archivo Arzobispal de Sevilla) sin que, hasta el momento, me haya sido posible verlo.

años para arriba, y éstos a ellas los que les quedaban, que eran los pequeños, que condolió a todos en gran manera, y fue el sentimiento general en toda la ciudad que quisieron en algún modo levantar a estos infelices: y lo que más aumentó el sentimiento, tanto de ellos como del común, fue el ignorar por ahora sus destinos y separarse en la inteligencia de que no se habían de volver a ver más. La cárcel pareció aquella tarde propiamente un infierno con los descompasados alaridos y clamores que desde la reja daban los gitanos tanto al despedirse como después, sucediendo lo mismo en la cárcel de la Hermandad cuando aquella noche sacaron a los que allí estaban y los condujeron al río, con luces de cuerdas embreadas; y ciertamente era dolor ver a las familias por la precisión causada de no hallar amparo alguno en todo el reino...[180]

El lugar destinado a esta instalación militar había pertenecido a la casa de Arcos e incorporado a la corona —no sin protestas— algunos años antes; era una llanura muy bien defendida pero formada por un suelo fangoso, producto de la tierra que se había ido depositando lentamente alrededor de una carraca hundida en el siglo XVI. Fue escogido por el propio Felipe V durante la visita que hizo a Cádiz mientras la Corte estuvo en Sevilla.

El proyecto —de Patino— era el de una verdadera ciudad, San Carlos, que debía comenzar a construirse clavando miles de estacas de madera en el suelo con un procedimiento parecido al que permitió levantar Venecia, pero que debía realizarse con los hombres metidos en agua hasta la cintura. Seguramente sería en estas labores o en otras sin cualificar en las que trabajaron los gitanos.

En las remesas que se hicieron tras la prisión, a primeros de agosto, la mayoría de los hombres, como indican todas las fuentes, fueron llevados a los arsenales de la Carraca y Cartagena a pesar de que allí no existieran lugares donde alojarlos y de la enérgica protesta del Secretario de Marina

180 Citado por Luis Suárez Ávila en *Diario de Cádiz*. 27 de marzo de 1974.

que estimaba que todos aquellos hombres sin especializar no sólo no favorecerían los trabajos sino que los estorbarían.

Con relación al alojamiento, a lo largo de la primera quincena de agosto, se cruzan cartas continuas entre la administración de la Marina y los responsables del arsenal gaditano intentando encontrar soluciones para el alojamiento de los presos y de los soldados que los deberían guardar. Al final, para destinarlos a este fin, se desocupan *en el Puente de Suazo dos almacenes en que tenerlos con toda custodia en Cadena, mediante a que aquel paraje es amurallado, y con sola una puerta que resguardar la tropa con que se guarnece aquel sitio... Será indispensable el que se haya de construir Cuartel en que alojarlos, y otro para la tropa...*[181]

A lo largo de los años de prisión serán, efectivamente, los mismos presos los que construyan muchas de las edificaciones para alojamiento de las que dispone todavía hoy el arsenal y, en concreto, el presidio *de las cuatro torres.*[182]

El alojamiento de Cartagena fue, si cabe, peor que el de La Carraca; allí, un número similar de adultos y jóvenes fue alojado *provisionalmente* en varias galeras que se encontraban ancladas en las inmediaciones del establecimiento militar y dispuestas para ser desguazadas por inservibles, ya que España, en el año anterior, 1748, había eliminado de su flota este tipo de embarcaciones. Quince años después, en 1763, todavía seguían allí algunos de los penados.

Pero, además, este tipo de reclusión era, a todas luces, inseguro por lo que —después de sugerir un aplazamiento en el envío *pues no habiendo fuerte alguno en que colocarlos... será necesario emplear mucha tropa-* se ordenó *que todos han de detenerse en la mayor seguridad que sea posible con Grilletes, o*

181 Mº Helena Sánchez Ortega. Op. Cit. Págs.144 y 145.

182 Cfr. Pascual Madoz. *Diccionario Geofráfico, Histórico y Estadístico de España y sus posesiones de ultramar.* Art. CARRACA (LA). En edición facsímil de Andalucía, volumen CADIZ. Ámbito y Editoriales Andaluzas Unidas. Valladolid 1986. Pág. 190. Cuando Madoz lo describe, el arsenal de la Carraca estaba casi en ruinas. Sería a partir de 1850 cuando, con una gran obra de rehabilitación, volvería a estar en plenouso.

Cadena, y Guardia que conserven así estando enfermos en el hospital... [183]

En lo que concierne a las dudas sobre si servirían para los cometidos que se pretendían de ellos, se decía en un informe:

Es necesario interpolarlos con los trabajadores de jornal, para que vayan aprendiendo; considere V.S. cómo es posible que 200 o más, o menos Gitanos, flojos, y haraganes por su naturaleza, además de la fuerza con que vienen a estos trabajos, nada prácticos en los distintos del arsenal, suplan por los peones albañiles que han de hacer las mezclas, suministrar los materiales, y ayudar a mampostear con los oficiales; cómo suplirán por los peones de pala, que trabajan con el lodo hasta la cintura, los Gitanos con cadenas y grilletes, como es preciso estén; cómo podrán tampoco suplir a los que trabajan en recorridos de jarcia, así en tierra que en las embarcaciones y en las distintas faenas que se ofrecen, pues para todo esto necesitan estar prácticos y enseñados, y para todo era menester que todos estuviesen alojados en el arsenal.[184]

No tuvo, por lo tanto, nada de extraño que en el arsenal gaditano, donde según los documentos que nos aporta Gómez Alfaro acabaron concentrándose 1.193 gitanos, poco después del alojamiento se declarase un motín de cuya preparación y organización las autoridades no consiguieron sacar nada en claro ni siquiera con el tormento aplicado a un anciano de 106 años

Dado que todos los gitanos capturados en la ciudad de Sevilla estaban en La Carraca, este patriarca pudiera ser el trianero Baltasar Montes cuyos antecedentes militares como asistente de un coronel encontramos en el *Libro de la gitanería de Triana:* Balthasar Montes, el abuelo de una bailarina —o ¿ya, *bailaora* si nos atenemos a lo que veremos después?— era según el *Bachiller Revoltoso, el gitano más viejo de Triana, que sirvió con el Maestre de Campo, Don Francisco de Velasco setenta y tantos años antes en la nación flamenca que mues-*

183 Mª Helena Sánchez Ortega. Op. Cit. Págs. 147 y148.
184 Antonio Gómez Alfaro. *La gran redada...* Op. Cit. págs. 66 y 67.

tra la licencia con el nombre y el sello del dicho Maestre de Campo[185].
Pero nada de eso le había valido para librarse de la prisión.

La nulidad de las provisiones dadas con anterioridad de forma legal sale a relucir en multitud de ocasiones. Alfonso Lazo observa cómo, en Carmona, había gitanos *que poseían documentos justificativos de ser «castellanos viejos»...* y que en agosto de 1746 no habían sido molestados. *Sin embargo, cuando leemos la lista de los encarcelados y deportados en 1749 nos encontramos otra vez con sus nombres: sus «Reales Provisiones» no habían tenido fuerza para librarles del desastre.*[186]

Este mismo empecinamiento en acabar con todos, fueran castellanos «viejos» o «nuevos» se hace patente también en Málaga, donde, como dijimos de pasada anteriormente, en agosto de 1749, el mismo ayuntamiento sale en defensa de varias familias de herreros que se encuentran... *gozando el fuero de castellanos viejos por ser descendientes legítimos de los primeros que vinieron en compañía de los Señores Reyes Católicos, que están en gloria, y por sus buenos servicios que hicieron al tiempo de la conquista de este Reino les fue hecha la referida merced, fuero y privilegio de que antiguamente han gozado... todos los de sus familias por los apellidos de Heredia Montoya y Cortés... que nunca han sido procesados por la justicia ni cometido delito ni infamia... y han estado muy aplicados a su trabajo de tales herreros por lo muy útil y necesario que es en esta ciudad para las muchas herramientas gruesas que se gastan en labrar el crecido número de viñas...*[187]

Pero, al parecer, la prisión —al menos en esta primera etapa— fue algo de lo que ninguno —o sólo una ínfima minoría— pudo salvarse. En la ciudad de Córdoba, donde existían 45 familias gitanas censadas, la Prisión General tuvo que efectuarse, del mismo modo, sin ningún miramiento, ya que se llevó por delante a familias que llevaban registradas desde cinco generaciones antes en los libros parroquiales y a personas a las que, por tradición —al parecer, consta que lo

185 *Libro de la Gitanería de Triana.*- Op. Cit. folio 22.
186 Alfonso Lazo. Op. Cit. Pág. 13.
187 Antonio Gómez Alfaro. *La gran redada.* Op. Cit. Págs. 54 y 55.

mismo hacían sus abuelos—, se les encargaba, año tras año, llevar a cabo los preparativos de la fiesta del Corpus.

En Madrid, ciudad no incluida en los censos, fueron arrestados 90 gitanos y gitanas que, probablemente se encontraban allí con el objeto de pedir libertad para algunos de sus familiares. Como el plan de apresamiento no incluía la capital de España —ya que, teóricamente, allí no debería haber gitanos— y éstos no llevaban bienes que vender consigo, hubo que improvisarlo todo y recurrir casi a métodos de tiempos de guerra para conseguir que comerciantes y carreteros prestaran víveres y vehículos, consintiendo en quedar como acreedores del Estado.

LA ECONOMÍA MANDA Y EL GOBIERNO MODIFICA SUS PLANES

Ya en los preparativos inmediatos a la prisión debieron surgir discrepancias entre el Marqués de la Ensenada y el obispo presidente del Consejo de Castilla, dado que, algunos meses después, el ministro se enfrentaba con éste y lograba que fuera destituido de su cargo. La operación propiamente dicha y su desarrollo posterior fue, pues, ya casi desde el principio hasta su final, claramente ilustrada y llevada adelante por el propio Marqués y, quizás, con los planes del irlandés Word en la mano.

Como hemos visto en los relatos citados anteriormente, una parte de los arrestados comenzó a volver a Sevilla medio año después. Al juicio de Matute, en el siglo XIX, dando por concluido, prácticamente, el episodio se suma, en el nuestro, el de prestigiosos historiadores como Aguilar Piñal; no son, a mi entender, sino intentos inconscientes[188] de escon-

188 Esos intentos se han dado muchas veces a lo largo de la Historia de España; proceden casi siempre de personas progresistas que, en una situación de dominio de las ideas conservadoras, se ven empujadas a defender a

der la descarnada verdad: muchos, muchísimos, gitanos siguieron en las cárceles, en los arsenales y en esos guetos fabriles ciudadanos durante largos años. Los últimos —algunos cientos— fueron liberados en 1765, o sea, 16 años después de su apresamiento.

Los acontecimientos dramáticos se suceden y diversifican a lo largo de estos lustros y a lo ancho de la geografía de estas prisiones que van desde el Puerto de Santa María a Cartagena y desde Málaga a El Ferrol. A la vez, también hay muchos efectos de guerra civil, como las defensas o las denuncias que se dan en numerosas poblaciones.

Veamos detalladamente cómo continuaron dándose los hechos desde aquí a los tiempos posteriores:

En septiembre de 1749, el ministro Ensenada parece que comenzó a dudar de la efectividad de todas aquellas medidas y, además, quizás se diera cuenta de la incapacidad del Estado para seguir llevando adelante la operación de manera ordenada y sin costes gravosos. En esta tesitura, ordenó que se retuviera en las poblaciones de origen o intermedias a todos los gitanos que alegaban no serlo y que, *por secretos informes,* se averiguara si las declaraciones que hacían eran verdad.

Un mes después, el 28 de octubre, daba a la luz una *Instrucción* en la que descarga sobre los ejecutores materiales de las operaciones el error de no separar *a los malos de los buenos.* De ahí en adelante esa separación debería efectuarse mediante informes secretos de los vecinos y otros de los obispos y sus párrocos, aclarando que aunque aquellos que fueran *malos,* esto es, los *delincuentes, culpados, desobedientes, incumplidores, perniciosos y mal inclinados,* tuvieran documentos como ejecutorias, declaraciones o provisiones del Consejo, serían condenados a los trabajos forzados previstos

determinados personajes que, en su tiempo, representaron intentos de abrir caminos de renovación. Pero, en el historiador, la verdad debe estar por encima de cualquier partido y tampoco debe olvidarse la crítica como método de aprendizaje.

y, en caso de huir, arrestados de nuevo y condenados inapelablemente a la horca.

El texto íntegro de estas instrucciones lo recoge Mª Helena Sánchez Ortega[189] pero destacamos dos párrafos que resumen su sentido:

...Cuando el Rey (que Dios guarde) había creído dejar de una vez bien curados sus Dominios del antiguo contagio, con que la mala casta de Gitanos, por generación o maliciosa usurpación de este nombre tenía infestado a todo su Reino, se halla de repente con el dolor de ver perturbados los piadosos fines de su loable propósito, con agravio de la justicia, solo por el mal fundado concepto de los Ejecutores; y no debiendo consentirle exceso alguno culpable contra la Real mente: Manda S. M. que permaneciendo en su fuerza la deliberación sobre el recogimiento, y aprehensión de aquellos Gitanos, que no habían vivido con observancia de las Reales Pragmáticas, por haber faltado a algunos de sus Capítulos, los demás en quien se verificare el cumplimiento de ellas, sean puestos en libertad, supuesto que éstos nunca pudieron, ni debieron ser incluidos en dicha Real deliberación, por estar, como inocentes, libres de toda acusación, y pena.

Aunque este párrafo dejara, aparentemente, claras las cosas, el siguiente las volvía a hacer depender de la misma voluntad que había llevado a los gitanos a prisión:

Y para que esta declaración de S.M. que ha hecho necesaria la mano de las Justicias, no padezca el accidente de alguna equivocación en el hecho de separar los malos de los buenos: Manda igualmente S.M. que antes de poner en libertad a cualquier individuo de los aprehendidos, o recogidos, haga V. información secreta, acompañada de el informe del prelado, Párroco o Párrocos respectivos, sobre su vida y costumbres ...

Estas disposiciones, que sirvieron para que, meses después, pudieran regresar a sus casas muchos gitanos, eran, igualmente, de gran dureza para otros muchos que, en realidad, quedaban a merced de lo que de ellos dijeran veci-

---

189 Mº Helena Sánchez Ortega. Op. Cit. Págs. 112 y ss.

nos y autoridades eclesiásticas, ya que en el parágrafo VI de la Instrucción se decía explícitamente que quedaran en prisión aquellos de los que se informara no vivir con arreglo a las Pragmáticas, *aunque tengan Ejecutorias, Declaraciones,* o *Provisiones de Castellanos* viejos... Igualmente eran muy duras las disposiciones para con aquellos que pretendieran escapar, ya que taxativamente se decía que *al que huyere, sin más justificación, se les ahorque irremisiblemente.*[190]

Efectivamente, como decían nuestros informantes, cuando terminaba el año, hubo gitanos que comenzaron a volver a las ciudades de las que habían partido. La situación es desigual en según qué poblaciones. Mientras el 10 de enero de 1750 están ya en libertad todos los gitanos de Orihuela, el gobernador de La Carraca se queja de que, sin contar a 14 fallecidos, quedan todavía en aquellas instalaciones militares 645 de los que llegaron en agosto. El *Libro de la Gitanería de Triana* también nos da noticias de casos que habían tenido un final feliz y de otros que no; en los dos sentidos había personas, además, relacionadas con el mundo musical gitano:

...Otra gitana llamada Dominga Orellana y autora de danzas y con ellas va a los pueblos en las fiestas y este año de '50 ha cantado los villancicos en la Parroquia de Santa Ana. Otra gitana que llaman La Flaca que también es autora de danzas está ahora en la Corte para pedir la libertad de su marido y dos hijos que fueron a la Carraca el año pasado de '49 y no han vuelto con los que devolvieron.[191]

---

190 Mº. Helena Sánchez Ortega. Op. Cit. Págs. 115 y ss.

191 *Libro de la gitanería de Triana.* Op. Cit. folio 23. Esta gitana, seguramente, cantó estas coplas en el aniversario de la Prisión General pues esos villancicos de Santa Ana no serían de Navidad sino las coplas de la festividad de la madre de la Virgen María. Justino Matute, en su libro *aparato para escribir la Historia de Triana y de su iglesia parroquial* (Colegio Oficial de Aparejadores y Arquitectos técnicos de Sevilla. Sevilla 1988. Pág. 36) nos dice que en esta fiesta —26 de julio— *también había villancicos, que se imprimieron hasta el año de 1766.* Luego, en sus *Anales,* al tratar de los sucesos acaecidos en el año 80, nos regala la siguiente y sorprendente noticia:

Esto mismo parece ser lo que sucedió en Córdoba: que pocos fueron los gitanos que recobraron la libertad en estos momentos. Sabemos que dos niñas, de 18 meses y 5 años, respectivamente, Manuela y Agueda de los Reyes, murieron, mientras sus madres estaban presas, en el castillo de la Calahorra, en la orilla exterior del puente romano de la ciudad.

El desarrollo de estos informes tuvo que ser lento: en Sevilla, por ejemplo, donde la prisión de los gitanos no sólo no había aminorado el numero de desocupados, pobres de solemnidad y enfermos vagabundos sino que éstos habían aumentado, se pide al rey la creación de ese hospicio del que hemos hecho mención antes y en el que todavía estaban presas las gitanas que no habían sido reclamadas desde sus pueblos de origen. El 13 de julio de 1750 se encargó a Don Raimundo de Sobremonte estudiar un plan y es él quien nos da, sin querer, la descripción de esta cárcel.

Por los mismos meses se había presentado en la Corte un problema adicional: se habían congregado allí tantos gitanos en espera de obtener la libertad de sus familiares que, de hecho, se había creado en Madrid una de las mayores concentraciones gitanas de toda la península. Ya hemos visto que el bachiller trianero nos da cuenta de una de esas personas.

La cuestión de los retrasos en los *informes* o la del carácter negativo de los mismos estribaba, muchas veces, en el de las posesiones y pertenencias de los condenados. Era más probable que continuaran en prisión los más integrados en la sociedad y aquellos que poseían algunos bienes, mientras encontraban menos dificultades para conseguir la libertad

---

Antiquísima costumbre era de esta Santa Iglesia —se refiere a la diócesis sevillana—cantar *villancicos en las principales festividades de los santos, que eran ciertas coplas con sus estribillos en idioma vulgar, en que en estilo sencillo se elogiaban sus virtudes; mas esta sencillez luego degeneró en grosería, y los negros, los gitanos y otros personajes de su talla hacían un distinguido papel, principalmente en los de Nochebuena. El vulgo tenía en esto gran placer, aunque a las gentes sensatas repugnaban...* (Op. Cit. Tomo III. Pág. 10.

los que no tenían propiedades. A ello se refería el intendente de Cartagena cuando, a finales de julio de 1750 escribía a Ensenada diciéndole que sus presos no tenían esperanza de libertad no fuera a ser que, al alcanzarla, pidieran lo que era suyo. Añade que la mayor parte de los liberados son los gitanos más pobres:

Desde que se mandó a las Justicias enviasen justificaciones de aquellos Gitanos que vivían arregladamente, en sus vecindarios para que obtuviesen libertad, y volviesen a establecerse en ellos bajo las reglas prescritas en la citada Instrucción se ha experimentado, que la mayor parte de los absueltos hasta aquí han sido los más pobres a quienes la infelicidad y su naturaleza ha hecho escrupulizar ser de tan buenas costumbres como han asegurado, y creen que la mayor parte de los que hoy se mantienen aquí no han logrado el mismo indulto por las voces que ellos mismos esparcen, pues habiéndose dignado el Rey usando de su real benignidad mandar que se les restituyan los bienes y efectos que quedaron en poder de las mismas Justicias al tiempo de su aprehensión publican sin rebozo alguno su ninguna esperanza de libertad porque con ella no pidan lo que era suyo...[192]

Casi como si se tratara de un calco de todos estos argumentos, las palabras del intendente del arsenal gaditano de La Carraca, que escribe a Madrid el 14 de septiembre del mismo año, fluyen en el mismo sentido: *los presos atribuyen su permanencia al deseo de quedarse con sus bienes las Justicias*[193].

Efectivamente, con el asunto de la devolución de los bienes hubo de todo. Gómez Alfaro nos suministra noticias de diversas *soluciones,* tales como devolver sólo una parte, deducidos los gastos ocasionados por la conducción hasta la cárcel, y comenzar un largo pleito para ver qué sucedería con las demás pertenencias, o restituir a los que volvían el dinero que se había obtenido de la venta de sus bienes... Soluciones todas en las que lo único en claro era que los gitanos liberados debieron comenzar, fatigosamente, a reconstruir sus vidas.

---

192 Mª Helena Sánchez Ortega. Op. Cit. Págs. 149 y150.

193 Antonio Gómez Alfaro. *La gran redada...* Op. Cit. Pág.92.

Entre los que quedaron en las prisiones cundió, como es lógico y como nos dicen los documentos, la desesperanza y se produjeron no sólo motines sino también toda clase de altercados y tentativas de evasión. En Cartagena, 16 presos habían intentado el día 22 del mes de julio una de éstas que se saldará con el apresamiento, tras fuerte resistencia, de 15 de ellos: todavía llevaban los grilletes en los tobillos. El gobernador del arsenal, sin embargo, no los ahorcó tal como prescribían las *instrucciones,* basando su decisión en que no habían terminado los informes y si *se reconocen indemnes de la pena es disculpable el intento de su fuga, y digno de la Piedad de S.M. en cuya soberana inteligencia suplico rendidamente a V.E. se sirva ponerlo y advertirme su Real resolución para el acierto que deseo.*[194]

Tenemos noticias de otras dos fugas de las galeras en desuso en las que se alojaban los gitanos, con pocos días de intervalo: una a finales de junio, de la que no conocemos el número de fugados y que acabó prontamente, y otra, unas semanas después —en los mismos días de la que llevaron a cabo los dieciséis hombres— protagonizada ésta por cinco reclusos que a finales de mes no habían sido hallados todavía por las fuerzas militares de tierra. En ambos casos se piden desde el arsenal instrucciones para ver qué hacer con estos penados.[195]

LOS DIENTES DE LA MÁQUINA. LA OPERACIÓN CONTINÚA POR TIERRA Y POR MAR

A pesar de que la situación se hubiera *dulcificado* en cierto modo y aunque podamos suponer que tras esa mano blanda del gobernador para no condenar a muerte a los fugados

194 Mº. Helena Sánchez Ortega. Op. Cit. Págs. 149 y 150.
195 Mº. Helena Sánchez Ortega. Ibidem. Págs. 150, 151 y152.

hubiera sobornos u otras medidas de los gitanos del exterior, la maquinaria administrativa no dejaba de trabajar, poniendo en práctica todo aquello que había sido dispuesto en la orden de Prisión General. Así, en 1751, llegaban a Cartagena, procedentes de Málaga, 25 muchachos que habían cumplido la edad prescrita para ser separados de sus madres (aunque por algunos indicios —a varios de ellos no se les señala la edad— las madre habrían intentado ocultar los años para retrasar la separación).

En los primeros días del año siguiente, 1752, tiene lugar una gran operación logística: del arsenal de La Carraca, en San Fernando, parten tres barcos con el rumbo puesto hacia Galicia. Son, según nos cuenta Gómez Alfaro, la polacra francesa *Nª Sª de Monserrate,* la fragata inglesa *Reina de España,* y la sueca *Esperanza;* un documento del gobernador de la plaza de Cádiz al Marqués de la Ensenada nos da algunos detalles:

En consecuencia de las órdenes de V.E. se han hecho a la vela hoy de este puerto para el de Ferrol, el Navío sueco La Esperanza, su capitán Juan Gebhad, la fragata Inglesa La Reina e España, su capitán Carlos Flin y la polacra Francesa La Virgen de Monserrate, su capitán Sprit Barralier, fletados por cuenta de la real Hacienda conduciendo a sus bordos el número de Desterrados, vagabundos y gitanos, que explica la relación adjunta, y que paso a manos de V.E. con destino a las obras de aquel arsenal y de acuerdo con el Marqués de la Victoria pasa con ellos de escolta la tropa de Marina que en pie de la misma relación se expresa.

No va más gente de las tres clases de los referidos Buques, respecto de lo que ocupan los víveres y porque llevando (como llevan) muchos de ellos sus provisiones hagan el viaje con algún desahogo, lo que me ha obligado a fletar otra fragata que conduzca al expresado Puerto otra porción, así para los que van ahora en los tres buques como para dejar más desahogado el Arsenal, bastante ocupado de nuevo con los turcos y moros que se han puesto en él, y los vagabundos que frecuentemente van llegando de las cajas... Cádiz, 11 de enero de 1752.[196].

El hecho del transporte en barcos con bandera extranjera puede sonarnos «raro», pero era algo muy habitual en aquellos tiempos en los que España aún no se había recuperado de la pérdida continuada de navíos acaecida en la segunda mitad del siglo XVII y tenía dificultad para encontrar buenas maderas. Sin acudir, primero, a armadores extranjeros que operaran bajo pabellón español y, más tarde, a barcos con bandera de otros países, no podría haberse hecho frente a todos los compromisos que España seguía manteniendo. El asunto ha sido estudiado por Mervyn Francis Lang[197].

No sabemos el número exacto de gitanos que transportaron las tres embarcaciones ni, tampoco, de cuantos se compuso la expedición adicional que se anuncia en la carta; solamente que, tras una semana de navegación, llegó a El Ferrol la nave de bandera inglesa con 166 gitanos y 250 condenados por vagos. Todos ellos serían destinados a trabajar en la construcción de diques.

Ya entrado febrero, los otros dos barcos, después de una travesía muy penosa, llegaban también a Vares y La Coruña, respectivamente, *muy maltratados y con bastante disminución de gente, por el gran temporal que en su navegación han padecido*[198]. Al parecer, además de estas bajas, se habían producido otras muchas en la fragata *Esperanza* a causa de una epidemia. Es de suponer, lógicamente, que, por las condiciones del viaje, muchas de esas víctimas fueran gitanos que, en palabras de Gómez Alfaro, *no tuvieron otra sepultura que las frías aguas atlánticas.*

---

196 Mº. Helena Sánchez Ortega. Op. Cit. Pág. 141.

197 Ver *Las flotas de la Nueva España (1630-1710) Despacho, Azogue, Comercio.* Muñoz Moya editor. Sevilla 1998. En especial, en la parte 1n, el capítulo La Construcción naval. Págs. 75 y ss. Como queda indicado en diversas partes de este trabajo, la Prisión General de los gitanos pudiera estar motivada en parte por esta necesidad de reanudar aceleradamente la construcción naval.

198 Ibídem. Pág. 103.

Los viajeros que desembarcaron de las dos naves sumaban 262, entre soldados y presos, y cabe pensar que fueran todos o la mayor parte de los gitanos que quedaban en La Carraca después de haberse abierto —y cerrado— el período de informes de las respectivas poblaciones de las que procedían. Así parece confirmarlo ese párrafo de la carta anterior que habla de la nueva mano de obra *turca y mora,* llegada a la Carraca.

En Galicia, al parecer, había más necesidad de mano de obra porque en aquellos momentos se procedía a reforzar y ampliar las instalaciones; sea por la necesidad, sea porque los gitanos ya formaran una mano de obra adiestrada, el caso es que no se produjeron las anteriores protestas de las autoridades de marina. Los gitanos andaluces se unieron a otros que ya estaban allí, procedentes de comarcas más cercanas a Galicia, como era el caso de Santiago Rodríguez que, detenido cuando contaba tan sólo 9 años de edad, presenta en 1763 —14 años después, por tanto— una petición de indulto que le libre *de la dura esclavitud en que se ve con imponderables pensiones de tormento, roto y desastrado en el penosísimo arresto, rodando por el suelo sin tener más cama que él para el descanso de su cuerpo...*[199]

NACE LA PRIMERA HERMANDAD DE LOS GITANOS

Antonio Gómez Alfaro destaca en su libro la importancia de este año para la Historia de la Prisión General, pero, además, estoy convencido de que, para los gitanos de Andalucía en general y, particularmente para los de Sevilla, 1753 será un año crucial por varias razones.

Efectivamente, la legislación española de aquel tiempo imponía una pena de cuatro años de prisión para aquellas

199 Antonio Gómez Alfaro. *La gran redada.* Op. Cit. Pág. 107.

personas que eran condenadas por vagancia a los mismos o parecidos destinos que lo habían sido los gitanos. Es de suponer, por tanto, que todos aquellos *vagos* no incursos en la orden de Prisión General y que, por los motivos que fueran, habían sido apresados y encarcelados también en los meses del verano de 1749, saldrían en libertad, mientras los que habían entrado en prisión por su condición étnica o *cultural* continuarían allí.

El hecho de cumplirse el cuatrienio fijado por la ley debió mover a muchas de las familias de los presos, y a muchos de estos mismos, a pedir el indulto. Pero las peticiones no sólo se limitan a estas personas directamente relacionadas con la cárcel, sino que, a la vez, son varios los ayuntamientos que se unen a las mismas e, incluso, algún gobernador, como el de Cartagena, ya que escribe a las autoridades superiores que los gitanos continuaban en prisión *sin saber cual sea su delito, y siendo dicho tiempo el que se ha prescrito a los demás vasallos de V.M que se han comprehendido por vagabundos.*[200] Aunque en algún caso se logra la exclaustración, sólo el silencio sigue a la mayoría de las instancias.

Creo que es en estas circunstancias dramáticas donde hay que colocar, este año, la voluntad y el hecho de la erección en el barrio de Triana de la Hermandad y Cofradía de Nuestro Padre de la Salud y María Santísima de las Angustias por los gitanos como organización expresa de *castellanos nuevos.*

En las historias mitológicas que rodean habitualmente el origen de estas instituciones no se suele decir nada de esto, y en algunas de las académicas puede llegarse, incluso, a plasmar más de un prejuicio, dando por sentado que solamente los gitanos —y nadie más— fundaron su hermandad por conveniencia y que, por tanto, esta efemérides tiene tintas de premeditación y alevosía.

Por ejemplo, un historiador del fuste de Francisco Aguilar Piñal se permite hacer juicios como éste: *Escarmentados por las*

200 Ibidem Pág. 98.

anteriores medidas, y continuando la política de halago a los sentimientos monárquicos y religiosos del pueblo sevillano, tuvieron la feliz idea de fundar una cofradía de penitencia que les hiciese aparecer como fervorosos cristianos[201]. Esas aclaraciones y alusiones son decididamente tendenciosas. Por los mismos o parecidos motivos se habían fundado otras muchas cofradías en el siglo anterior en todos los estamentos, desde los más altos a los más bajos. No sé cómo alguien puede saber, dos siglos después, cuales eran realmente los sentimientos de los fundadores, esto es: si eran cristianos o querían parecerse a los cristianos. En todo caso, tampoco se hace con los demás institutos.

De los siglos XVI y XVII tenemos muchas noticias sobre cofradías formadas por presos, por ejemplo, las que nos suministra Cristóbal de Chaves en su opúsculo *La cárcel de Sevilla*[202]. Pero, en el siglo XVIII y en medio de la Prisión General de los gitanos, la carta de un oficial de marina del arsenal de la Carraca —recién llegados allí los de Sevilla en 1749— nos deja muy claro que esa práctica proseguía en los estamentos más necesitados de organizaciones desde las que defenderse:

...solo añadiré en esta (la Carraca) lo dificultoso que hallo en que los Muchachos Gitanos de más de 7 años se apliquen a aprender oficios de los que aquí se usan, no hallando otros que los de Carpintero y Calafate y estos tienen Ley establecida entre ellos en la Hermandad de sus Patrones de que no han de admitir en su gremio ninguna mala casta de Gente sino que hayan de ser Cristianos Viejos... no habiendo sido posible jamás... hacerles admitir algunos mozos descendientes de mulatos, u otros semejantes el poderlo conseguir...[203]

---

201 Francisco Aguilar Piñal. Historia de Sevilla. Siglo XVIII. Universidad de Sevilla. Colección de bolsillo. Sevilla 1982. Pág. 140.

202 Cristóbal de Chaves. *Relación de la cárcel de Sevilla.* En Rafael de Cózar. *Cuerda andaluza de pícaros, murcios y embaucadores.* Biblioteca de la Cultura Andaluza. Vol. 33. Editoriales Andaluzas Unidas. Barcelona 1985. Págs. 45 y ss.

203 María Helena Sánchez Ortega. Op. Cit. Pág. 142.

Las cofradías respondían al espíritu religioso del siglo anterior, el XVII, que Arsenio Moreno[204] ha definido con exactitud como la mezcla de sentimientos, mitad místicos, mitad vitalistas, en esa Sevilla que encuentra el gozne para pasar de un siglo a otro en Miguel de Mañara. Allí, la pobreza era, a la vez, un mal y un bien y Dios, que intervenía en todo, un padre y un vengador. En las cofradías siempre estuvieron unidas la necesidad material y la necesidad espiritual.

Tenemos muchos indicios y testimonio de la pertenencia de gitanos a distintas hermandades. Por ejemplo, entre los documentos que en sus primeros días originó la orden de Prisión General, Antonio Gómez Alfaro ha hallado una reclamación de gitanos de Madridejos y Tembleque, encarcelados entonces en Toledo, donde, entre otras cosas, dicen: *...Lo cuarto que por los buenos procederes de los suplicantes han sido y sus ascendientes fundadores, cofrades y mayordomos de las cofradías y hermandades de Nuestra Señora del Buen Suceso, la del Milagro, y la del Rosario y las del Santísimo Cristo de la Misericordia y el del prado, sitas en las parroquias de las dichas villas.*[205]

Aunque la constatación del hecho sea posterior a la prisión, pero derivado directamente de la pragmática de Carlos III, tenemos otro ejemplo aún más ilustrativo: el de una hermandad gremial en Málaga que agrupaba a *el gremio de herreros con el nombre de obra prieta que se componían los llamados gitanos con advocación a San Sebastián...*[206]

La *Hermandad de los Gitanos* de Triana es un hecho nuevo y que corresponde plenamente a la adopción de las ideas ilustradas por parte de los estamentos populares. De la misma manera que Pepe Hillo da a su oficio de matador de toros el calificativo de *científico,* la creación de la hermandad de los *castellanos nuevos,* a parte de una organización de religiosi-

---

204 Arsenio Moreno. *Mentalidad y pintura en la Sevilla del Siglo de Oro.* Electa. Madrid 1997.

205 Antonio Gómez Alfaro. *La gran redada* ... Op. Cit. Pág.51.

206 Mª. Helena Sánchez Ortega.Op. Cit. Pág. 241.

dad popular como tantas otras, fue un intento de solución al problema de la indefinición de la vagancia de la que los gitanos eran continuamente acusados. Precisamente, uno de los argumentos esgrimido por los herreros trianeros, en el año 1758, en otro pleito con los herreros de Sevilla, es el de que los herreros *castellanos* no tienen *hermandad ni cofradía donde poderse congregar.*

La cofradía es, por tanto, también una forma más de *organización gremial* en forma de hermandad de penitencia. No se trataba, pues, de pertenecer individualmente a una corporación, sino de tenerla específicamente como grupo. Seguramente con anterioridad —hay indicios de ello en el manuscrito del bachiller— había gitanos que pudieron pertenecer a otras cofradías trianeras como la de la Virgen de la Encarnación, que entonces tenía su sede en lo que hoy es el convento de las Mínimas, precisamente en el tramo de la que hoy se llama calle Pagés del Corro, conocida entonces y hasta hace poco como *Cava de los gitanos,* y cercano al astillero de Triana y al *puerto camaronero.*

Los intentos de integración en los mecanismos de la sociedad de su tiempo venían de más atrás; en los últimos años del reinado de Felipe V, los herradores, esto es, los que conocían el oficio de herrar a las bestias, habían comparecido por sí mismos como *diputados del arte liberal, noble y científico* (el mismo calificativo, como decimos, que después utilizará Pepe Hillo para la profesión del torero en su *Tauromaquia*[207]) *de albéitares herradores* y en el mismo defendieron la importancia del trabajo que realizan los gitanos que trabajan con ellos en estas faenas.

Los albéitares afirman que entre los gitanos que residen en las adyacencias de esta ciudad ... hay muchos de ejercicio herrajeros,

207 Estos eufemismos intentaban esconder la infamia por la pertenencia a profesiones consideradas como innobles en tiempos pasados. José María Blanco White nos dice en su *Carta 2ª* que constituía *casi un insulto llamar a un hombre herrero, carnicero* o cochero. Todos *ellos esperan ser llamados por su nombre de pila* o *por el general de* maestros, *pero siempre precedidos en cualquier* caso *del tratamiento de* señor.

que con su aplicación e industria labran en sus casas y oficinas todo el herraje y clavos que se necesita para el consumo y abasto del tráfico de esta ciudad ...

Sin embargo, oficialmente al menos, una cosa era necesitar servicios y otra admitirlos en el gremio. Aguilar Piñal, en su *Historia de Sevilla. Siglo XVIII*[208], hace observar cómo, en 1769, ese mismo *Arte* exige que *sus individuos no enseñasen esa facultad a ningún descendiente de gitano,* pero, a mi modo de ver, eso no quiere decir necesariamente que entre los albéitares no los hubiera, o que esa no fuera una fórmula para salvar de la infamia a los que ya estaban acomodados en ella. La historia de las hermandades, comenzando por la de San Hermenegildo, antecesora de la misma Maestraza de Caballería, está llena de estos casos.

Por su parte, y al mismo tiempo, algunos vecinos gitanos de Triana —mediante Procuradores[209]— alegan, para salvarse de la condición de gitanos que son... *nacidos, bautizados en esta ciudad y como tales naturales de ella, viviendo con toda buena orden..., aplicados a sus oficios de herrería y otros, contribuyendo a la Magestad ... con todo buen ejemplo en aplicación a las iglesias, empadronándose en los debidos tiempos...*[210]

Parece ser que la ayuda mutua entre albéitares y gitanos consiguió lo que éstos se proponían, aunque Torcuato Pérez de Guzmán, autor del estudio que cita el caso, opina que fue a costa de que los gitanos asentados rompieran la solidaridad agnaticia con los gitanos *andarríos* o trashumantes. Efectivamente, la Pragmática Real de 1738 imponía severas medidas a los que no tuvieran domicilio fijo y a los que no ejercieran oficio conocido, pero todo esto no era algo nuevo.

El tono de esta declaración es muy parecido a otra que, por estas mismas fechas, enviaron al Rey los cocheros, agrupados en la cofradía sevillana de las *Tres caídas,* de la iglesia

208 Op. Cit. Pág.140.

209 Todavía hoy, una calle de Triana, perpendicular a la de Castilla, sigue llevando el nombre de *Procurador.*

210 Torcuato Pérez de Guzmán. Op. Cit. Págs. 73-74.

de san Isidoro, y que está tomada como ejemplo del quehacer *sindical* de las hermandades por Antonio Domínguez Ortiz: los de esta profesión mantienen un pleito para que les sea reconocida la honorabilidad de la profesión, precisamente por la circunstancia de haber sido autorizados sus componentes a tener hermandad. En la contestación, favorable, se reconoce la profesión como integrante de los oficios *mecánicos y operarios*[211].

Creo que hay que continuar insistiendo en lo novedoso del carácter étnico o social de la corporación. No son ya los individuos de un oficio los que se guarecen bajo un paraguas organizativo que necesitaba para su constitución el permiso del arzobispo, del Consejo de Castilla y de otras instituciones; tampoco quieren adquirir cartas de *castellanos viejos* que, a la postre, no les habían valido para librarse de la prisión, sino que se presentan claramente como *gitanos con oficios,* confiando en que la misma administración rechazaba la antigua división entre profesiones con fama e infames cuando, en las instrucciones para la reconducción de la Prisión General, decía que, a los que vivían según las pragmáticas, no se les privara *de aquellos oficios serviles ni mecánicos que lícitamente pueden usar, y ejercer los demás Vasallos...*[212]

Resulta asimismo, cuanto menos, sorprendente, la creación, en el año 1748, de otra hermandad: la del Cristo de la Salud (el mismo título que el de los gitanos) y la Virgen del Patrocinio (después la del Refugio) en otro arrabal —también de gente «sin papeles» o con pocos, o nulos, antecedentes— el de San Bernardo. La fundan, según la crónica oficial, unos niños, pero resultaría incomprensible la inmediata adscripción a ella de una multitud de vecinos si no tuviéramos en cuenta las circunstancias de necesidad de *documentos* que

211 Antonio Domínguez Ortiz. «Aspectos sociales de las cofradías sevillanas». En *Sociedad y mentalidad en la Seuilla el Antiguo Régimen.* Biblioteca de temas sevillanos nº 0. Ayuntamiento de Sevilla. Sevilla 1979. Págs. 127 y ss.

212 Mª Helena Sánchez Ortega. Op. Cit. Pág. 116.

se produce en estos años. De muchos detalles se desprende que, detrás de su fundación, existen mentes frailunas.

Volvamos, pues, al año 1753 y a las circunstancias de la fundación de la cofradía de penitencia de los gitanos. De las historias que sobre el particular pueden consultarse, la de mayor rigor histórico, erudición y menor compromiso con circunstancias políticas concretas del siglo XVIII o del XIX (otra cosa es su adscripción a la mentalidad paternalista, de línea conservadora, tan frecuente en los años posteriores a nuestra guerra civil), es la de Santiago Montoto, *Cofradías Sevillanas*[213]*.El* capítulo dedicado a esta hermandad comienza, precisamente, poniendo su creación en relación directa con la Prisión General:

Las prisiones que en el año 1749, cumpliendo orden del Rey, sufrieron los gitanos de Sevilla y el extrañamiento más tarde de la ciudad y confiscación de sus bienes, determinaron en el vecindario un movimiento de piedad hacia ellos...

Asociados los gitanos con el sentir popular de Sevilla y procurando identificarse con ella, por la conmiseración con que fueron tratados en la época de su persecución, quisieron formar también su Hermandad y cofradía de penitencia para celebrar cultos públicos y hacer estación en la Semana Santa. Las dificultades que encontraron los llamados castellanos nuevos fueron grandísimas, consiguiendo al fin, en el año 1753, merced a Sebastián de Varas, individuo muy calificado de los de la «sangre de reyes», organizar una cofradía donde se agruparan todos los de su raza, a semejanza de como lo hacían los gremios y los hombres de color.

La autoridad eclesiástica aprobó los reglamentos para la nueva cofradía, en 7 de diciembre de 1753, la cual dio con la dificultad de no hallar iglesia donde establecerse, pues los frailes del convento del Espíritu Santo, en Triana, que les habían prometido recibirla en la suya, se negaron a ello. Tras no pocos trabajos, la nueva cofradía fue recibida por la

213 Santiago Montoto. *Cofradías Sevillanas.* Introducción, comentarios y notas por Enrique Esquivias franco. Universidad de Sevilla. Colección de bolsillo. Sevilla 1976.

comunidad de los Agustinos de Nuestra Señora del Pópulo, cerca de la Laguna, donde, precisamente, radicaba en esa época el mayor número de castellanos nuevos.[214]

He subrayado el último párrafo para recordar que, en páginas anteriores, hemos visto cómo en esos años todavía quedaban presas en el barrio cientos de gitanas con sus hijos menores, al no haber sido reclamadas por informes favorables de las poblaciones de las que procedían. Pero también hay que tener en cuanta —como un argumento más para la creación de la hermandad de ese Señor de la Salud que los salvase que, ante la salida en libertad de algunos de los presos, precisamente en 1753, comenzaron a reproducirse de nuevo las quejas sobre los delitos atribuidos, real o supuestamente, a los que habían abandonado la prisión.

De ellos se queja, por ejemplo, el cura de Villarrobledo y otros, proponiendo nuevos repartos por pueblos —esta vez, con sólo una familia por población—, o destierros con exención de aquellos que *sólo lo son por la desgracia de su nacimiento,* a los que únicamente son hijos de madre gitana, a los que poseen bienes, a los que eran útiles a la res pública... Pero, desde instancias mucho más elevadas, desde la misma fiscalía del Estado, Campomanes emitía juicios implacables:

Los que han quedado en libertad, continuamente están inquietando sin otro oficio, que el robo, y los cambios de caballerías en las ferias, y otros que les son prohibidos: sin que las justicias puedan, ni se atrevan a remediarlos, hasta que por cómplices en algún particular delito los prenden, y castigan las Salas Criminales, concluyendo no hallar arbitrio para que se pusiesen en libertad, porque su ejercicio no ha sido otro que el de vagantes y ocuparse en latrocinios.[215]

---

214 Santiago Montoto. Ibidem Págs. 154 y 155. El convento del Espíritu Santo estaba situado en un edificio que se extendía desde la actual calle Betis hasta las inmediaciones de la calle Pureza. Con respecto a la Laguna, veremos más adelante cómo en aquel paraje, a parte de estar situada la prisión de mujeres, se fue asentando una población variopinta de la que no estarían muy alejados nuestros gitanos. No en vano, al barrio se le llamó *de la Cestería.*

215 Antonio Gómez Alfaro. *La gran redada...* Op. Cit. Pág. 95. Campomanes fue siempre un defensor de la línea dura con los gitanos y, a la vez, uno

Quizás, un buen número de los gitanos que aún permanecían en prisión no volviera pero la Cofradía quedaría ya, permanentemente, como un nuevo hilo que uniría a los gitanos de Sevilla con la ciudad y con la sociedad sevillana.

LOS LENTOS AÑOS HASTA LA EXCARCELACIÓN

Al año siguiente, 1754, agotados los argumentos de los cuatro años que las leyes marcaban para los vagos, vuelve a insistirse desde muchos de los lugares de origen en las peticiones de libertad. Entre los nuevos argumentos de los familiares se exponían algunos en íntima conexión con las convicciones acendradas que, sobre la virginidad y la unión familiar, se desprenden de la mentalidad de los demandantes: los de que *las separaciones familiares daban golpes en la religión cristiana y ocasionaban el quebranto de sus mujeres e hijas.*

Aparte de los condenados en las instalaciones navales gallegas, que —como hemos visto— eran varios cientos, quedan en Cartagena 193 hombres y 83 muchachos; en Alicante, 18 varones y, en Valencia, 470 mujeres, que, contra todas las previsiones ilustradas de educación por el trabajo, no hacen nada:

... sin que de ellas se saque utilidad alguna, mantenidas de la Real Hacienda con préstamo y pan ... y cama para dos; el encierro y la ociosidad las hace peores de lo que son, riñendo unas con otras, y ocupando tropa, y dependientes del alcaide, que cuida de ellas, para evitar la fuga, que varias veces han intentado.[216]

En esta situación confusa, se toman medidas arbitrarias, o que así lo parecen, aunque quizás respondan a planteamientos bastante calculados. Por ejemplo, a veces, los padres

de los valedores de la necesidad que España tenía de dotarse de fuertes instalaciones navales. Posiblemente, por ello, pensara que eran en los astilleros y arsenales donde debían estar los gitanos.

216 Antonio Gómez Alfaro. Op. Cit. Pág. 98.

son indultados mientras los hijos permanecen en prisión. Posiblemente, ello obedeciera a esos deseos de encontrar una mano de obra de mayor calidad, rechazando, por tanto, aquella de hombres a los que los años han vuelto más débiles o que eran incapaces de recibir y asimilar un aprendizaje.

Esto es lo que parece desprenderse del envío al arsenal de Cartagena, en 1755, de 40 muchachos que, presos en Valencia con sus madres, han llegado a la *edad laboral*, marcada para el comienzo de un período trianual de aprendizaje —12 años— por la orden de 1749 que reconducía las condiciones de la prisión (recordemos que, con anterioridad, la edad se fijaba en 7 años).

Mientras tanto, en las fábricas de lona de esta ciudad murciana, a las gitanas no se les entrega ya más cáñamo para hilar, por lo que su situación pasa a ser similar a la que se pintaba para las de Valencia.

En otras prisiones se pone en libertad a los vagabundos, pero se ordena que permanezcan en reclusión los gitanos. Todo se vuelve, por tanto, más y más confuso, hasta llegar el caso de dar libertad a 4 encarcelados que —posiblemente dándose cuenta de que el terremoto de 1755 que, afectando desde Lisboa hasta Huelva y Sevilla, habría destruido muchos documentos— alegan ser portugueses de Faro.

Pero, a pesar de estas pocas excepciones, se persiste en la línea dura que reflejaba el pensamiento de Campomanes. El 16 de agosto de 1755, por ejemplo, se pone en libertad a todos los vagabundos que se encuentran hospitalizados en Cartagena, mientras se ordena que permanezcan allí los que son gitanos.

Esta sería la tónica que se llevaría adelante en tiempos sucesivos, porque en el año 57, a la petición de indulto de un gitano que *padece la enfermedad de echar sangre por la boca según tiene reconocido este cirujano,* se contesta con una negativa. Todo debía seguir igual, es lo que responde el secretario de Marina al intendente de La Carraca cuando éste, nuevo en el oficio, pregunta si podían considerarse válidas las reclamaciones de presos que seguían efectuando algunos pueblos.

De esta manera, con todos los planes originales enmarañados, se entra en la década de los sesenta, en la que los presos que quedan van a ir, poco a poco, perdiendo toda esperanza, aunque haya algunos casos en los que se insiste en el indulto y, a pesar de las órdenes anteriores, se les de curso.

Estos episodios, repetidos por toda la geografía española, debieron ser para la administración ilustrada una lacra, sentenciada por las propias palabras de Carlos III que, al leer el borrador de su célebre Pragmática, señaló a sus consejeros la conveniencia de obviar la mención a las órdenes emanadas durante el reinado de Fernando VI, ya que lo que entonces se hizo *hace poco honor a la memoria de su amado hermano.* El 16 de junio de 1763 el rey disponía que se concediera el indulto a cuantos quedaban presos con motivo de los sucesos de 1749. Aunque quedara mucho camino por recorrer para que los presos recobraran la libertad, quizás no todo se debiera a la buena voluntad de un monarca.

Once meses antes, en agosto de 1762, el comisario del arsenal de El Ferrol enviaba a Madrid una carta proponiendo la liberación de todos cuantos gitanos quedaban allí ya que no eran más que *viejos, estropeados y achacosos, que imposibilitados absolutamente de todo trabajo, andan continuamente en los hospitales, causando siempre sin provecho gastos de manutención y curación.*[217]

Esta carta motivó que en el Ministerio de Marina se interesaran por el asunto y pidieran al regidor del arsenal de El Ferrol más datos. A vuelta de correo, dice Gómez Alfaro, llegaron dos relaciones: una de 24 presidiarios y vagabundos, y otra, de 43 nombres a cuyo margen estaba escrita la frase *por meramente gitano.*[218]

Recibidas éstas, se pidieron otras a los demás establecimientos navales de España y el revuelo motivó que se reno-

217 Antonio Gómez Alfaro. *La gran redada.* Op. Cit. Pág. 111
218 Ibídem.

varan las peticiones de indulto: los de Cartagena se expresaban así en la petición, recordando el fatídico año de 1749:

En dicho año, a la hora de la una y dos de la noche, fuimos presos hombres, mujeres e hijos, cuantos se hallaban en la católica España... y de ser vasallos de nuestro rey y señor... nos habíamos convertido en judíos contra ambas Majestades.

En la carta se hace mención a la liberación de gitanas que habían estado presas en Valencia sin que, documentalmente, podamos comprobar en qué momento se había producido este hecho.

Las listas que se remiten a Madrid incluyen, en Cartagena, a 85 individuos, de los tan sólo uno no es gitano. De ellos, 28 estaban casados y, de estos, varios habían conseguido permiso para que sus mujeres vivieran en localidades cercanas. En la Carraca, en cambio, tan sólo permanecía un gitano (lo que confirma que todos, o la mayoría de los que estaban allí eran los que habían sido enviados a Galicia) que, además, había sido liberado y vuelto a encarcelar por haber cambiado de domicilio. Consecuente con esto, de la Graña, en Galicia, se recibió en Madrid una relación de 79 nombres de los cuales 70 eran andaluces.

Por tanto, en las instalaciones navales tan sólo quedaban 165 hombres cuyo trabajo, a tenor de todo lo expuesto antes, distaba mucho de ser rentable. Con estas premisas, el indulto se puso en marcha, pero se fue resolviendo con una descorazonadora lentitud, pues no se adopta ninguna resolución práctica ni en ese año ni a lo largo del siguiente.

La razón que se daba era la de que no estaba hecha la relación de domicilios a los que deberían dirigirse, lo que quiere decir que las autoridades pensaban volver a la situación de 1745. A raíz de otra queja, ésta de 19 de marzo de 1765, en la que los presos de Cartagena volvían a aludir a su apresamiento de 1749 cuando *sin más cuerpo de delito que apellidarse Gitanos, fueron presos y conducidos a dicho destino, en que cargados de hierro, vituperados y muertos de necesidad, han trabajado incesantemente en las faenas de más rigor en el espacio de dieciséis años...*[219]

El memorial parece que sirvió para acelerar en alguna medida los trámites y el 25 de mayo se producía un recordatorio en el que se hablaba del enojo real por la tardanza en la simple recopilación de los domicilios, lo cual, quizás, deje traslucir la posibilidad de que existieran personas que estuvieran haciendo todo aquello para retardar, en lo posible, la salida de los gitanos de sus prisiones.

A mediados de julio, la libertad de los presos era un hecho. El último *papel* es la resolución favorable a que un padre y un hijo, destinado el primero a Granada y el segundo a Cehegín, puedan residir en este último ya que el padre *de edad de 80 años, tullido con dos muletas, que lo debe ejecutar en granada, se le conceda el que vaya acompañado con su hijo, para que con el trabajo a que se dedique, pueda mantenerlo, y a su madre, de edad de 70 años.*

Así terminaba la negra odisea —la verdadera *pena negra*— de la Prisión General de los gitanos, que comenzó un *día señalado* de julio de 1749 sin que ninguno de los que la padecieron supiera cuando iba a terminar.

219 Antonio Gómez Alfaro. *La gran redada* ... Op. Cit. Pág. 115.

CAPÍTULO IX

MEMORIA DEL TIEMPO AMARILLO

A partir de 1749 quedará, fragmentariamente transmitida, toda la memoria que, luego, en los años veinte de nuestro siglo, Federico García Lorca, Rafael Cansinos Assens y otros muchos, atribuirían, arrastrados por la teoría de los tres troncos del flamenco, a hechos nebulosos muy anteriores y sin definición temporal. Hechos irreales alimentados por la falta de historia escrita.

Sin embargo, hasta los tiempos anteriores a la Prisión General o —si se quiere— hasta la llegada de los Borbones, lo real seguía siendo que los gitanos vivían, prácticamente, en la misma situación que lo habían hecho durante el Siglo de Oro, o sea: vituperados y escarnecidos por los poderes públicos y una parte de la población que sufría sus pequeños robos o, simplemente, su incómoda presencia, y enaltecidos teóricamente en la literatura por su vida libre, su cohesión social y sus virtudes familiares.

Muchos son los autores que se dejaban influir por la teoría de la vida libre del gitano. Cervantes, en la obra teatral *Pedro de Urdemalas,* hacía pregonar, a los que hacían ese papel, las excelencias de la vida sin trabas y sin celos ni temores; por su parte, Antonio de Guevara, en *Menosprecio de Corte y alabanza de aldea* construía, casi, un paralelo con la vida errante de los gitanos y el pasaje evangélico en el que Dios viste a los lirios y da de comer a los pájaros. Lope de Vega alababa así la virtud de las mujeres de los galeotes:

¡Con qué lealtad van al puerto
en siendo que arriban, cierto,
las galeras españolas!
¡Allí les llevan dinero,
regalos, ropa, calzados,
tanto que fuera forzado
por ver amor verdadero![220]

El dolor y la pena expresados en el canto o el baile de los gitanos antes de los censos del siglo XVIII no existen, y no creo que, entre los gitanos, existieran más hechos dramáticos o trágicos que en otros sectores del bajo pueblo andaluz, como los moriscos, los negros, los mulatos o, simplemente, los individuos procedentes de la inclusa.

Sin embargo, a partir de las fechas en las que sobre ellos se cierne la prisión, si encontramos algunas letras que explícitamente nos recuerdan aquellos sucesos o los que se produjeron inmediatamente antes, puesto que, como hemos visto, los esfuerzos ilustrados por reducir a aquella minoría habían comenzado en años precedentes. Varias de ellas aparecen en las *coplas calés* de Borrow, lo que atestigua —al decir el inglés que eran de cincuenta años antes— su existencia en los años inmediatamente posteriores a la Prisión General. Las hay que son imprecisas, aunque hacen alusión clara al trabajo en las minas:

A la boca e la mina
s'asomao un chinorré,
l'ha dicao tan profunda,
s'ha encomendao a un Dibé.

O pueden hacer referencia a los momentos en que se les obligó a enrolarse en el ejército:

220 Lope de Vega. *El arenal de Sevilla.* Biblioteca de Autores Españoles. Tomo 41. Acto 2°, escena 3 Pág. 536.

Soy jaray en el vestir,
calorró de nasimiento;
yo no quiero ser jaray
siendo calé, estoy contento.[221]

Estoy convencido de que muchas de estas coplas formarían parte de composiciones más largas, como romances o seguidillas, y que, después, se fueron partiendo: es un proceso que afecta a buena parte de nuestros folclores (el flamenco y el otro) en todos sus terrenos. De este presupuesto partió Aguilar Tejera para estudiar la saeta y acertó.[222]

Aunque no se inscriban en el hecho de la Prisión General, nos quedan algunas composiciones poéticas anteriores de este género. La más conocida es el romance de los gitanos de El Puerto de Santa María, debido seguramente, en su forma original, a una mano culta o, al menos, con oficio, que, o bien se compuso en la misma época que se escribió la *relación* de Mateo Alemán efectuada en las minas de Almadén (siglo XVII), tal como afirma Luis Suárez Ávila[223], o que aplicó palabras y sucesos a hechos posteriores, o conocía por los que estuvieron allí tras la Prisión General, que en las minas se seguía haciendo lo mismo (lo que, mirando como han sido hasta hace sólo unos decenios las cosas de la cárcel, es más que probable). Aunque el poema sea muy conocido, no podemos dejar de fijarlo en estas páginas:

Los gitanitos del Puerto
fueron los más desgraciaos
que a las minas del azogue
se los llevan sentenciaos.
Y al otro día siguiente

---

221 George Borrow. *Los Zincali...* Op. Cit. pág.

222 Agustín Aguilar Tejera. «Saetas populares, coleccionadas, anotadas y prologadas por...». En *La Saeta.* Introducción de Rafael López Fernández. Biblioteca Flamenca. Portada Editorial. Sevilla 1998. Págs. 45 y ss.

223 El autor se refiere, documentadamente, a un envío de gitanos desde las galeras reales, surtas en el Puerto de Santa María, a Almadén en el siglo XVII.

les pusieron una gorra
y unas babuchas de esparto
que el sentimiento m'ahoga.
Y pa darle más martirio,
le pusieron un maestro
que a to er que no andaba listo
a palito lo dejaban muerto.
Los gitanitos del Puerto
fueron los más desgraciaos
que se pueden comprá
a los que están enterraos.[224]

En otras versiones se añade una estrofa nueva que bien pudiera referirse no ya a Almadén sino —quizás— a la «etapa gallega», cuando tuvieron que trabajar en la construcción de diques en el arsenal de La Graña, en El Ferrol, después del dramático viaje por mar:

Los gitanitos del Puerto
y también los de Jerez,
dichosos serán los ojos
que los gorverán a vé.

Pero, aunque este romance sea la pieza más conocida relativa a todos aquellos sucesos, existen, a mi juicio, otros recuerdos poéticos; algunos de ellos tan evidentes que no sé cómo estudiosos de la talla de José Luis Ortiz Nuevo no se han dado cuenta de que eran referencias explícitas, aun-

---

224 La relación de este romance con unos sucesos reales la encontré por primera vez en *Memoria del Flamenco,* de Félix Grande (Selección Austral, de Editorial Espasa Calpe. Madrid 1979), pero, más de diez años después, leí a Luis Suárez Ávila que afirmaba en su trabajo *El romancero de los gitanos bajoandaluces. Del romancero a la toná,* que fue el informante de Grande, lo cual, dado el conocimiento del tema que tenía el portuense, me pareció más que lógico. Hace poco, el mismo Luis Suárez me envió fotocopia del Diario de Cádiz en el que se publicó el artículo, firmado por ese «Wenceslao» al que aludía Félix Grande. (Luis Suárez Ávila. *Dos siglos de flamenco.* Actas de la Conferencia internacional. Jerez 21-25 de junio de 1988. Fundación Andaluza de flamenco. Cádiz 1989. Págs. 29-130 y Diario de Cádiz.27.3.1974.)

que es verdad que en el caso de la literatura tradicional, las estrofas pueden ser aplicadas a diversos acontecimientos, oscureciéndose entonces su origen y, por tanto, su primera intención.

Pero, para mí, está claro que se refieren a los acontecimientos de 1749 estrofas como ésta:

Calorrós de Triana
duquelas pasaron;
los bariales cortaron los puentes
y ellos se ahogaron.
Calés de Triana
grandes duquelas tenían
Los bariales los puentes cortaron
pasar no podían

Recordemos que el manuscrito del *Bachiller Revoltoso,* que ya se ha citado repetidamente y que tendremos que citar tantas veces, dice textualmente al narrar los primeros momentos de aquella redada trágica de la que sabemos por los historiadores que una de las medidas fue cortar el puente de barcas:

...Un gitano se ahogó en el río delante de su mujer y dos hijos menores...

Entre otras muchas, podemos ver ecos de aquellos sucesos en éstas:

Día e Santiago[225]
ar ponerse er só,
como mararon a mi bata e bato.
Miren que doló.
En el barrio de Triana
calle de la Inquisición
con mi cuerpo hicieron herejías
sólo por ser calorró.[226]

---

225 *Libro de la gitanería...* Op. Cit. folio 10.

226 Como he dicho, cerca de la Iglesia de la O —junto a la que se encuentra el

También pudiera existir alguna referencia a las vicisitudes de aquellos días (independientemente de que esta composición se escribiera después) en los versos de la siguiente *soleá,* sin duda nacida de un romance anterior:

A tres leguas de Triana
y por los campos huío
echarme una mano que vengo
por los jerés perseguío.[227]

Igualmente creo que otras coplas, bastante conocidas y aplicadas comúnmente a otros acontecimientos, pueden ser memoria de los que estamos tratando:

Los jerés por las esquinas
con velones y farol,
en alta voz se decían:
marerarlo que es caló.
Los jeres por las ventanas
con faroles y velón
si ar caso él no se entregara
tirarle, que era caló.[228]

La alusión a los velones y faroles concuerda con un memorial que en 1762, precisamente cuando ya en Cartagena tan sólo quedaban gitanos andaluces, hay presos que se refieren a su apresamiento como realizado de madrugada:

---

callejón de la Inquisición— he encontrado un topónimo, *huerta del pastor,* que puede ser la *cobertera del pastor* de la que nos habla el *Libro de la gitanería.*

227 Seguramente el romance podría ser algo así:
A tres leguas de Triana
y por los campos huido
echadme una mano: vengo
por la tropa perseguido.
En realidad, muchas de las coplas que hemos traído aquí podrían ser partes de un solo romance, como sucede con el de Los *gitanitos del Puerto.*

228 José Luis Ortiz Nuevo en *A* su *paso por Sevilla. Noticias del Flamenco en Serva, desde sus principios hasta la conclusión del siglo XIX* (Biblioteca de Temas Sevillanos nº 55. Sevilla 1996).

...en dicho año, a las horas de la una y dos de la noche, fuimos presos hombres, mujeres e hijos, cuantos se hallaban en la católica España...[229]

José Luis Ortiz Nuevo, corrigiendo a Pepe el de la Matrona que hablaba de un suceso antigitano —inexistente— de 1800 cuando, en realidad, se trataba del *progrom* antigitano del 27 de junio de 1856 (donde, efectivamente y como dice la letra, el ejército intervino para salvar a los calés trianeros de las iras de una multitud que buscaba su linchamiento), usa la copla anterior para glosar esta otra, recogida también por Antonio Machado Álvarez:

Hermanita de mi alma
mira lo que hay en Triana,
que unos se tiran al río
y otros llaman a la guardia.

Sin embargo, creo que una y otra son diferentes; en la primera son los soldados los agresores y en la segunda, los salvadores. Sin embargo, pueden pertenecer a este último suceso esta estrofa:

Jerío de muerte,
caío en er suelo
Dios se lo pague a los sordaítos
que m'arrecogieron.

Y, quizás también ésta:

En el barrio de Triana
se escuchaba en alta voz:
pena de la vida tiene
aquel que sea caló.

Otra estrofa —una de las recogidas también por Demófilo como *martinete*— es, con total seguridad, una referencia a la prisión de 1749, puesto que tiene una descripción clara del

229 Antonio Gómez Alfaro. *La gran redada* ... Op. Cit. Pág. 111.

camino que, presumiblemente, llevaron los gitanos presos en Sevilla, en la Cárcel Real, hasta el puerto para ser embarcados en las gabarras, debiendo pasar por las inmediaciones de las casas en las que se encontraban presas las mujeres y los niños:

Ya los sacan e la carse
Los sacan por er Baratiyo
E sentimiento yoraban
Hombres, mujeres y niños.

Esta estrofa coincide plenamente con el manuscrito de Germán y Ribón citado por Luis Suárez Ávila[230].

Las penalidades de los trabajos forzados para construir en los astilleros de San Fernando están expresadas en estas coplas:

A ciento cincuenta hombres
nos llevan a La Carraca
y allí nos dan por castigo
de llevar pieras p'al agua.
Sacan a cincuenta hombres,
los llevan a la Carraca
y el trabajo que les dieron
fue sacá pieras del agua.
Y la señá comandanta
de lástima que le dio
mandó que los relevaran
y los sacaran ar sol.
Ya me sacan de la cárcel
a cajitas destemplás
me ponen a sacar pieras
en la orilla de la mar.
Con ducas m'acuesto
con más m'alevanto;
cómo consiente un Dibé
der cielo que yo pene tanto.[231]

---

230 Supra. Página 135

231 El «desconocimiento» o la minusvaloración de la Prisión General entre

La larga espera del indulto que hemos tratado de reflejar en páginas anteriores podría muy bien haber inspirado la siguiente toná (que quizás, con anterioridad fuera una estrofa de un romance):

En la puerta e'aquer·rastrillo
s'ha somao un generá
la ventana echamo abajo
pidiéndole libertá.
Una noche oscura
pensé yo najarme,
porque estaba sin delito alguno
metío en la carse.

Pero, exceptuando estas —y, acaso, otras— pocas informaciones que bien pudieran estar relacionadas directamente con los sucesos, sólo tenemos sugerencias, alusiones y recuerdos indirectos:

Para los hombres se han hecho
los grillos y las caenas,
cárceles y calabozos,
y presidios y galeras.
Otras veces los gitanos
gastaban medias de seda
y ahora por su desgracia
gastan grillos y caenas.[232]

Sólo alguna vez, en medio de la literatura o el teatro costumbrista, podremos encontrar alguna mención indirecta,

---

los estudiosos de hace unas decenas de años —que, por otra parte estudiaron y divulgaron concienzudamente muchos de sus aspectos— queda patente en la nota a pie de página que escribe Félix Grande a esta copla en su obra, ya citada, *Memoria del Flamenco* Volumen 2, Pág. 694: *Este martinete «muy bien puede tener origen»*, según Wenceslao (*Wenceslao* era, como dijimos, un sinónimo que usaba entonces, en el *Diario de Cádiz*, Luis Suárez Ávila) *en una leva ocurrida en agosto de 1749 y en la que unos trescientos gitanos, presos en Sevilla, fueron conducidos en gabarras a La Carraca para trabajos forzados.* Ni idea de la Prisión General.

232 Citada como copla *en gitano* por George Borrow (Los *Zíncali*).

como ocurre en el sainete *La gitanilla,* anterior a 1770 y de autor desconocido, en el que el gitano Simón dice:

Porque traigo con el tiempo
tristes las memorias y algo
afligido el pensamiento
bailad unas seguidillas
gitanas con taconeo
o cantadme algún corrido.[233]

Lo que no queda de manera explícita, sí está, sin embargo, siempre o muchas veces presente, incluso con ese sentido contradictorio o paradójico de las palabras del gitano Simón, en la obra antes citada. Ese dolor no expresado claramente, esa pena inconcreta y ese temor ante cualquier cosa es el que resume la *siguiriya* que pide el auxilio divino ante los males incurables y los testigos falsos y que ya dejamos constatada con anterioridad.

En algún caso, quizás, el recuerdo haya llegado hasta el mismo nombre de uno de sus tristes protagonistas, como el de Tío Luis el Cautivo, pero poco más podría encontrarse en esta memoria del tiempo amarillo que procurarían hacer desaparecer los que consiguieron volver a vivir en la sociedad andaluza de principios del siglo XIX y buscarían ocultar aquellos que, marginados, siguieron a vueltas con la ley.

Pero la Historia deja casi siempre sus señales en los más impensables recovecos. Y por encima o por debajo de unas señales dudosas vuelven a la superficie hitos documentales fehacientes. En el *Libro de la Gitanería de Triana* tenemos uno de ellos, que el autor data en 1746:

Una nieta de Balthasar Montes va... a presentar sus bailes y la acompañan con guitarra y tamboril dos hombres y otro le canta cuando baila y se inicia el dicho canto a lo que llaman queja de galera porque un forzado gitano las daba cuando iba al remo y de éste pasó a otros bancos y de éstos a otras galeras...

233 Citado por Luis Suárez Ávila. Ibídem. Pág. 42.

Si los testimonios del *Bachiller Revoltoso* han coincidido en tantos y tantos detalles con los de los historiadores y los de los documentos de archivos, dando así pruebas de su veracidad, ¿por qué vamos a dudar de éste?

Es posible, incluso probable y, seguramente, hasta necesario, musicalmente hablando, que la génesis de ese *ay* se haya prolongado en sus matices hasta conseguir nacer enteramente, que no hubiera ningún forzado gitano que, en particular, lo inventase; sabemos, incluso, que, el baile y canto de galeras existía desde mucho antes.

En los años 50 y 60 del *setecientos,* la vuelta a la vida de antes para muchos gitanos —sobre todo para muchos de los que estaban más integrados en la vida social— tuvo que ser penosa cuando no imposible, sobre todo, si tenemos en cuenta que ciudades como Sevilla continuaban bajando la cuesta de la decadencia. Seguramente por eso se dio un aumento importante del mundo de la gitanería en Jerez y en los puertos de Cádiz, que seguirían en alza hasta después de la Guerra de la Independencia.

Según las cifras que nos proporcionaba el estudio de los *Censos,* de Antonio Gómez Alfaro, a raíz de la Pragmática de Carlos III, o sea, en el año 1783 y cuando ya el panorama de los que eran realmente de esta etnia y los que no, estaba mucho más aclarado, existirían en los territorios castellanos 9.875 gitanos, de los cuales 7.933 —esto es, el 80%— vivían en Andalucía. De éstos, 1.615 residían en Sevilla, 668 en Jerez, 590 en Cádiz, 367 en Sanlúcar de Barrameda y 167 en El Puerto de Santa María.

Sin embargo, el mismo autor, en su trabajo en el número monográfico de la revista *Demófilo* dedicado a los gitanos andaluces, toma como más exactas las últimas cifras dadas por Bernard Leblónd (después de lo que parece ser una rectificación del francés pero que, a la vez, deja claro que tampoco eran exactas las de Gómez Alfaro) que pone en 12.090 individuos la población gitana española que se deduce de los censos de 1783 y 1784. De estos, 8.141 vivirían en Andalucía, o sea, el 70%.[234]

Independientemente de que existan correcciones y de que, gracias a la investigación, se vaya afinando cada vez mas en este punto, para este trabajo no son cuestiones de primera magnitud las variantes entre una y otra cifra. Comparando cualquiera de estos números con los de antes de 1750, es Triana, con 2.000 vecinos entonces, donde sientan sus reales más familias gitanas; el arrabal sevillano se ha convertido, sin lugar a dudas, en la cabecera de la *geografía zíncali* que se extiende, río abajo, por Jerez de la Frontera, hasta el Puerto de Santa María, Cádiz y Sanlúcar de Barrameda.

Aunque muchos de ellos ya no acudieran a los censos por tener ganadas cédulas de castellanos viejos, o por cualquier otro motivo, un dato nos resulta estremecedor: solo el treinta y tantos por ciento de los censados en Andalucía era menor de 17 años. El estancamiento de la pirámide demográfica era una de las más claras consecuencias y una señal indefectible de los largos años de separación entre los sexos, producida por la Prisión General.

Y, en medio de ese panorama, una interrogante, o dos: ¿Por qué los gitanos de la ciudad de Cádiz salen tan poco a relucir en las vicisitudes de la Prisión General?, ¿por qué, sin embargo, a partir de ahora la mayor parte de lo que aparezca relacionado con el flamenco será gaditano?

---

234 Bernard Leblond. *Les Gitans d'Espagne. Recherches sur les diuers aspects du probleme gitan du X Veme au XVIII eme siecle.* Montepellier. Université Paul Valery 1980. No he podido ver hasta ahora la publicación.

CAPÍTULO X

LA MARGINACIÓN SOCIAL EN LOS REINADOS DE CARLOS III Y CARLOS IV

Durante los años en los que los gitanos sufrían la cárcel, la vida continuó con distinto signo en los dos territorios que, un siglo después, marcarían los dos polos del flamenco: Sevilla y Cádiz. A pesar de que los gitanos procuraran buscarse el sustento en nuevos menesteres y aunque, por la parte de enfrente, se les echara la culpa de todos los males que aquejaban al reino, la situación general de España y la particular de Sevilla, en lo que a pobreza, mendicidad y mala vida se refiere, continuó empeorando mientras los gitanos permanecían en prisión o recomenzaban a reconstruir sus vidas. Sólo Cádiz se libraría, todavía por muchos años, de esa situación.

Cádiz sigue creciendo en población y en prosperidad, una prosperidad a la que, evidentemente, contribuían los gitanos como fuerza de trabajo gratuita en los diques y arsenales, y que lleva a la administración a partir el territorio de la bahía en dos mitades: Cádiz se queda con el puerto comercial mientras en la antigua la Isla de León comienza a levantarse una ciudad militar y científica, como un proyecto emblemático de la Ilustración.

Algo similar al práctico desconocimiento de la Prisión General ocurre con todas las expediciones científicas que

España pone en marcha en aquellos años y que, a través de marinos o sabios como Jorge Juan, Malaspina, Celestino Mutis, Antonio de Ulloa... consigue logros tan importantes como —en cooperación con los franceses— medir el cuadrante de meridiano terrestre para establecer el metro como medida universal, clasificar la flora de Nueva Granada, descubrir el platino o la bahía de San Francisco, fundar la ciudad de Seatle y mandar la vacuna a América (logros no menos desconocidos para la mayoría de nuestra población que los episodios de los que tratamos) partieron, se organizaron o pasaron por Cádiz.

En esa bahía residiría uno de los tres Departamentos de Marina creados en 1751 (después de que los gitanos llevaran dos años trabajando en los diques) que siguen existiendo actualmente y en el año 1768 —no sin protestas— el poder militar era trasladado a San Fernando.

Nacían así *«los Puertos»* y, con ellos, el mundo convulso, abigarrado y literariamente feliz que discurriría entre el teatro de Juan Ignacio González del Castillo y el de la *Lola* de los hermanos Machado.

Pocos son los que, hasta ahora, han sacado a relucir el tema, pero González del Castillo usa la expresión *gente del Mundo Nuevo* para referirse a unos personajes característicos de la bahía, a los que, en sus sainetes, hace hablar un dialecto casi jergal y que son venteros (2ª parte de *El soldado fanfarrón),* tienen fraguas, venden caracoles y cacharros de cocina, roban pañuelos *(La boda del Mundo Nuevo),* habitan todos ellos por el *barrio de la tripa* o *del Matadero* (de donde saldrán después los mejores *cantaores* flamencos), son de color moreno, usan expresiones como *jonjanas* (ojanas), *gachises, parneses, cara de sable, mengues...* y saben bailar todos los bailes; son recién llegados y no demasiado bien mirados por los caseros de las casas de vecindad:

Juana: Quédense con Dios. ¡Que gentes!
Todas son del Mundo Nuevo.
El día quince las despido[235].

La *gente del Mundo Nuevo,* nombre con el que también se conoce todavía en Cádiz al Barrio de la Viña —el enclave por autonomía del Carnaval— está formada, sin lugar a dudas, personajes gitanos o gitanescos a los que González del Castillo, respetuoso con la pragmática en la que el rey Carlos III ha ordenado no llamar ya a nadie por ese nombre[236], o preocupado por la censura, no quiere —o no puede— nombrar con ese calificativo. ¿Es la gente del Mundo Nuevo la misma que, hasta poco antes, formaba el colectivo de castellanos nuevos?, ¿es el nombre del barrio una salida ocurrente relacionada con el nombre o con la prohibición de usar el de gitano?

Ahí tendremos que dejarlo pero tengamos en cuenta una cosa: Cádiz entraba en la misma barrena de Sevilla un siglo antes.

A este respecto, Adolfo de Castro en su *Historia de Cádiz,* nos aporta datos reveladores:

Ya por este tiempo (1767-68) la decadencia de la marina mercante gaditana era notoria. Los hombres más acaudalados que había en la carrera de Indias se iba poco á poco retirando de ser dueños de navíos por no obtener en esas empresas toda la utilidad que deseaban. Llegó un tiempo en que ninguno de estos poderosos

---

235 Juan Ignacio González del Castillo. Titula uno de sus sainetes *La boda del Mundo Nuevo. Obras Completas.* Biblioteca Selecta de clásicos españoles. Tomo 1. Madrid 1914. Págs.81-Ver también en *El soldado fanfarrón,* 1° parte, en tomo II, pág. 369, de donde proviene la cita. El «Mundo Nuevo» era un barrio en el extremo de la ciudad, cerca del Barrio de las Viñas o formando parte de lo que hoy es el barrio paradigmático del Carnaval. Aun conservan los gaditanos memoria del topónimo.

236 La pragmática imponía penas a quienes *injuriaran* llamando *gitana* a cualquier persona. Antonio Gómez Alfaro trae a colación el caso del gitano Diego Fernández de Erebia, de Algodonales (Cádiz) que, en 1786, dirige un memorial a Madrid (AHN, Consejo, leg. 51507) quejándose de que en el pueblo «ultrajan» a su familia al llamarla por ese nombre. (Antonio Gómez Alfaro. *Anotaciones* ... Op. Cit. Pág. 239)

quería ser naviero. En cambio por el espacio de cuarenta años los comerciantes de Cádiz invirtieron más de cien millones de pesos fuertes en la construcción de edificios, no solo en esta ciudad, sino también en las principales de sus cercanías[237].

La *gente del mundo nuevo* llena las calles y las plazas de un Cádiz aun volcado en el Nuevo Mundo, todavía confiado y feliz, inconsciente de su próxima decadencia.

Mientras tanto, en la ciudad de la Giralda y, especialmente, en Triana y en otros barrios periféricos que con anterioridad habían sido importantes, se iba a formar un mundo —o un submundo— peculiar. Desde la medianía del siglo, aproximadamente, el sistema de compra-venta de cargos se había multiplicado a medida que iban quedando menos cosas que comprar y vender. En el lado opuesto, casi desde el comienzo de la Prisión General, los pobres se habían multiplicado, porque la ciudad tenía cada vez menos cosas y, además, caían sobre ella muchas gentes provenientes de los pueblos de los alrededores.

En 1750, nos cuenta Alejandro Guichot que *a la muchedumbre de necesitados vecinos de Sevilla... unióse muy luego un enjambre de infelices, procedentes de pueblos de Andalucía... Tan crecido fue su número, que no cabiendo en la Casa de Caridad de la Laguna, la Junta de Abastos dispuso habilitar otro local... Recogiéronse en el Hospital de la Sangre sobre 100 pobres ancianos e impedidos de ambos sexos...*[238]

Junto a todo ello, un sistema de gobierno en el que cada vez reinaba más omnipotentemente la corrupción dejaba totalmente indefensa a la población menestral hasta el punto de ser, en la Italia meridional, el caldo de cultivo para el nacimiento de la mafia y la camorra.

En el trabajo de Enrique Giménez López, *El fin del Antiguo Régimen* he encontrado la noticia de una fábula satírica, de

237 Adolfo de Castro. *Historia de Cádiz y su provincia.* Cádiz 1858. Edición facsimilar de la Diputación de Cádiz. Volumen l. Cádiz 1982. Pág. 499.

238 Joaquín Guichot. *Historia del Excmo. Ayuntamiento...* Op. Cit. Tomo III. Pág. 66.

autor anónimo que después resultó ser un religioso, con el título «Tratado sobre la monarquía columbina». En él se hablaba de una sociedad de palomas en la mítica Ciudad del Sol (supongo que la misma de Campanella) que comienza siendo igualitaria y acaba siendo ilustrada, o sea, con proyectos beneficiosos sólo para quien los proponía. El autor de la investigación recalca cómo de la narración se desprende una nostalgia por lo primitivo y natural y un desencanto ante la política de los ilustrados, algo que habría que tener en cuenta para el nacimiento de *la afición.*[239]

Aunque aquí no se llegara a tanto, si debemos tener en cuenta que el concepto nuclear de aquellos fenómenos parapolíticos es el *honor* como punto culminante en la manera *tradicional* de hacer las cosas, algo no demasiado lejano de esa forma de ver la vida que tiene un *flamenco,* como ése con el que Mario Penna, sin poder explicarlo de otra forma, abría su libro[240].

Cuando Pablo de Olavide llega a Sevilla, en 1767, con la intención de reformarlo todo, ésta se encuentra en uno de sus puntos más bajos. Es más: el mismo nombramiento de un personaje tan peculiar como asistente e intendente a la vez, es, sin duda, consecuencia de la gravísima situación. Hacía poco —el 23 de marzo de 1766, Domingo de Ramos— que se había producido en Madrid el famoso motín contra Esquilache, con repercusiones en toda España.

En Andalucía la onda expansiva de ese suceso no alcanzó una gran extensión, pero habría que preguntarse por qué. Seguramente, en otras latitudes, las reformas del ministro italiano[241] dolían a alguien y, seguramente, en el territo-

239 Enrique Giménez López. *Historia de España* nº 20. Historia 16. Temas de hoy. Madrid 1996. Pág. 61.

240 Mario *Penna.-El flamenco...* Op. Cit. capítulo l.

241 En el motín contra Esquilache se harán presentes la mayoría de los elementos que tendrán después los andaluces de principios del siglo XIX: en las manifestaciones contra la carestía de la vida y, fundamentalmente, del pan, los frailes hacen de mediadores con la autoridad, se hacen

rio andaluz, la obra reformadora de la Ilustración no había sido todavía tan profunda y no había herido demasiadas susceptibilidades. Aunque será a partir de ahora —a partir del *gobierno andaluz* de Pablo de Olavide— cuando las contradicciones entre las dos partes de una sociedad con pensamientos opuestos vayan aflorando.

Inmediatamente después de su llegada, Olavide toma medidas que le permitan comenzar a gobernar la ciudad, y una de ella es el padrón de los vecinos y la numeración de las calles, pero mientras lo segundo se presentó como una tarea relativamente fácil, lo primero tuvo mayores dificultades para su realización.

El Cabildo expresaba así la dificultad, sobre todo, en los barrios pobres, cuyos numerosos corrales que incluyen tantos vecinos como salas, especialmente en San Gil, Santa Lucía, San Martín, San Lorenzo y el barrio de Triana, donde hay casas principales subarrendadas... *Así tienen (los vecinos) tan incierta su suerte como su domicilio... arriendan al que llaman casero (que es el que ha tomado de su cuenta la casa) salas por meses. Muy luego la necesidad de buscar la vida en otra parte o la imposibilidad de pagar el cuarto les obliga a dexarlo; vánse con su corto mueble, a veces ocultando el donde, de forma que los mismos caseros lo ignoran, y aun más los curas; que pasando un mes del cumplimiento de la iglesia*[242] *se hallan con muchos parroquianos menos de los empadronados, y en su lugar, otros que no conocen, repitiéndose estas mudanzas todo el transcurso del año, con especialidad en los barrios dichos, donde por una regulación prudente las*

continuas invocaciones a la Virgen y los santos y se reivindican también elementos de uso tradicional como la capa y el sombrero. Ver, por ejemplo, Manuel Tuñón de Lara. *Historia de España.* Tomo 7. Barcelona. 2ª edición 1982. Págs. 221 y ss.

242 Se refiere a la obligación de comulgar por *pascua florida* que conllevaba la expedición de una papeleta por parte del párroco en la que constaba que el vecino había cumplido con este mandamiento de la Iglesia y que comportaba bienes menos espirituales como el derecho a la visita del médico. He podido ver alguno de aquellos certificados. De todo aquello, hoy nos queda la *procesión de los impedidos,* en la que el cura lleva, por primavera, la comunión a los enfermos.

tres cuartas partes del vecindario son de dicha especie, y a proporción en todas las demás por la pobreza a que ha venido este pueblo y el crecido número de familias que acogidas a él de toda Andalucía y Extremadura en los repetidos años estériles desde 1734 se quedaron domiciliadas. Otra clase de vecinos de los arrabales de Macarena, Triana y San Bernardo se compone en número no pequeño de trabajadores del campo que a los tiempos de recogida de aceituna y semillas salen con sus mugeres y hijos y se mantienen ausentes lo que dura la cosecha.[243]

De todas formas, los primeros indicios de alto riesgo ya asomaron cuando en Sevilla, a poco de los sucesos de Madrid, 551 soldados del regimiento de Córdoba, recién llegados de la isla de Cuba, se encerraron en el convento de San Francisco (en el lugar que hoy ocupan el Ayuntamiento y la Plaza Nueva) en protesta por no haber cobrado las soldadas suplementarias que acostumbraban a darse a los que volvían de ultramar.

Advirtamos que esa práctica de *refugiarse en sagrado* era la que habían mantenido hasta entonces los delincuentes, vagos y gitanos y ello, lógicamente, inquietó a las autoridades, que se apresuraron a dar satisfacción a las reivindicaciones con el siguiente argumento que ha pasado desapercibido para muchos historiadores del flamenco porque la fecha coincide con la excarcelación de los gitanos que quedaban presos:

(El ejemplo de los soldados) *podría ocasionar en algunos espíritus inquietos y hombres vagos, recién venidos muchos de los presidios que no son vecinos, ni se sabe de sus habitaciones, y cuasi todos los de esta clase forasteros, y aunque el vecindario no se apartaría de su deber, podría excitarse una conmoción que los sacara a todos del sosiego.*[244]

---

243 Antonio Domínguez Ortiz. Ibidem. Pág. 359.

244 Carlos Corona Baratech. *Los sucesos de Sevilla y de Jaén en abril de 1766.* «Hispania», nº 137. Citado por Antonio Domínguez Ortiz. En «Repercusión en Sevilla de los motines de 1766». *Los extranjeros en la vida española durante el siglo XVII y otros artículos.* Diputación de Sevilla. Sevilla 1996. Pág. 353.

Esa frase que he subrayado podría ser una clara referencia a muchos de los gitanos recién salidos de los arsenales (recuérdese que los últimos cientos de condenados habían sido liberados en el verano del año anterior) a los que, por la causa que fuera, se les había dado Sevilla como domicilio o se habían establecido en ella sin permiso.

Pero no sólo eran los vagos, las condiciones generales de vida de los sectores sociales más bajos no eran mejores que las de los soldados. En un pasquín aparecido también en 1766, en el que los sevillanos claman al rey contra las extorsiones que reciben por parte de los mandatarios de la ciudad, las protestas se refieren, entre otras cosas, a que hacía poco que la mayor parte del aceite existente en la ciudad se había embarcado para Holanda, haciendo con ello que subieran los precios en Sevilla y que con el trigo se llevaban a cabo operaciones parecidas. Esta situación se refleja en muchos documentos:

... *lo que está pasando en esta ciudad de Sevilla con todos sus contornos es que aquí hay muchos logreros de trigo, aceite y demás comestibles. La capa de todos ellos es el cavallero Asistente, y otro un panadero llamado Basques que tiene muchas alcavalas arrendadas y la provisión de pan para los pobres soldados, que les están dando trigo podrido de la mar a comer y V. M.* (Vuestra Majestad, porque se trata de un pasquín dirigido al Rey) *lo abonará como bueno. Así el va comprando cortijos y labrando casas...*[245]

Domínguez Ortiz, de cuyo trabajo *Repercusión en Sevilla de los motines de 1766,* hemos tomado también la cita anterior, nos cuenta que... *aunque los motines fueron aprovechados para expulsar a los odiados jesuitas, los ministros no podían ignorar que uno de los factores fundamentales del descontento popular era el mal funcionamiento de las oligarquías municipales ... En consecuencia, se tomaron dos determinaciones... En cumplimiento*

245 Antonio Domínguez Ortiz. «Repercusión en Sevilla e los motines de 1766». En *Los extranjeros en la vida española durante el siglo XVII y otros artículos.* Edición dirigida por León Carlos Álvarez Santaló. Diputación de Sevilla. Sevilla 1996. Pág. 354.

del primer objetivo se dieron disposiciones para que Madrid y otras grandes poblaciones se dividieran en cuarteles[246] (la palabra no tiene nada que ver con los militares sino con un ordenamiento urbano en cuadrículas)... *La segunda finalidad se cumpliría mediante redadas de vagos, ociosos y mendigos que serían destinados al ejército, los arsenales y, si no eran aptos para el servicio, a hospitales...*[247]

Aunque parezca mentira, la orden de prisión, embarque y destierro de los jesuitas siguió exactamente los mismos pasos que la Prisión General de los gitanos: Carta-orden reservada a los asistentes de la que no se sabe nada hasta que las autoridades no abren el sobre, acuartelamiento de la tropa, asalto nocturno a las casas de los religiosos, conducción nocturna de los jesuitas hasta el puerto y embarque de todos ellos con rumbo a Sanlúcar de Barrameda (sólo después de todo esto se da el bando de extrañamiento) de donde partieron para el destierro[248].

Efectivamente, esto debía ser así porque, en Sevilla, seguían sin obtener frutos las medidas reformistas en el terreno militar; en el año 1761 (en el libro de Joaquín Guichot se indica el 67, pero debe ser una errata, porque todos los documentos anteriores son de aquel año y los posteriores del de 1762), el Ayuntamiento hispalense recibió una ordenanza del monarca en la que éste manifestaba que no habiendo dado resultados otras disposiciones anteriores, intentadas a fin de no tener que recurrir a la *extraordinaria providencia de las quintas,* tenía a bien decretar, *que el número de reclutas con que cada pueblo había de contribuir al aumento de los regimientos de la infantería española, se sacara precisamente*

---

246 De estos años es, efectivamente, esa división sevillana de los barrios que todavía se conserva en los azulejos de muchos enclaves.

247 Antonio Domínguez Ortiz. «Repercusión en Sevilla de los motines de 1766». En *Los extranjeros en la vida española durante el siglo XVII y otros escritos.* Diputación de Sevilla. Sevilla 1996. Págs. 357 y 358.

248 Joaquín Guichot y Parody. *Historia del Excmo. Ayuntamiento...* Tomo III. Op. Cit. Págs. 110 y ss.

por sorteo; no admitiendo vagos, desertores ni sustitutos[249]... En esta quinta le correspondió a Sevilla aportar 500 hombres.

El ayuntamiento de la ciudad contestó a aquellos requerimientos pidiendo al rey que le permitiera hacer una leva en vez de un sorteo, dadas las muchas dificultades para realizar la disposición real, y al año siguiente —1762, en el libro— recibió otra ordenanza a fin de que procediera a la quinta de ese año, contestando el *común* hispalense con un acatamiento formal del que se desdecía en la práctica a continuación, aduciendo que *...por lo vasto y confuso del vecindario, que no permite el examen preciso y el conocimiento exacto de personas, por la varia naturaleza de las que lo componen, y la división de clases del cuerpo de la nobleza é hidalgos donde no hay padrones que los distingan...*

...que muchos mozos solteros... parece se ocultaron al Padrón... Otros, al verse destinados al servicio de infantería y cuerpo de artillería, á que los naturales del país no se inclinan de algún modo, pues su inclinación decidida es al de la caballería, procuran sustraerse de él por todos los medios...[250]

El rey Carlos III no tuvo más remedio que ceder a las pretensiones de Sevilla y respondió a los pocos días *a que los sesenta y ocho hombres que se le han repartido en la nueva quinta de esta calidad ... por ahora pueda entregarlos por medio de leva... Pero manda S.M. prevenga V. S. á la Ciudad, que arregle su vecindario (estrañando en ella ese descuido) para contribuir cuando sea de su Real agrado, prevenirselo por la regla de las demás capitales del reino.* Se siguió, pues, con el sistema anterior.

Hasta finales del año 1775, o quizás en los primeros días de 1776, no *estrenará* Sevilla guarnición militar fija, ya que hasta entonces no la había tenido. El 20 de enero de este año, y con motivo del cumpleaños del rey Carlos III, el

249 Joaquín Guichot. Historia del Excmo. Ayuntamiento... Op. Cit. Págs. 96 y 97.

250 Ibídem. Pág. 98. Nótese que en la noticia que nos da Matute, el regimiento trianero era de infantería. No debía, por tanto, estar compuesto por gentes de muy *alta condición*. La noticia sobre el falso obispo loconfirma.

mariscal de campo, Don Nicolás Bucareli y Ursua —recién nombrado— dispone que se efectúen unos ejercicios militares junto al puente de Triana, en las inmediaciones del Real Almacén de Maderas, en los que participan los regimientos de Infantería de Córdoba, el de la Ligera de Cataluña y el de Caballería de Alcántara.

CAPÍTULO XI

ENTRE LA DIOSA RAZÓN Y EL SEÑOR DEL GRAN PODER

Son muchos los autores que ponen en 1778 el inicio de la Andalucía Moderna. En ese año comenzaban a volverse las tornas: se liberalizaba el comercio con la América española y Cádiz perdía, como había perdido Sevilla, su monopolio mercantil. Esa burguesía privilegiada descubría que no era sino una clase intermediaria que vivía de los porcentajes. A Cádiz, como a Sevilla un siglo antes, la decadencia no llegaría sorpresiva sino lentamente, en el espacio de medio siglo. El bombardeo de la escuadra de Nelson en 1797, la peste de 1800, el bloqueo de la Guerra de la Independencia, la insurrección de Riego, la rendición a los 100.000 hijos de San Luis y la emancipación de las colonias americanas serían los pasos.

Por su parte, Sevilla recibía un pequeño fragmento de aquella libertad, pero no sabría qué hacer con él. El cronista Velázquez y Sánchez comienza sus *Anales de Sevilla de 1800 a 1850*[251] poniendo de relieve el antagonismo creciente que, en años anteriores, se había desarrollado entre aquellos a los que la administración ilustrada despojó de sus cargos

251 José Velázquez y Sánchez. *Anales de Sevilla de 1800 a 1850.* Presentación de Antonio Miguel Bernal. Indices de Inmaculada Franco Idígoras. Ayuntamiento de Sevilla. Sevilla 1994.

en el gobierno de las ciudades y los *Asistentes, Corregidores, Chancillerías y Audiencias...* de los gobiernos borbónicos. Aunque ahora nos parezca mentira, el simple hecho de quitar una lápida para poner otra, iba a disparar en Sevilla el primer tiro de un larguísimo enfrentamiento.

En el frontis del Palacio de justicia, donde campeaban las armas de Sevilla, bajo el escudo de la Casa de Austria, el Regente interino, Francisco de Bruna y Ahumada, captor pocos años antes del bandolero Diego Corrientes, mandó colocar una nueva lápida que, en definitiva, y en un latín altisonante, lo que hacía era quitar los anteriores símbolos.

Desde la caída de Olavide, Bruna había ido acaparando todos los cargos de todas las instituciones de una Sevilla cada vez más convulsa hasta recibir el sobrenombre de *el Señor del Gran Poder*. En realidad no fue sino la máxima expresión del esfuerzo ilustrado que, en el reinado de Carlos III, intenta acabar con las duplicidades de mando para poder realizar sus proyectos constructivos y de ordenación social. Todas las publicaciones que hablan del mote lo achacan al pueblo, pero a mi me parece que es demasiado sutil —y hasta demasiado irreverente en aquella época— para que no se deba a mentes más cultas que las populares.

Los acontecimientos que se desarrollarán desde el principio del siglo hasta el Estatuto Real de 1835 demostrarán que en Andalucía —y, sobre todo, en la Baja Andalucía— existía una situación muy confusa y un ambiente antiilustrado muy agudo. El regeneracionista Leopoldo Cano, vindicador de la memoria de nuestro sainetero Juan Ignacio González del Castillo y prologuista de sus Obras Completas, define visceralmente todo aquello:

...¿qué otro espectáculo —se refiere al sainete, pero en el contexto de una visión general— merecía el fin de la nacionalidad española, resignada a vergonzosa servidumbre de una horda de aventureros que en calidad de pléyade ilustrada, y con la protección del que para unos fue gran monarca, y para otros, Soberano de una gran nación (que no es lo mismo), hizo irrupción por el norte de la península en alarde de dominación intelectual, precursora de la

agresión armada que, en 1808, atentó contra lo que quedaba de nuestra independencia?[252]

La decadencia del territorio no estribaba solamente en que al puerto de Sevilla llegaran escasos navíos o en el traslado de la Casa de Contratación a Cádiz. Lo peor era su propia decrepitud interna. Las quejas que tienen lugar en medio de los motines de los primeros años de Carlos III dejan claro el mal de la sociedad sevillana (como de la española): una situación degenerativa en la que todos los altos puestos de la administración han acabado siendo productos de mercado y su adquisición, el mejor modo de enriquecerse.

Y es entonces cuando surgirá la *mala vida* en un sentido moderno, en el mismo sentido que va a tener en Nápoles, o en Sicilia y que tendrá en Nueva Orleans o en Buenos Aires, como producto del *mal gobierno* y con los frutos del *hampa:* es el *mal gobierno,* lo que los italianos del sur —también en estos años— llamaron con una sola palabra *malgoverno.* A la bahía llegaría más tarde.

En el final del siglo, la Ilustración sólo ha producido en Andalucía una desordenada división de la sociedad. Las nuevas ideas únicamente han cubierto la superficie de las cosas, mientras los antiguos poderes *fácticos* —la Inquisición, la mayoría de las antiguas prerrogativas, el poder de las órdenes religiosas...— no sólo sigue sin ser tocado sino que ha recuperado fuerzas. La amenaza, primero, y la realidad, después, de la revolución en Francia unirán otra vez el Trono y el Altar.

En los salones de esas altas clases urbanas ilustradas se escuchaban, casi *por* obligación, músicas italianas o francesas en un ambiente que, pretendiendo copiar los de París[253],

252 Leopoldo Cano. Prólogo a las *Obras Completas de Don Juan Ignacio González del Castillo.* Tomo Primero. Real Academia Española. Biblioteca Selecta de Clásicos españoles. Madrid. Sin fecha de impresión, aunque en la librería de viejo *Renacimiento,* de Sevilla, me aseguran que es del año 1914. Pág. 7.

253 Leandro Fernández de Moratín, de visita por Andalucía, fue capaz de intuir que la estatua romana encontrada en Itálica, y que Don Francisco de Bruna y Ahumada le muestra en su casa, era una efigie del emperador

sólo era capaz de producir decadencia; la influencia de las corrientes europeas se intenta llevar a los nuevos teatros de las ciudades, donde —abandonados ya los autores del *Siglo de Oro,* que para colmo soportan el rechazo de los frailes— no se prestigian, sin embargo, las obras de autores clásicos franceses, casi contemporáneos, como Moliere o Racine, ni se abre paso una nueva forma de hacer teatro, como era la *Nuova Comedia* del veneciano Goldoni. Tan sólo lograrán un puesto allí el sainete, la zarzuela y, sobre todo, la tonadilla.

En este mundo bajoandaluz, con el paso cambiado, el verdadero héroe y el demiurgo casi mesiánico será Diego Corrientes,

> *el ladrón de Andalucía*
> *que a los ricos les robaba*
> *y a los pobres socorría.*

El *bandido generoso* morirá, ejecutado públicamente, en la plaza de San Francisco de Sevilla por orden de Don Francisco de Bruna, el *Señor del Gran Poder,* pero la leyenda se apoderará inmediatamente de su figura. Para unos será, nada menos, que un discípulo de Jesucristo[254] y para el tea-

---

Trajano (el magnífico Trajano heroizado del Museo Arqueológico de Sevilla) y capaz de valorarla artísticamente, sin embargo, no valora el contenido del Archivo de Indias: *El edificio de mayor consideración es La Lonja, obra de Juan de Herrera: el patio es muy bello. El grande Archivo de Indias con hermosos estantes, contiene muchos carros de cosas inútiles que yo quemaría de bonísima gana* « (Citado por Joaquín Romero y Murube en *Francisco de Bruna y Ahumada.* Colegio oficial de Aparejadores y Arquitectos técnicos. Reedición facsimilar de la de 1965. Sevilla 1997. Pág. 58).

254 Cfr. Constancio Bernaldo de Quirós y Luis Ardila. *El bandolerismo andaluz.* Editorial Turner. Madrid 1988. En las páginas 52 y 53, los autores dan cuenta de un cuaderno hallado en casa de un abogado y firmando con las iniciales R.G. de la B. en el que se hace un paralelismo entre el apresamiento y la muerte del bandolero y el prendimiento y la pasión de Jesús. He transcrito el texto completo en mi libro *Ni Oriente ni Occidente.* Op. Cit. Pág. 31.

tro popular no sólo no morirá sino que será indultado por el Rey[255]

En Sevilla se da en estos años una confrontación cada vez más aguda entre los jurados municipales y los caballeros veinticuatro. Alejandro Guichot no duda en decir, refiriéndose a 1783:

Contra estos privilegios y facultades concedidos a la pequeña nobleza y hombres buenos, conspiraban, unas veces sorda y otras descubiertamente, los Caballeros Veinticuatro, es decir, la alta y poderosa nobleza de Sevilla.[256]

LOS AÑOS DE LOS JINETES DEL APOCALIPSIS

A pesar de lo que digan literalmente bastantes historiadores, en el campo que nos ocupa, esa última etapa del siglo XVIII nos muestra una Andalucía que ha perdido cualquier tendencia hacia la modernidad. Quien hojee, por ejemplo, los *Anales* de Justino Matute en estos años verá que, indefectiblemente, las noticias van —una tras otra— caminando por el espacio que media entre unas *Rogativas* para impetrar el perdón divino ante un castigo y el *Te Deum* que da las gracias al cielo por haberlo levantado. O sea: caminan por esas *Misiones* que inventaran o implantaran en Andalucía frailes como fray Diego José de Cádiz y fray Diego de Valencina.

Los sectores más reaccionarios van ganando las posiciones que habían perdido años atrás, mientras la ignorancia y la superstición continúan siendo tan generales como la pobreza. Los religiosos azuzaban a los sectores populares más atacados por el hambre y la enfermedad, «echando la

255 *Pasillo de Diego Corrientes*. En José Mª Vázquez Soto. *Romances y coplas...* Op. Cit.

256 Alejandro Guichot y Sierra. *Historia del Excmo. Ayuntamiento de la ciudad de Sevilla*. Colegio oficial de aparejadores y arquitectos técnicos de Sevilla. Sevilla 1990. Pág.132.

culpa de todo aquello a las leyes y modas traídas por los ilustrados». Valgan para lo que digo tres ejemplos:

El primero lo refieren Matute y Alejandro Guichot y tiene como escenario el de la epidemia del año 1800:

La fiebre amarilla se presentó en Cádiz en el mes de Junio... El 12 de Agosto se supo en Sevilla por barcos procedentes de aquel puerto, cuyas tripulaciones se componían de vecinos de Triana... El día 29 se contaban 430 enfermos en la calle del Sumidero... y en las que rodean la parroquia de Santa Ana... Manifestase muy luego la enfermedad contagiosa en el barrio de los Humeros (ya en Sevilla)...[257]

Justino Matute, después de consignar cómo en aquellos días se hicieron rogativas, rosarios y procesiones de todas clases, impulsadas por los frailes, nos dice:

Ya el pueblo consternado clamaba a Dios por el remedio, y bien penetrado de que esta aflicción era castigo de nuestros pecados, quería expiarlos tomando a su cargo la venganza de la deidad ofendida. Primeramente los muchachos empezaron a ultrajar a las mujeres que iban con algún aseo, gritándoles: esta es la peste: ahí va la peste, sin que jamás faltase alguna persona ilusa que los incitase; y alguna vez se dijo en el púlpito que éstos no eran muchachos sino ángeles. De las injurias de palabra se pasó a las pedradas...[258]

El cronista cuenta la picaresca que también se desarrolló al darse la orden de que todos los enfermos fueran llevados a los hospitales: en muchas casas se presentaron los encargados, más que con la intención de llevárselos, con la de recibir dinero por no hacerlo.[259]

---

257 Alejandro Guichot y Sierra. *Historia del Excmo. Ayuntamiento...* Op. Cit. Tomo III. Pág. 175.

258 Justino Matute y *Gaviria.- Anales...* Op. Cit. Tomo III. Pág.273. La versión de Guichot de lo que cuenta Matute es esta: *El día 4 de septiembre picaba ya la peste dentro de los muros de Sevilla... en aquellos días dieron en recorrer las calles grupos de muchachos y zagalones que insultaban y apedreaban a los hombres y sobre todo a las mujeres, que encontraban en su camino vestidas con galas o demasiado primor:* ¡Esa, esa es la peste, *gritaban,* Ahí va la peste! *Y los atropellaban brutalmente...*

259 Justino Matute.- *Anales...* Op. Cit. Tomo IH. Págs. 35 y 36.

El segundo ejemplo es el motín popular —azuzado desde arriba— con desmanes de toda clase tras la caída en desgracia de Godoy, Príncipe de la Paz. Una multitud tomó el centro de Sevilla, destrozó el Café de la Paz, en la calle Génova —hoy Avenida de la Constitución— porque su nombre recordaba el del valido y asaltó la iglesia de San Agustín, en la Plaza del Salvador, para arrancar del presbiterio su retrato.

El tercero fue el linchamiento del Conde del Águila, en Sevilla, poco después de declararse la guerra a las tropas de Napoleón. El asesinato fue instigado, según Velázquez y Sánchez, por algunos nobles y eclesiásticos que, durante la epidemia anterior, habían luchado —sin conseguirlo— por cerrar los teatros y que, en 1805, pretendían desobedecer las órdenes del gobierno en lo referente a utilizar únicamente para enterramientos los solares destinados a tal fin fuera de la ciudad (quitando así beneficios económicos a conventos e iglesias).

También estaban en litigio el uso de los edificios de la extinta Compañía de Jesús y diversas ordenanzas para los mercados públicos. *El Conde del Águila, el rejidor Uriortua y el veinticuatro Goyeneta, apoyaban con franca decisión la puntual obediencia* á *las justas y convenientes prescripciones del Consejo...* (El Conde)... *se atrajo mortales antipatías de los interesados en los abusos que trataba de reprimir con tanto brío como insistencia; pero el peor de sus adversarios era el conde de Tilly...*

En los primeros días de la entrada de las tropas francesas en Madrid, en mayo de 1808, el Conde del Águila fue acusado de traición, sacado de su coche a rastras por una multitud vociferante, llevado prácticamente sin escolta del ayunta miento al castillo de la Puerta de Triana y, allí , arrebatado por las turbas, fusilado y colgado del balcón de la puerta.[260]

Poco más de un mes después , en junio, los mismos personajes ultramontanos que habían estado detrás del asesinato, entre ellos, el Padre Manuel Gil —enemigo acérrimo del

260 José Vá zquez y Sánchez. *Anales...* Op. Cit. Págs. 66 y ss.

teatro— y un enigmático personaje llegado desde la capital de España, promovieron una rebelión en toda regla (a la madrileña, pero sin franceses, puesto que aún no habían llegado) cuyo estandarte tenía, por un lado, *una imagen de Jesucristo, y en el reverso el siguiente lema:*

> *Religión y patriotismo*
> *triunfarán del francesismo.*[261]

A partir de ahí se formará una *coalición* (no expresa, por supuesto) entre las fuerzas nobiliarias más conservadoras, los eclesiásticos del mismo signo y buena parte de los sectores populares agraviados por la política ilustrada y *profrancesa* de los hombres de la monarquía (con anterioridad habían conspirado contra Godoy y cuando cayó, su retrato fue hecho pedazos en la vía pública). Entre esta gente debieron estar muchos gitanos —o, quizás, la mayoría de ellos— a quienes las medidas de los jefes de fila de la Ilustración y la filosofía que ellos defendían no habían tratado, precisamente, bien.

Además de todas las funciones que pudiera haber cumplido la germanía pseudocaló con anterioridad a estas fechas, ahora se le añadía, seguramente, una nueva: la de servir, hasta 1810, fecha de la entrada de los franceses en Sevilla, para el buen entendimiento de estos conjurados y, a partir de ahí y hasta 1812 o más allá, para la comunicación entre las partidas de guerrilleros, los que operaban clandestinamente en Sevilla y los *patriotas* de la serranía. El cronista Velázquez —del que hay que tener en cuenta que usa siempre un lenguaje muy académico nos dice en varias ocasiones que los agentes napoleónicos interceptaron *papeles cifrados.*[262] Al final de la guerra apareció, incluso, un *Secreto Congreso Hispalense* (que, a veces, se llama a sí mismo

261 Alejandro Guichot y Sierra. - *Historia del Excmo. Ayuntamiento...* Op. cit. Tomo III. Págs. 233 y SS.

262 José Vázquez y Sánchez. *Anales* ... Op. Cit. Ver, como ejemplos, las páginas 110 y 121.

Santo) que decía haber usado durante todo aquel tiempo *del sigilo.*[263]

A todo esto hay que añadir que, dentro del clima de agitación existente desde el verano de 1808, son continuas las coplas que se escriben, se reparten en octavillas y, por supuesto, se cantan. Cuando dos años después llegan los franceses, éstos no sólo no cortan con muchas de las expresiones populares sino que, por el contrario, las alientan para hacer pasar su monarquía por una mera continuación de la anterior.

Desde el lado contrario, también se agitan los sentimientos populares, antes de la llegada de las tropas de ocupación, con esas continuas misiones religiosas. Cuando el día 30 de enero de 1810, el ejército francés se encontraba ya en Alcalá de Guadaíra, *alborotada la plebe salió en pelotones armados... La emigración de familias acomodadas y de muchas otras que sin serlo temían á la plebe irritada más que al ejército invasor, fue tan considerable que, según oculares testigos, había más gente por los campos que en el recinto de la ciudad.*[264]

Los primeros fusilados por los ocupantes fueron dos curas y un probable, o posible, gitano, *el contrabandista Francisco Carrillo, conocido por el apodo de* Colmillo *entre la gente del bronce*[265]*, teniente del partidario Trigo, que había venido a Triana para convencer a varios de sus camaradas más idóneos al caso á*

---

263 Manuel Moreno Alonso. *Sevilla napoleónica.* Ediciones Alfar. Sevilla 1995. Págs. 293 y ss.

264 Ibidem. Pág. 101

265 Creo que es la primera vez que aparece en este libro la expresión *gente del bronce* que, a lo largo del siglo XIX, usan muchos autores, que Bécquer referirá —ya claramente— a los *flamencos* y con la que Federico García Lorca «fundirá» poéticamente, cambiando la contracción *del* por la preposición *de,* el perfil de Antoñito el *Camborio,* logrando que, desde entonces, se refiera casi exclusivamente a los gitanos. Aunque quizás saque a relucir todo esto más adelante, quiero, no obstante, hacer aquí una parada y explicar mi versión de la evolución de esta frase.
Como es lógico por la lógica de la costumbre, la tomé en un principio y sin más por sinónimo de *gente gitana,* pero, después, comenzó a extrañarme su aplicación a personas de la serranía de Ronda y, más tarde un cierto sentido despreciativo que le daba García Blanco. Recientemente, sin embargo, encontré en Adolfo de Castro un sentido que me parece pudiera

que se incorporaran a la guerrilla española que recorría los pueblos de la sierra.[266]

Pocos días después se celebraba en la iglesia de Santa Ana, y promovida por el cura de la O, una solemne función religiosa para dar gracias por la venida a Sevilla del rey José Bonaparte. En la iglesia, llena de adversarios de dicha conmemoración, reunidos allí expresamente para protestar, con muchos clérigos y gente de hermandades entre ellos, se promovió un tumulto tal que la misa no pasó de la homilía y tuvo que acudir un escuadrón de gendarmes. Los soldados prendieron luego al cura de Santa Ana, a los hermanos mayores y oficiales de las hermandades *y otros individuos del barrio conduciéndolos a la Cárcel Real, con escolta de escopeteros de Andalucía y dragones franceses.*[267]

Pero, a parte de estas alteraciones de los arrabales, y de ejemplos aislados, la mayoría de la población culta sevillana fue —más de grado que por fuerza— afrancesada, mientras Cádiz resistía los cercos. Su serranía y la de Ronda (en realidad, la misma comarca) quedaría como símbolo de la lucha de guerrillas contra el invasor:

La serranía de Ronda sola mató más franceses que el resto de España; y los serranos no bajaron de allí a la campiña hasta que se fueron los franceses el año 13 (sic); entonces bajaron y hasta entonces duró el hambre por toda España.[268]

---

ser el original. En su *Historia de Cádiz* (Op. Cit. Tomo I, pág. 730) dice, refiriéndose a la etapa de caudillajes populares durante el cerco francés: *Alternaban los regocijos públicos por las victorias con las rogativas por la felicidad de nuestras armas: allí los animados bronces pregonaban nuestra alegría, aquí los pasos graves... decían claramente el fervor religioso...* Es evidente para mi que, con esa expresión subrayada, el autor se está refiriendo a las fiestas y canciones en las que estaban presentes, como acompañamiento, los almireces y otros objetos de metal resonante (todavía podemos verlo en las cruces de mayo de Lebrija y de los *auroreros* en otros puntos de nuestra geografía).

266 Ibidem. Pág. 107.

267 Ibidem. Pág. 108.

268 Antonio Mº García Blanco. *Resumen de un siglo.* Osuna 1887. Pág. 28. Este libro desconocido de uno de los principales personajes de la revolución del 68 —compañero de muchos krausistas— da una visión de nuestro siglo XIX muy distinta de las que leemos habitualmente. Como antiabsolutista

El mito de la serranía de Ronda aparecerá más tarde, en Estébanez Calderón, como el de la tierra que había sabido guardar las tradiciones de los romances que cante *El Planeta.*

En Cádiz, la situación era, en parte, distinta; desde 20 años antes, las guerras —tanto contra los franceses revolucionarios, como contra los ingleses— sólo habían servido para interrumpir y desordenar las comunicaciones mercantiles[269] y, a la vez, dejar a la bahía cercada o desasistida. Los «franceses» gaditanos —muchos de ellos, nacidos ya en la ciudad— habían ayudado a la revolución en 1789, pero se consideraban españoles. Ahora serán acusados aprioristicamente de traidores, produciéndose una situación muy confusa en la que me parece que intervienen, junto con elementos ultramonano, como el Duque de Montijo (paradójicamente, abuelo de Eugenia, la futura emperatriz de los franceses) los representantes de los intereses británicos.

En los mismos días que en Sevilla, se dan también una serie de motines y, aunque se producen los asesinatos del general Solano y el comandante Heredia, que responden exactamente a las mismas características del perpetrado contra el Conde del Águila (hasta en el hecho de no permitir que termine de confesarse con un sacerdote.[270]) y menudean los religiosos entre la turba amotinada, existen, sin embargo, fuerzas civiles y militares que, aliándose con las religiosas, son capaces de apaciguar los ánimos y reconducir los acontecimientos. De hecho, los frailes capuchinos intervinieron, tanto para hacer de notarios y asegurar que las baterías costeras no habían sido inutilizadas por los que las turbas consideraban pro-franceses, como para salvar a algunos personajes de un linchamiento seguro. Al final, un religioso, el

---

y anticlerical (aunque fuera sacerdote) era también, lógicamente, muy antigitano.

269 Cfr. Enrique Jiménez López. *El fin del Antiguo Régimen. El reinado de Carlos IV.* Historia 16. Temas de hoy. N° 20. Madrid 1996. Págs. 104 y ss.

270 Pascual Madoz. *Diccionario...* Op. Cit. Págs. 150 yss.

Padre Mariano de Sevilla, debió avenirse a ser nombrado cogobernador para pacificar la situación.[271]

La situación del reducto español nos la describe —aunque desde su particular visión, no demasiado lejana a la de Borrow— un hombre que escapó a ella, aunque después se exiliara, José Mª Blanco White:

por su posición marítima, sus intereses comerciales y el origen extranjero de muchos de sus habitantes, Cádiz, como siempre, ha demostrado una forma de vida tan diferente de lo que el observador se encuentra en el interior que, dentro de sus murallas, puede éste imaginarse transportado fuera del reino... Aparentemente elevado por los rasgos externos a los rangos de la vieja nobleza..., el nuevo marqués o caballero se encontraba así mismo muy poco diferente a aquellos que pertenecían a su anterior condición... La línea de distinción entre las clases más altas y las más pobres era, por tanto, que en otras grandes ciudades de la península; y, cuando la época de prosperidad mercantil se acabó pues la depresión fue general, las diversas clases se mantuvieron a una distancia proporcional. Cádiz, desconocido por ella misma, abrigaba de hecho un espíritu republicano ...

...Allí se unieron (en la Junta Central) todos los miembros esparcidos del partido filosófico y... se encontraron sorprendidos ante una población muy dispuesta a escuchar sus doctrinas, a aceptar sus puntos de vista y a constituirlos como los órganos de las nuevas que habrían de renovar el reino.[272]

Esas situaciones diferentes, con una guerra por medio, debieron traer diferencias en lo que al canto y al baile se refiere. Si el *ole,* que hemos visto aparecer continuamente en los sainetes gaditanos, no llegó a Sevilla hasta 1811[273] ahora los dos estilos debieron separarse más y más, lo mismo que las formas de vida de los gitanos de uno y otro enclave.

Durante más de dos años, Cádiz y Sevilla —libre la una, ocupada la otra— siguieron, pues, diferenciándose, inmer-

---

271 Adolfo de Castro. *Historia de Cádiz...* Tomo 1. Op. Cit. Págs. 657 y ss.
272 José Mª Blanco White. *España.* Ediciones Alfar. Sevilla 1982. Págs. 97-98.
273 Rocío Plaza Orellana. Op. Cit. (en prensa)

sas en procesos muy distintos que continuarían cuando, retirándose los ejércitos napoleónicos, se festejara la paz. En la bahía, se bailaría, sobre todo, por la Constitución recién estrenada (aunque no estuviera muy claro si lo que se festejaba era, simplemente, el nacimiento de una Carta Magna distinta de la de José I); en Sevilla, únicamente habrá bailes por la vuelta de Fernando VII.

¡VIVAN LAS CAENAS!

En Sevilla, cuando se fueron los franceses, como por ensalmo, mucha gente se volvió de pronto anglófila y dio comienzo un período de represión y de fiesta permanente, primero para celebrar la victoria, después para agasajar al Duque de Wellington, más tarde para abolir la Constitución de Cádiz y, por último, para aclamar a Fernando VII como rey absoluto.

En todo este largo período de varios años, lleno de procesos contra la mayor parte de los personajes ilustrados, procesiones en las que se vuelven a cantar miles y miles de coplas patriótico-religiosas, impresas expresamente para estos actos, aparece un fenómeno muy interesante: la adopción del lenguaje dialectal por personas cultas para escribir en los periódicos[274]. Evidentemente, se trataba de una compleja trama en la que todos los elementos se encadenan para obtener el fin deseado: la reimplantación de un régimen absolutista y teocrático. La estrategia del sector clerical ultramontano español ha sido tratada por Hagen Schultze quien indica cómo los métodos de didáctica popular de los clérigos fueron inmediatamente copiados por las administraciones de varios países europeos y, en concreto, por la aus-

274 Quizás ese lenguaje formaba parte de la «protesta antiborbónica» y de la táctica para atraerse partidarios. Recuérdese que en los últimos cincuenta años, desde Madrid se había denostado siempre el acento sevillano.

tríaca (que pretendió, hasta Francisco José I, ser un estado de características parecidas).[275]

El 1 de Septiembre de 1813 comenzó a editarse en Sevilla el periódico *El Tío Tremenda* o *Los críticos del Malecón;* salieron 98 números. En él, un grupo de personajes imaginarios cuentan siempre los sucesos de los días anteriores en un pretendido dialecto andaluz. Del agasajo al general Castaños dice, por ejemplo, que le hicieron un *jaleillo probe...* con *tonáas... con unos bemoles y sustenío: vaya que se chupaba uno los deos.*

Pero los *críticos del Malecón* no sólo enaltecían, indirectamente, este lenguaje popular sino también las características de las propias composiciones musicales: ... *si nosotros saliéramos con alguna orquesta de seriá y de alto rumbo, era una cosa que se espegaba, y que no nos competía a nosotros... Caa uno se ha de explicar como puea, paa que se le agraesca su güena intinción.*[276]

Con la llegada de Wellington se renuevan las fiestas y en una serenata que le dan durante toda la noche se dice en el periódico que los organizadores dudaban de *la que habían de echar las cantaoras* y aunque alguien quiere que haya de todo: *too esto que se llama varieaes y tiene acetación a mantas: en diciendo varieaes que se sabe que quiere icir güeno y malo...* se decide que solamente se ejecuten composiciones populares porque las otras *ni se puen cantar ni nos corresponden a nosotros* (se rechazan, por tanto, las composiciones que deberían provenir del

275 Hagen Schulze. *Estado y nación en Europa.* La construcción de Europa. Crítica. Barcelona 1997..Schulze pone como ejemplo el *Catecismo Civil,* en el que, entre otras cosas se decía:
P. Decid, niño, ¿cómo os llamáis?
R. Español.
P. ¿Qué quiere decir español?
R. Hombre de bien.
P. ¿Cuantas y cales son sus obligaciones?
R. Tres, ser cristiano católico apostólico romano, defender su religión, su patria y su ley, y morir antes de ser vencido...
P. ¿Cuantas naturalezas tiene (Napoleón)?
R. Dos, una diabólica y otra humana...
P. ¿Quien los ha conducido (a los franceses) *a esta esclavitud?*
R. la falsa filosofía y la libertad de sus perversas costumbres ... (Pág. 152)

276 Citado por José Luis Ortiz Nuevo. ¿Se sabe algo? El carro de la nieve. Sevilla 1990. Pág. 91.

teatro). Se cantarán *coplas y seguirillas toas las que poais cantar* (se entonan *boleras* y *corraleras,* o sea, seguidillas)[277]. Que yo sepa, esta es la primera vez que aparecen, tal como hoy se usan, las palabras *cantaora* y *seguirilla.*

Poco después, se celebraba la venida a Sevilla de otro militar, el coronel Downie, y con este pretexto se estrena la obra teatral *Triana, opresión de los franceses, y gloriosa reconquista de Sevilla*[278] que, obviamente, pretendía establecer un paralelismo entre los hechos recientes y los del siglo XIII. Este teatro, de seguro, no debió tener dificultades de censura ni sería execrado como escuela de artes demoníacas: por el contrario, pasa a formar parte —como la mayoría de las expresiones de música y baile— de ese catecismo patriótico que veíamos antes.

En la Semana Santa del año 1814 se recibió la noticia de la inminente entrada en España de Fernando VII y, a partir de ahí comenzarían unos tiempos en los que todas las coplas populares que se cantan y todas las procesiones civico-religiosas que se realizan tienen como finalidad la exaltación del absolutismo y su enlace con la religión. La nobleza brindó por aquel casamiento, como nos cuenta Fernán Caballero:

Ahora -dijo la marquesa de Valdejara- bebamos por el exterminio de todos los enemigos del Altar y del Trono, esas dos santas y eternas bases de la sociedad[279].

El día 8 de mayo, la multitud obligó al secretario del ayuntamiento constitucional —elegido en octubre de 1812— a sacar en procesión el estandarte inquisitorial, *mientras del barrio de Triana se dirijían á la ciudad una cuadrilla, con haces de leña a la espalda y un pendón blanco, con las armas del santo tribunal, que servía en los autos de fe, celebrados en la parroquia de Santa Ana.* Esta procesión, cada vez más numerosa, acabaría

---

277 Ibidem. Págs. 18-24.

278 Archivo Municipal de Sevilla Secc. 14, tomo 7. Pág. 112. Cit. por Rocío Plaza Orellana. *El flamenco y los románticos. Un viaje entre el mito y la realidad.* En prensa. Folio 68.

279 Fernán Caballero. *Elia o La España treinta años ha.* Prólogo de Rafael Montesinos. Alianza Editorial. Madrid 1968. Pág. 37.

en el antiguo colegio jesuita de las Becas, concedido como nueva residencia a la tenebrosa institución.[280]

Rocío Plaza nos cuenta que, el 14 de mayo, *los gitanos hicieron su propia procesión... con muchos cirios y música marcial entre otra, llevando el retrato del rey Fernando desde el convento de monjas de las Dueñas hasta el del Pópulo... Al final de la procesión y ante la portada de este convento, la fiesta daba comienzo sobre una fachada que les acogía iluminada con multitud de candilejas.*[281]

Debemos tener en consideración que en este último convento era donde radicaba la cofradía del Señor de la Salud, de los gitanos[282]. Según Montoto, por aquellos años —sin precisar cuando comenzó— la hermandad se vio envuelta en un pleito entre gente nueva que había presentado otras reglas para su aprobación y los pocos antiguos hermanos que quedaban. El pleito acabó en 1817, y al año siguiente tuvo lugar la aprobación de los nuevos estatutos, con lo cual se entiende que ganaron los últimos en llegar.[283] Los guiños del destino hicieron que, poco más de veinte años después, el convento se convirtiera en Cárcel Real donde estuvieron presos muchos *calés*. Seguramente, en algunas de sus ventanas nació un día de Semana Santa la saeta *carcelera,* surgida de la voz y el ansia de libertad de algún gitano encerrado en el establecimiento.

Muchas de las procesiones con retratos del rey y encendidas coplas partieron de los corrales de vecinos, entre ellos el del Conde —todavía en pie, aunque transformado—, el del Salvador, el de la calle Marchena, el del Baratillo... y el del Agua, en el que, como se recordará, habían estado presas las gitanas. Una de las más vistosas y numerosas fue la del barrio de San Bernardo donde *toda la noche hubo bailes de cuadri-*

280 José Velázquez y *Sánchez.-Anales...* Op. Cit. Pág. 167.

281 Rocío Plaza Orellana. Op. Cit. folio 71. Toma la noticia del Archivo Municipal de Sevilla. Secc. 14, tomo 7, Págs. 58-59.

282 Recuérdese que el Padre Mauro, promotor de las coplas en caló, como se ha dicho atrás, pertenecía a este convento.

283 Santiago Montoto. *Cofradías sevillanas.* Op. Cit. Pág. 156.

llas de mozas jóvenes ensayadas, al intento.[284] Téngase en cuenta que estos barrios de Triana, la Macarena, los Humeros, San Bernardo... —que en obras como, por ejemplo, los *Anales* de Velázquez y Sánchez[285], son enclaves realistas— aparecerán después como modelos de *barrios flamencos* por la literatura costumbrista y romántica.

Poco más tarde, Fernando VII destituía a los ayuntamientos constitucionales y reponía a los que existían antes de la llegada de los franceses. Lo que hoy consideraríamos un golpe de Estado se había llevado adelante por la nobleza y el clero regular —a quienes la Ilustración había quitado muchos privilegios— mediante una movilización, exacta, precisa, de los sectores más populares, a los que la Ilustración no había sido capaz de dar nada.

Este libro no quiere ser un libro sobre los largos y oscuros años del reinado de Fernando VII, ni siquiera el trienio constitucional de Riego que, en el fondo, no fue más que «la vuelta de la tortilla» y, aun sin noticias concretas, los gitanos tuvieron que ser considerados servilones por los negros o liberales.

De modo que, cuando en 1823 volvió a abolirse la Carta Magna, se repitieron —elevadas a una potencia superior— las escenas de 1814.

Con su odio visceral a cuantos apoyaron el poder absoluto, cuenta García Blanco algunas de las escenas de aquellos días. Hablando de las gentes que huyen hacia Cádiz ante la llegada de los *100.000 hijos de San Luis,* dice:

...yo vi a un gallego llevar dos duros por conducir una maleta... yo vi salir de un barco a un gitano con el seno de la camisa cargado de dinero; pero ¡qué fortuna! Al salir a tierra por la tabla, cayó al agua, y el río se apoderó de él, de su dinero y su nombre... El populacho se retiró del río cuando vio que no había ya nada que robar...

284 Rocío Plaza Orellana. Ibídem. Folio 72.
285 José Velázquez y *Sánchez.-Anales...* Op. Cit. Pág. 312 y ss.

¡A las Cortes! —decían... ¡Muera la Constitución y los judíos o joíos! ¡Viva la religión!...[286]

La entrada de los franceses en Osuna le da ocasión para una sabrosa historia en la que se advierte, incluso, ese odio de los frailes a los párrocos al que aludimos más atrás:

La entrada de los franceses en la plaza de Osuna; los repiques de campanas por parte de las monjas, auxiliadas por los frailes; la caída de la lápida de la Constitución entre el clamoreo del pueblo, y la insolencia de la Majarona que se orinó en ella cuando cayó, sostenida por dos religiosos de San Francisco, el P. Ciriaco, del Calvario, y el P. Avejar, observante; y la «procesión de los dioses': así llamada, porque se recogieron y quitaron los sagrarios de las cuatro parroquias...

...Era la Majarona mujer de un sargento de bandera que vino aquí reclutando y reclutó a una hija de un honrado ganadero... y una hija que tuvieron se fue con una compañía de la legua que vino por ahí... Presentáronse los frailes ¡qué vergüenza!, y la mujer se meó (de gusto) y los frailes se quedaron tan frescos... La procesión de los dioses... fue una espantosa algarada... Serían las diez de la mañana del 25 de julio de 1823, cuando se presentó... el servil Mazuelos, con su carreta adornada de cortinas y los bueyes sin frontiles... las monjas... dejaron caer, entre palmas y aclamaciones, unos frontiles bordados de sedas... enseguida ordenáronse en dos filas muchas personas... y se dirigieron por la Carrera a Sto. Domingo, el Carmen y Consolación. En cada una de estas iglesias hubo irreverencias, profanaciones y altercados entre los curas de cada parroquia y los dos clérigos de la procesión... el populacho... encañonaban a los curas, blasfemaban y se dirigían al sagrario... arrancaron... las pilas, recogieron los ornamentos... y todo lo echaban en la carreta; y encima de todo, los curas... y mandaron entonar el más risible «pange lingua» que jamás se haya oído. Las estrofas de aquel celestial cántico sonaban alternando con tiros, blasfemias, ajos y mueras de un pueblo hebrio (sic) de sangre y borracho perdido de vino.[287]

---

286 Antonio Mª García Blanco. Op. Cit. Págs. 66 y 67.
287 Ibidem. Págs. 74 y 75.

He querido extenderme en el relato para insistir en una idea: la de las causas por las que, en estos años, existe una separación tan rigurosa entre nuestros intelectuales más honestos y esas manifestaciones populares que, forzosamente, debían merecer su desaprobación. En Sevilla y su territorio, aquellos cantos, religiosos o populares, que habían quedado de lo antiguo o que se habían abierto paso desde formas nuevas habían acabado en la más negra abyección. Otra cosa sería Cádiz.

En Cádiz, el proceso que comenzó con la entrada de Fernando VII y terminó aboliendo la Constitución que allí se había redactado, fue visto, primero con incredulidad y luego con resignación; pero, al fin y al cabo, la ciudad y toda la bahía habían sido hasta entonces un reducto liberal y se pensó que, en la práctica, así seguiría siendo. Diversas epidemias, el reforzamiento de la guarnición con jefes de marcada tendencia realista y la concesión a la ciudad del título de *muy heroica,* colaborarían en mayor o menor medida con los propósitos del absolutismo.

Sin embargo, el fervor popular constitucionalista ante el alzamiento del coronel Riego contrasta con la tibieza de Sevilla. En los sucesos de esos días, el informante de Pascual Madoz destaca que los soldados del regimiento de Soria *...al grito de Viva la Libertad ... marcharon a la plaza de San Antonio, seguidos de una multitud de contrabandistas que vitoreaban a la constitución.*[288] Estos sucesos dieron lugar a una masacre de esos ciudadanos por parte de los soldados realistas. Blanco White —que resalta el hecho de que la *milicia andaluza* acudiera voluntariamente a salvar a los civiles— narra pormenorizadamente el acontecimiento y da la cifra de 500 muertos

288 Pascual Madoz. *Diccionario...* Volumen «Cádiz». Op. Cit. Pág. 153. En esta misma obra, con sólo leer la reseña de cualquier población, se observa la multitud de portazgos, pontazgos... y otros impuestos de origen nobiliario o feudal que obstaculizaban la libertad de comercio. Era lógico que, en Cádiz, los contrabandistas, o sea, determinados comerciantes —entre los que habría muchos gitanos como nos dice el manuscrito de Triana— fueran partidarios de una norma antiseñorial e igualitarista.

y heridos.[289] Adolfo de Castro, de mentalidad más conservadora, no se atreve a confirmar estos números[290], pero su descripción pormenorizada de los hechos es riquísima en detalles que confirman la división de la ciudad y la bahía en dos posiciones enfrentadas. Ahí podemos ver, por ejemplo, como había frailes que alentaban a los soldados realistas a seguir golpeando a un médico, diciéndoles, *A ellos, hijos míos, a ellos; no cansarse, que quieren destruir nuestra religión,* como se destruía a cañonazos la lápida de la Constitución de la plaza de San Antonio y como, cuando ya llega la calma, la ciudad acuerda hacer una suscripción a favor de las familias de las víctimas, *pues casi todas habían sido personas pobres.*[291]

Tanto en el período posterior a 1810, durante el cerco napoleónico, como ahora, hacen su aparición personajes singularísimos, procedentes de clases populares o de órdenes religiosas mendicantes que, adoptando la antigua máscara romana de *tribunos de la plebe,* llevan a cabo su labor de enardecer al pueblo combinando la arenga con la fiesta callejera.

Quizás por eso, si en el terreno de la canción expresamente política de este corto período constitucional y, aparte del *Himno de Riego,* únicamente nos ha quedado una composición popular: el *Trágala* (que volvería a cantarse durante los también cortos años de la I República y, en algún momento, durante los primeros tiempos de nuestra *Transición),* a través del flamenco gaditano, sin embargo, si se conservarían muchas huellas, que caminan por el cerco de los franceses napoleónicos, la «epopeya» del año 20 y la rendición de la ciudad a los *100.00 hijos de San Luis.* Desde:

Con las bombas que tiran
los fanfarrones
se hacen las gaditanas
tirabuzones... ,

289 José Mª. Blanco White. *España.* Op. Cit. Págs. 132 y ss.

290 Adolfo de Castro. *Historia de Cádiz y su provincia.* Op. Cit. Tomo II. Pág. 171.

291 Ibidem. Págs.169-181.

hasta:

Baluarte invencible
Isla de León.
Como ganaron los franceses, madre:
fue por traición.

La popularidad general de estas coplas da toda la razón a lo que es uno de los nudos del ensayo de Álvarez Junco, *Mater Dolorosa,* uno de los más lúcidos trabajos sobre este período que han aparecido.

La tesis del autor es, en definitiva, que es ahora, precisamente ahora, cuando los liberales se vuelven patriotas a fin de formar un frente común contra «el francés» que volvía a invadir España. Es aquí donde prenderá en las clases cultas el amor por las creaciones populares y donde, por tanto, aparecerá el romanticismo.[292]

Por eso, a partir de ahora, también pudieron aparecer muchas coplas, dedicadas al coronel Riego, como ésta:

Mataron a Riego
ya Riego murió;
como se viste de negrito duelo
toda la nación.
Salgan los santitos
de San Juan de Dios
a pedir limosna pa enterrar a Riego
que va de por Dios.[293]

Y un hecho casual para ser tenido en cuenta: en 1825 el bibliófilo constitucionalista Bartolomé José Gallardo, preso en la cárcel de Sevilla por su oposición a Fernando VII, escuchó asombrado como dos gitanos, Curro el

292 Álvarez Junco, José. Mater Dolorosa. La idea de España en el siglo XIX. Taurus. Madrid 2003.

293 Una antología de estas coplas puede encontrarse en José Luis Ortiz Nuevo. *Pensamiento político en el cante flamenco (antología de textos desde los orígenes a 1936).* Biblioteca de la Cultura Andaluza. N° 35. Barcelona 1985.

Moreno y Pepe Sánchez, cantaban de corrido el romance de Gerineldo. El hecho de que personas iletradas y, además, gitanas se supieran de memoria una de las piezas más conocidas de nuestra literatura medieval debió tener para Gallardo la misma magnitud que la aparición de la divinidad a Pablo de Tarso a las puertas de Damasco. Los intelectuales «afrancesados» caían en la cuenta de que era esta pobre gente la que —rechazando las modas ilustradas— había conservado, como escribiría luego Estébanez Calderón, la verdadera cultura española.

En medio de toda la vorágine francófila del siglo XVIII los gitanos habían sido los *Minnesinger* que habían conservado los sagrados valores hispanos de la Edad Media.

CAPÍTULO XII

TIEMPOS MODERNOS

A partir del año 1825, y hasta el 33, regirá los destinos de Sevilla José Manuel de Arjona (hermano de Manuel María de Arjona, uno de los hombres de confianza de José Bonaparte). En los años de su gobierno se codificarán dos *creaciones* andaluzas, la Semana Santa[294] y la nueva fiesta de los toros, empujadas por un fervor nacional-religioso que en esos años comienza a buscar fórmulas populares que asienten cómodamente a los *príncipes cristianos,* y, también por las oleadas —cada vez mayores— de viajeros que llegan a nuestras tierras.

Sin embargo, no correrán por ahora igual suerte los *bailes nacionales* y, por extensión, los *bailes andaluces.* A pesar de que escritores como Lord Byron nos hayan dejado testimonios del amor general por la música y las danzas[295], a pesar de que recopiladores como Zamacola —*Don Preciso*— hubie-

294 En realidad, el asistente Arjona también influyó grandemente en la recuperación de la procesión del Corpus y su *velá,* y otras festividades. También intentó codificar el comportamiento del público en todos estos eventos.

295 Llegado en los prolegómenos de la Guerra de la Independencia, Byron dejó impresiones como éstas:
...No previendo la suerte que les amenaza, los habitantes de Sevilla se entregan a fiestas, a cantos de gozo y a las diversiones; pasan las horas entregados a extravagantes regocijos... Allí no se oye el sonido guerrero de los clarines, sino la guitarra de los enamorados ... (Lord Byron. *Las peregrinaciones de Childe Harold.* Club Internacional del Libro. Madrid 1983. Pág. 25.

ran recogido, desde treinta y tantos años antes, centenares de coplas populares, todo lo que aparece oficialmente en este campo se reduce a lo que se canta y se baila en el teatro y a someras descripciones de veladas veraniegas, reguladas hasta la saciedad por el Asistente.

Sin embargo, los viajeros hablan de otras cosas. Richard Ford, que se establecerá durante una larga temporada en Sevilla y que recorrerá Andalucía casi de punta a punta, nos dejará una visión bien distinta, aunque a menudo caiga en el *arqueologismo cultural* o, incluso, en anacronismo como decir que los andaluces de la Bética ya comían gazpacho sin pensar que el tomate llegó después de Colón. Comparte la admiración por el frenesí del baile con todos sus colegas y, como ellos, describe los que se ejecutan en los teatros, prefiriendo —como todos— los de los gitanos, pero sus observaciones llegan más allá cuando nos cuenta que *la seguidilla, la guitarra y la danza... constituyen el goce de la pobreza desenfadada, el reposo después del trabajo bajo el sol... En todas las ventas y patios, a pesar de la larga jornada de trabajo y de la escasa comida, se despierta una nueva vida en las venas de la gente.*

...Apenas ha terminado la cena... algún bailarín de patillas negras, la antítesis misma de farinelli, «chirriando su prosaico verso», aullará todo lo alto que su voz le permita... todos participan marcando el ritmo con los pies, taconeos, y con las manos..., palmeado,... Siempre en todo grupo de españoles, ya sean soldados, civiles, muleros o ministros, hay alguno que sabe tocar la guitarra... La multitud adapta la melodía de guitarra a la canción... Cojean en la medida, por no hablar del verso, pero su magnífico idioma se presta a una superabundancia de palabras, sea en verso o prosa, y tampoco resulta muy difícil improvisar teniendo en cuenta que el sentido común no suele ser ingrediente muy importante de la composición.[296]

Es evidente que para Ford, como para Borrow, aquello no era sino *wild music,* música salvaje, pero en su descripción

296 Richard Ford. *Manual para viajeros por Andalucía y lectores en casa.* Tomo 1. Editorial Turner. Madrid 1980. Págs. 97-99.

nos deja algunas notas que perdurarán en el flamenco y, en particular, esa especie de incoherencia que, después, tanto gustará al folclorismo, al modernismo y al surrealismo.

Pero no será de aquí de donde partan los que, ya en los años de Isabel II, empiecen a poner en valor la tradición oral y muchas manifestaciones populares. Serán nuevas circunstancias aquellas en las que comenzarán a fijarse los cánones de los cantos o *cantes:* el gusto por el Siglo de Oro, nacido en Alemania, influirá en estas expresiones musicales que poco después se llamarán *flamencas,* sin que ello indique que corresponden exactamente a las que hoy conocemos por tales.

Rocío Plaza que, en ese libro al que hemos hecho alusión varias veces, estudia detalladamente —aunque no le guste— la figura y la obra de Richard Ford, saca a relucir una carta de éste a Pascual Gayangos (nuestro gran arabista, residente en Londres y amigo de Juan Valera que, a su vez, fué íntimo de Estébanez[297]): le habla de un alemán, Huber, que ha viajado por España y, entre otras cosas, ha realizado un trabajo en latín sobre los *primitivos romances* españoles[298]. Las élites andaluzas y españolas no estaban aisladas como en tiempos anteriores y el péndulo de la Historia llegaba de nuevo hasta el pasado español.

CORRÍAN PENSAMIENTOS NUEVOS

La frase es de José Luis Ortiz Nuevo y viene como anillo al dedo: España cambiaba de mentalidad mientras las condi-

297 Las relaciones entre intelectuales de este tipo son múltiples: Estébanez es muy amigo de Merimée... también aparecen relaciones con el Barón Von Schack, estudioso de los árabes de España y Sicilia, con el Duque de Rivas, con Cecilia Böhl de Faber, Espronceda, Mesonero Romanos. A la contra de todos ellos, pero igualmente relacionado, estará Larra.

298 La obsesión por el *primitivismo* ha influido poderosamente en los estudios flamencos; sin ir más lejos, sería el calificativo que Falla y Federico García Lorca le aplicarían: flamenco o cante primitivo andaluz.

ciones políticas y económicas hacían también su trabajo. Comenzaban a independizarse, una tras otra, las colonias americanas (lo que, de paso, hundía, ya del todo, a Cádiz), mientras a Sevilla y a la campiña de Jerez comenzaban a llegar empresarios nuevos cuando la necesidad de pagar a Gran Bretaña las deudas de la Guerra de la Independencia imponía las desamortizaciones. Los apellidos que todavía suenan en los dos enclaves (Ybarra, Gordón, Miura, Domecq) llegaban entonces a asentarse en ellos para roturar, plantar, pastorear e, incluso, industrializar.

Junto a esto, se abrían nuevas filias y fobias políticas: el pensamiento francés, tan querido por nuestros ilustrados librepensadores, se había concretado en el año 23 en la ominosa invasión de los 100.000 *hijos de San Luis* en socorro del rey absoluto. La Revolución francesa pertenecía, pues, al pasado. Fueron, por tanto, a partir de aquí, nuestros liberales los que ayudaron a levantar el mito de la *Guerra de la Independencia*[299] y la defensa de ese espíritu nacional que, con Francia como primer y secular adversario, llegaría hasta las *enciclopedias* escolares de hace treinta o cuarenta años.

Creo que todo esto —la economía, la política y los nuevos gustos— influyó en la evolución de los acontecimientos en España y, en concreto, en la valorización o revalorización de los elementos culturales populares. El caso es que, en la capi tal de Andalucía —como comienza a denominarse ahora a la ciudad—, el mismo asistente Arjona reorganizará, como he dicho, las procesiones de Semana Santa, con carácter de desfiles llenos de figuras y figurantes.

El cronista y constitucionalista Velázquez y Sánchez aplaude esta reorganización y dice, en concreto, del Santo Entierro: *Esta novedad inesperada atrajo a Sevilla infinidad de forasteros; realizando así la metrópoli de Andalucía esas generales*

299 Cfr. José Álvarez Junco. «La invención de la Guerra de la Independencia», en revista *Claves de razón Práctica*. Nº 67. Nov. 1996.

ventajas que proporcionan a los pueblos las festividades político-religiosas, en la íntima unión de los intereses morales y positivos.[300]

También se fundará —bajo el patrocinio del rey Fernando VII— la Escuela de Tauromaquia de Sevilla. Pascual Millán argumenta así la necesidad de crear la Escuela y renovar el toreo: *Si a esta funesta influencia de la política, que llevó a presidio algunos diestros y a la emigración no pocos... se comprenderá la inevitable decadencia del arte en los primeros años del siglo actual, hasta que Montes, iniciando una nueva época de progreso, señala el verdadero renacimiento de la tauromaquia.*[301]

La corrida propiamente dicha —minuciosamente y en todos sus elementos, desde la arquitectura al comportamiento de los espectadores— la ordenará un *escolar* del establecimiento: el chiclanero Francisco Montes, *Paquiro.*

Los bailes, por su parte, comenzarán a salir oficialmente de los escenarios y se presentarán y enseñarán en cafés que se llaman *academias,* y acabarán danzándolos, y lanzándolos internacionalmente, un tropel de bailarinas extranjeras a las que seguirán cada vez más españolas. Serán los años de oro de las *danzas españolas.*

Esta es la situación en la que, pocos años después y en el principio del período constitucional de Isabel II, se produce la entrada en Triana de la comitiva de Don Serafín Estébanez Calderón, jefe político de Sevilla, con la bailarina Guy Stephan, amiga o *amiguita* del entonces todopoderoso Marqués de Salamanca. La Stephan ha triunfado en el Circo Price de Madrid con danzas andaluzas (incluso ha sido la enseña de un *partido* de caballeros forofos o, mejor, *aficionados,* enfrentado a otro, encabezado por la artista *la Fuoco*[302]*),* pero no ha estado nunca en Sevilla ni, por supuesto, en Triana, a donde va ahora para convertirse en *trianera* (o, lo

300 Op. Cit. Págs. 364 y 365.

301 La Escuelas de Tauromaquia ... Op. Cit. Pág. 55.

302 Los caballeros en cuestión, últimos exponentes de aquella acepción de *afición* que recogíamos de Deleito y Piñuela, se colocaban cada tarde una flor roja o blanca en la solapa, según a qué bando pertenecieran. Cfr. Mario Penna. *El flamenco y los flamencos.* Op. cit. Págs. 209 y SS.

que es lo mismo, española) *de honor* y, de paso, a ver con sus propios ojos (que en ese momento son los del mundo exterior) cómo en España también se sabían conservar las tradiciones.

En la fiesta están *El Planeta* y *El Fillo,* que, como todo el mundo sabe, son gaditanos[303]; para Estébanez, sin embargo, no son gitanos ni flamencos sino —tengámoslo muy en cuenta— *españoles,* aunque de diferentes bandos. *El Planeta* es el heredero de aquellos patriotas del sitio de Cádiz o de la Serranía de Ronda (de donde se dice en el relato que vienen los Romances) que habían hecho frente a Napoleón, mientras que el harapiento traje de miliciano de *El Fillo* (de la Milicia Realista, un cuerpo *voluntario* del absolutista Fernando VII[304]) lo delata como integrante de la *gente del bronce* y seguidor de aquellos destemplados cantores de *voz crúa* de las algaradas religioso-patrióticas. La voz del *Broncano* que le reprocha *El Planeta,* ¿no sería precisamente esa de uno de los del *bronce?*

Por eso lo que éste fuera a cantar y, sobre todo, el modo en el que iba a hacerlo (Estébanez podría haberle aplicado los mismos calificativos que le daba Richard Ford unos años antes), no eran ya *de recibo,* según sus mismas palabras.

Así, pues, nos encontramos con que, ese momento que se ha tomado en tantas obras como *acta documental* del nacimiento del flamenco, lo que aparee, en realidad, es una expresión de españolidad: allí están, prácticamente, todos los *palos,* pero, para Estébanez, esa manifestación artística no es vieja, sino nueva o, mejor, renacida en parte (los romances) y, en parte, nueva. Todo, como correspondía a una

303 *El Planeta* responde perfectamente a las características que Augusto Jiménez (Op. Cit.) da a los gitanos de Cádiz: bien vestido y creo que, exceptuando a *El Fillo* (tal como lo pinta Estébanez), a las de todos los que vendrán después, como Enrique el *Mellizo,* Ignacio Ezpeleta...

304 Los voluntarios realistas habían ido teniendo cada vez más dificultades para subsistir, por lo que, probablemente, irían siendo reclutados entre sectores cada vez más bajos de la población. Las vicisitudes de este cuerpo han sido estudiadas por Alfonso Braojos en su obra *Don José Manuel de Arjona* Op. Cit. Págs. 220 y ss.

sociedad que se encaminaba por las corrientes historicistas y a una ciudad, Sevilla, que en aquellos momentos quería copiar a París[305]. *Sevilla es la depositaria de los universos recuerdos de este género, el taller donde se funden, modifican y recomponen en otras nuevos los bailes antiguos, y la universidad donde se aprenden las gracias...*[306]

Si unos años antes, todavía en tiempos de Fernando VII, Arjona, el Conde de la Estrella y otros próceres habían puesto manos a la obra de codificar las expresiones taurinas y religiosas y coser con ellas el tejido social desgarrado durante un cuarto de siglo, ahora, los constitucionalistas o isabelinos buscarán *nacionalizar* los bailes y los cantos, aunque para ello tengan que abrir un proceso de canonización de los gitanos y de *lo gitano.* En este proceso irán emergiendo también —aunque paralelamente— los flamencos y *lo flamenco,* sobre todo desde que Bécquer fije el arquetipo.

LOS GITANOS SUBEN A LOS CIELOS

En el fondo, la opinión de Estébanez sobre la composición de todo aquello no distaba mucho de la que Bécquer tendrá sobre la Feria de Abril, sólo que con la valoración contraria: para el sevillano, la amalgama de lo viejo y lo nuevo será mala, mientras que para el malagueño, será buena. No podemos olvidar que la situación de ambos en sus escritos era muy diferente: Estébanez Calderón se encontraba en los primeros años del parlamentarismo de Isabel II, Gustavo Adolfo, en el prólogo de la I República.

305 Esa emulación sevillana por las cosas de la capital de Francia las ha estudiado Alberto Villar Movellán en los primeros capítulos de su libro *arquitectura del regionalismo sevillana. Diputación Provincial de Sevilla. Sevilla 1979.*

306 Serafín Estébanez Calderón. *Escenas andaluzas.* Edición de Alberto González troyano. Cátedra. Madrid 1985. Pág. 249.

Está claro que, como fenómeno musical y de danza, todo el conjunto de la fiesta es presentado como nuevo por nuestro escritor; como producto de una España que accede a la modernidad entrando en el *romanticismo historicista,* o, lo que es lo mismo, rompiendo con la Ilustración. Antonio Reina Palazón —aunque refiriéndose a la pintura— ha resumido muy bien este momento:

Si la Ilustración quería establecer una verdad general aplicable a todos los hombres y los trataba por tanto en abstracto, por encima de sus coordenadas históricas y temporales, será el Movimiento Romántico el que valorice y haga especial hincapié en la realidad temporal e histórica y en los instrumentos irracionales (intuición, sentimiento, etc...) de la persona. De este modo se recaban los elementos particulares y no los comunes del ilustrado.[307]

Todo lo cual no quiere decir que el romanticismo se hubiera impuesto sin más y sin resistencia. En esos años, todo es dual en España y, por ende, en la baja Andalucía que comenzaba a renacer de sus cenizas.

Nicolás Sánchez-Albornoz ha usado para ese período el concepto de *economía dual:*

El concepto de dualidad lleva consigo, en su naturaleza, la ambigüedad. Dual es una economía en transición, porque nunca sistema alguno reemplaza a otro de manera abrupta. Hay un momento de superposición, de convivencia ... Igual corresponde hablar de un dualismo intersectorial o de uno intrasectorial... como de otro, en fin, geográfico... Aceptar la noción de dualidad en el plano del análisis histórico reporta algunas ventajas de naturaleza conceptual. Por de pronto define la relación entre los distintos sectores que, aunque se llegaran a dar la espalda, coexisten en el ámbito de la nación...[308]

Creo que este esquema puede aplicarse, por las mismas razones, a la cultura; se está abriendo paso, asimismo, una

---

307 Antonio Reina Palazón. *La pintura costumbrista en Sevilla. 1830 I 1870.* Universidad de Sevilla. Colección de bolsillo. Sevilla 1979. Pág. 15.

308 Nicolás Sánchez-Albornoz. *España hace un siglo: una economía dual.* Alianza Universidad. Madrid 1977. Págs. 16 y 17.

cultura dual que, por ejemplo, con estilo costumbrista, nos describe muy bien José María Gutiérrez de Alba, un autor de segundo orden, pero que, imbuido del mismo espíritu que animaba a Fernán Caballero se dedicó, en los años cuarenta del siglo pasado, a dar a conocer la vida y las costumbres del Pueblo andaluz. Entre otras muchas obras nos dejó en un librito, que lleva ese mismo nombre, atisbos de todo lo que decimos más arriba. Ya en el prólogo distingue la poesía popular, que lleva un sello de espontaneidad admirable, de aquella que ha recibido del arte cierto pulimento, sin que por ello deje de pertenecer en el fondo y en la esencia al mismo género y que se conocen con el nombre de canciones andaluzas.[309]

Más adelante, en un artículo o cuadro de costumbres titulado *Un baile de candil* (casi el mismo título que la *escena* de Estébanez Calderón) nos ofrece dos visiones distintas de la fiesta íntima, de *esas reuniones de confianza que tienen lugar entre las familias de la clase proletaria y, no pocas veces, de la clase media.*

En la primera de éstas, la que tiene ya unas formas regladas y aceptadas, *al compás de un destemplado violín ó una democrática vihuela... suelen alternar con la polka íntima y el canean desenfrenado las seguidillas incitadoras y el fandango agitanado...*[310] (nótese que en estas fiestas no tienen por qué faltar los elementos derivados del estilo gitano y, sin embargo, no ser *flamencas).*

Pero también hay fiestas de otro tipo. *Si la fiesta se verifica entre gente de rompe y rasga, varía de especie. Entonces la guitarra, única orquesta conveniente, hace saltar de gozo a las muchachas que la escuchan. Para ellas no es necesaria invitación ni con-*

---

309 José Mª Gutiérrez de Alba y otros. *El Pueblo Andaluz. Sus tipos, sus costumbres y sus cantares*: Madrid. Imprenta de Gaspar, Editores. Sin fecha de impresión.

310 Ibídem. Pág. 24.

vite... ¿Qué se canta? El Jaleo, y que lo baile esa moza que tiene la sal de las sales...[311]

Al final de estas fiestas en las que, se baile lo que se baile, todos lucen prendas andaluzas, se lanzan puyas y hacen su inexorable aparición los celos, brillarán las irremediables navajas: son fiestas flamencas.

Tanto Estébanez Calderón, que es un político (será, nada más y nada menos, que el padrino de Cánovas del Castillo), como Gutiérrez de Alba, que sólo pretende ser cronista, ven dos formas de cante o baile, dos maneras de hacer la fiesta, igual que —ya como espectáculos— los había de dos clases: el teatro propiamente dicho, que explosionaba en Sevilla después de siglos, y esos mínimos espacios del café o la academia que tanto gustaban a los extranjeros.

Esa dualidad —que no ha pasado a ser política, manteniéndose en el terreno cultural— irá haciéndose presente en toda la vida andaluza desde la vuelta del constitucionalismo, en 1836, hasta la revolución de 1868, la instauración de la I República española y la restauración monárquica.

Sería muy interesante analizar los paralelismos existentes, en estos mismos años, entre los productos de la política y del incipiente sindicalismo en países centroeuropeos y los que aquí aparecen en estos ambientes de barrio y de pueblo en los terrenos culturales tradicionales como festivos y religioso-populares.

Y habría que ver si Cánovas, en su sistema de alternancia, no quiso sino quitar aristas y encauzar por la política lo que eran «formas de vida asociativa» paleopolíticas. Algo de eso es lo que piensa, por ejemplo, el profesor Carlos Dardé en su trabajo sobre la *Restauración*[312].

Todo es tan esencialmente dual, que la misma dualidad evoluciona y lo que ayer era nuevo, sorprendente y exótico pasa rápidamente a ser engullido y edulcorado por el estereotipo para que algo nuevo —nuevo para el gran público,

311 Ibídem. Págs. 26 y ss.
312 Historia de España. Nº 24. Historia 16. Madrid 1996.

pero tradicional o fabricado a partir de lo tradicional— pueda entrar en escena.

En este proceso, que hoy llamaríamos de consumismo, se destacarán dos elementos y un grupo social. Este grupo, evidentemente, es el gitano y los dos elementos, el lenguaje jergal y el traje, perseguidos hasta hacía sólo pocas decenas de años.

El traje, que tanto molestaba antes a los que escribían las pragmáticas, que perseguían los gobernadores y extrañaba a Moratín, en los años de que estamos se había convertido definitivamente, primero en traje de baile y, a continuación, en vestido regional. Esto lo habían advertido ya los viajeros de los siglos XVIII y XIX y así lo recogerán en sus impresiones. Christian A. Fisher nos describe así el entreacto de un teatro de Cádiz:

El espectáculo concluye, la escena se transforma en una habitación magnífica; la orquesta comienza a tocar, los palillos se hacen oír, y desde las dos esquinas del teatro se ven salir a un bailarín y a una bailarina, ambos en el gracioso traje de Andalucía, que parece ideado para el baile.[313]

Pero no pararía ahí la cosa. Ese *traje de gitano* anatematizado siempre en las Pragmáticas y el traje andaluz tradicional irán coincidiendo hasta acabar por ser el *traje de flamenco, traje andaluz* o *del país* y sinónimo, a la vez, de *traje de gitana*[314]. Con él viste Estébanez Calderón a *El Planeta,* con él los fotógrafos reales retratan a los habitantes del Sacromonte durante la visita a Granada de la familia real, dentro del viaje a Andalucía en 1861.

En esos días, el Ayuntamiento de Córdoba celebrará en su honor un *baile de gitanos* del que nos ha quedado la des-

313 Christian A, Fisher. *Voyage en Espagne aux anées 1797 et 1798.* París 1801. Págs. 199-200. Citado por Rocío Plaza Orellana. *El Flamenco y los románticos. Un viaje entre el mito y la realidad.* (En prensa). Traducción de la autora.

314 En la publicación de la que se habla seguidamente, el relato dice que el ayuntamiento sevillano regala a los príncipes dos trajes andaluces y en las ilustraciones que muestran a los infantes vestidos con ellos se usa el adjetivo *gitano* en ambos casos.

cripción y una litografía; junto a ellas, el cronista emite este juicio:

Pero la antítesis de esta falta de vida (se refiere a las danzas tradicionales de algunos pueblos de la provincia) *no debía hacerse aguardar mucho. El tablado se vio inundado por una alegre comparsa de zíngaros de ambos sexos. Sonó el rasgueado de la tradicional guitarra, tocada por hábiles manos; pusiéronse las parejas en su debido lugar, y mientras las usa entonaban cantares rigorosamente (sic) tradicionales con el acompañamiento de las indispensables palmadas, las otras con la gracia que solo los gitanos saben desplegar, danzaban una de esas danzas que únicamente se conciben bajo el ardoroso cielo de nuestra tierra...*

El zíngaro se sentía orgulloso en aquellos instantes y levantaba erguida su frente tantas veces humillada... ¡Cuantas amarguras habían traspasado el corazón del gitano antes de merecer aquella rehabilitación... También para ellos han alcanzado los beneficios de la civilización, y merecen el que se borre el negro estigma que en su semblante habían estampado nuestros padres... Ahora se ha querido obsequiar a la persona de más elevada gerarquía dentro de la nación, y el zíngaro contribuye por su parte á que el general deseo se realice, porque también él es andaluz y está interesado en el buen nombre de su patria.[315]

En el curso de ese mismo viaje, el Ayuntamiento de Sevilla regalará al Príncipe de Asturias —el futuro Alfonso XII— y a su hermana Isabel, sendos *trajes de gitanos* que han quedado reproducidos en las ilustraciones de la revista *La Andalucía*[316]. Serían, a lo largo del tiempo, un símbolo; primero de una posición antiilustrada, después, antinapoleónica o antifrancesa, y, por fin, la constatación, en positivo, de que España seguía teniendo personalidad propia. Los gitanos ya habían subido a los cielos, pero el flamenco seguía en los niveles

---

315 Francisco M. Tubino. *La Corte en Sevilla. Crónica del viaje de SS.MM. y AA.RR. a las provincias andaluzas en 1862. Sevilla.* Imprenta de la Andalucía. Sevilla 1862.Págs. 92 y 93.

316 Ibidem. Págs. sin numerar.

ínfimos de la tierra: en los arrabales de la ciudad y en los de las fiestas no oficializadas.

Hasta que Gustavo Adolfo Bécquer, como un nuevo Orfeo, bajara a sacar de los infiernos al *Fillo*.

II PARTE
DE LA INFAMIA AL CIELO

SOBRE LA CUNA DEL FLAMENCO

Hace poco más de siglo y medio el flamenco era un hecho apenas perceptible y, sin embargo, en lo que toca a su origen y su antigüedad, ya tenía todas las características de tema grande para algunos que, como Gustavo Adolfo Bécquer, se empeñaban en conferirle las cualidades de rasgo identitario ancestral condenado a perderse. No había nada de extraño en ello para una mente ahíta de misterio como la de nuestro poeta pero sí, y mucho, para que ciento cincuenta años después buena parte de la cuestión siga sumida en la niebla.

Y es que, en realidad, las preguntas sobre donde, cuando y como se habían originado el cante y el baile no se han hecho en la mayoría de los casos yendo tras un objetivo científico sino tras un sueño: al flamenco, que ya se percibía como fenómeno cultural a mediados del XIX, había que buscarle una cuna acorde con los parámetros míticos de una epopeya ya fuera la peregrinación de los gitanos desde el Indostán hasta los confines de Europa, el destierro de los sefardíes, la expulsión de los moriscos... o la opresión inmemorial y fatídica del pueblo andaluz.

La visión tardorromántica de que era necesaria una cuna dorada primó sobre la de averiguar por qué surgió realmente y así, lo mismo que en las herencias suculentas de las revistas del corazón, le aparecieron padres, madres y teorías con puntos de partida remotos en Egipto, la India, Jerusalén, Arabia...

A juzgar por la nebulosa de la que había emergido, ese *portal de Belén* podía situarse en cualquier parte menos en las coordenadas en las que la criatura creció después; de hecho, en el suelo andaluz sólo lo situó Blas Infante pero con un relato sostenido únicamente en el irredentismo.

La Lógica nos dice, no obstante, que para escribir la Historia de cuanto existe en este mundo es necesario partir de una explicación racional, rigurosa, crítica, secular, terrenal, probatoria y demostrativa de lo que sabemos con certeza (he escogido las cualidades que otorga a esta tarea el catedrático y académico Enrique Moradiellos) y es desde ahí de donde deberíamos buscar las primeras huellas de su existencia.

EL CONTINENTE PERDIDO

Pues bien: en aquel guirigay geográfico-sentimental y, aunque ello estuviera fuera de toda lógica, del elenco de tierras lejanas sólo faltaban las de los territorios colonizados por España en América durante más de casi 400 años y en los que habían tenido lugar desde el principio intercambios culturales tanto en el terreno de la música como en los demás (piénsese en Monardes y en la revolución etnobotánica del XVI), intercambios que siguieron produciéndose con los que quedaron bajo administración española hasta, prácticamente, el siglo XX (Cuba y Puerto Rico) sin que, al parecer, se pensara que expresiones postreras como la habanera que Bizet le robó a Iradier para meterla en «Carmen» o el bolero mexicano «Perfidia», inmortalizado en la película «Casablanca», podían ser las últimas muestras de una corriente nacida con mucha anterioridad.

Tampoco —no sé por qué— se le dio importancia a que, de aquella orilla, hubieran ido viniendo vocablos y conceptos claves para nuestro asunto como fandango, tango, rumba, zorongo, cachucha, cumbé, paracumbé, guajira, guaracha, manguindoy o mandingoy, bambera, milonga, sandunga…, a que, al otro lado del charco, fueran populares y sobradamente conocidas las «malagueñas» mexicanas (tal vez más cerca del barrio gaditano de Santa María —el de Enrique *el Mellizo*— que de la capital de la Costa del Sol), a que en diversos lugares de allá se cantaran peteneras (las hay jarochas o veracruzanas, huastecas, itsmeñas, de Oaxaca... con el ritornello «soleá y más soleá», en su interior y, sobre todo, a lo mejor ni se supo que existe una región de Guatemala, frontera a la patria de la Malinche, llamada Petén cuyas variedades musicales llevan todas el adjetivo «petenera», por ejemplo, las «alboradas peteneras».

Y podríamos seguir nombrando las colombianas, mucho más recientes o las vidalitas, que vaya usted a saber.

¿Por qué no se puso en el centro de la reflexión ese «encuentro de civilizaciones» que significó la llegada de los españoles a un país que no era, precisamente, el de los «buenos salvajes» de la Enciclopedia Bruguera, deslumbrados por los abalorios y arrodillados ante la espada y la cruz, sino el de los civilizados aztecas que, aunque faltos de elementos tan importantes como la escritura o la rueda, poseían una arquitectura deslumbrante y un enorme patrimonio musical a juzgar por la variedad de instrumentos citados por quienes, en el Quinientos, describen el país y los usos de sus habitantes.

Ésa y no la de los dibujos catequéticos era la Tierra Firme a la que, en 1522, arribaron la música y la lírica hispanas con la riqueza que les había conferido su densa Edad Media mitad oriental, mitad occidental y el recién estrenado Renacimiento.

El corrido mexicano no es hijo de padre desconocido o de estirpe tan azteca como los actuales caballos de esa «raza» sino vástago de una expresión poética muy anterior al nacimiento de Colón —el romance— que no atracó en América como polizón escondido en la sentina de una carabela sino desplegado sobre su palo mayor.

El romance fue un arma ideológica afilada en la misma piedra de amolar que los cantares de gesta carolingios o germánicos; había servido a tirios y troyanos en los dos siglos y medio de frontera entre Castilla y el reino de Granada gracias a que, en sus versos, los sin rima se alternan con los rimados en asonante, convirtiendo así sus estrofas en las más maleables de un vasto elenco poético, encargado de cantar hazañas bélicas o amores desgraciados y de encumbrar lo mismo a Bernardo del Carpio que a Abenámar.

Pero, además, hay que acordarse de que, a su lado, viajaron otras muchas estrofas: la seguidilla, la quinteta, la décima, las octavas, el soneto... y hasta los versos de pie quebrado que no sólo están en las coplas de Jorge Manrique a la muerte de su padre sino que, gozando de ubicuidad, encontramos lo mismo en México que en cantos de auroreros andaluces y murcianos o en saetas pasionistas de Marchena.

El romance, con los grandes héroes de la antigüedad como protagonistas, anunció la llegada de los dioses extremeños a la Tierra Firme. Bernal Díaz del Castillo en su *Historia verdadera de la conquista de la Nueva España* retrata a Hernán Cortés y Alonso Hernández de Portocarrero en la isla de San Juán de Ulúa, frente a la aún desconocida Tierra Firme, imaginando la empresa a emprender con los versos de *Montesinos* y *Gaiferos*:

Cata Francia, Montesinos,
cata París, la ciudad,
cata las aguas del Duero,
do van a dar a la mar...
...denos Dios ventura en armas
como al paladín Roldán.

Con orígenes así de lejanos empezó aquello para desgranarse después en los propios episodios de la conquista, los que generarían composiciones cuyos protagonistas ya no eran los de la nebulosa Alta Edad Media sino quienes se enfrentaban a Moctezuma o Cuauhtémoc. Pasando el tiempo el rizo se rizaría hasta el punto de terminar en otras composiciones en las que los héroes mexicas asumían las características de «cristianos viejos» frente a españoles convertidos en «moros impíos».

En el intermedio de ese larguísimo proceso, el romance o relación en España y el corrido en México (en la Nueva España) abanderaron una riquísima producción de lírica popular con corrientes que, aun teniendo características y personalidad propias, bebían del mismo agua y hasta seguían procesos similares.

De la misma manera que, en el XVI, tuvieron ya sus cantores los versos de la epopeya mexicana, en el XVII Sor Juana Inés de la Cruz jugaba, como lo había hecho antes Luis de Góngora (o igual que hicieron sin querer aquellos que nos transmitieron las jarchas), a mezclar lenguas en estrofas de arte menor.

Si Góngora componía coplas supuestamente cantadas por moriscos o gitanos como los villancicos:

Al Gualetehejo
del Señor Alá,
Ha, ha, ha,
haze vosacé
zalema e zalá.
Ha, ha, ha
baila, Mahamu, bailaban
fala la laila.
Taña la zámbra la jábena
que amor del Nenio me mata....

O:

Támara que zon miel y oro
Támara que zon oro y miel.
A voz el cachopinito,
cara de roza,
la palma oz guarda hermoza
del Epypto...[317]

317 Luis de Góngora y Argote. Poesías. Biblioteca de Autores Españoles. Vol.

Sor Juan Inés, por su parte, hacía lo propio con los indios en lengua náhuatl:

Los padres bendito
tiene on Redentor;
amonic neltoca
quimati no Dios.
...Yo al santo le tengo
mucha devoción
y de Sempual Xúchil
un Xúchil le doy.[318]

Hacia América, pues, partió desde España un patrimonio secular «mudéjar» en sentido lato que, al llegar, se amalgamó con lo que allí existía y, como es natural, con lo que los descendientes de los recién llegados, convertidos en criollos. añadieron. Todo ello, tras adquirir nueva carta de naturaleza, comenzó a volver de manera visible en el siglo XVIII porque fue entonces cuando se impuso el tráfico no sólo de oro y plata sino de toda clase de productos de uso y consumo, con negociantes llegados de todas partes que los gerenciaban y que se establecían o pasaban largas temporadas en una u otra costa.

No puedo dejar de traer a estas páginas una reflexión sobre el libro *América en el flamenco*, del profesor Faustino Núñez que, desde hace tiempo trabaja concienzudamente en la línea que, sólo de manera intuitiva expuse en mi libro «México y Andalucía» y que ahora traigo aquí. Él, al contrario que este lego musical, es un especialista con capacidad de argumentar razonadamente. Y argumenta.

Pero hace ya mucho tiempo debería haberse prestado más atención a las migas de pan que la creatividad popular fue dejando como rastro. Por ejemplo: todavía a principios

---

XXXII. Pgs. 495-96.

318 Susana Arroyo.- Sor Juana Inés de la Cruz transmisora de lo popular. Revista Razón y Palabra (www.razonypalabra.org.mx/) Diciembre 2002-enero 2003

del siglo pasado una cupletista, Aurora Mañanós, tan famosa como para prestar su apodo, *La Goya,* a una manzanilla sanluqueña, cantaba:

El baile de la sandunga
es moda en Tehuantepec
y voy a cantarlo ahora
por ver si le gusta a usted...

Además de la sandunga, ¿qué otras relaciones hubo con la otra orilla?

LOS MUERTOS QUE VOS MATÁIS, GOZAN DE BUENA SALUD.

A fuerza de ser pesado, creo que es necesario insistir en la baja potencia de las bombillas que en España iluminaron un siglo, el XVIII, en Europa llamado el de «las Luces». El período, casi hasta ayer, tampoco fue demasiado estudiado, tal vez porque era ahí donde comenzaba la cuesta abajo de la decadencia y a nadie le gusta hurgar en sus propias debilidades.

Quizá, por ello, no fueron muchas las cosas que se anotaron para la posteridad ni sobre las que se reflexionó y esas carencias llevaron a que con frecuencia -quizás con demasiada- se disertara sobre la pobreza lírica del período. Yo recuerdo que era eso lo que me decían los profesores en mis años de estudiante, mientras despachaban la producción literaria de cien años con el Padre Feijoo, Ramón de la Cruz, Leandro Moratín, José Cadalso y Nicasio Cienfuegos.

Había, sin embargo, muchas más cosas. Las supimos por investigadores «extrauniversitarios» como Don Antonio Domínguez Ortiz o Don Julio Caro Baroja.

Este último, y seguro que sin querer ofender, dejó sentenciada la cuestión en el prólogo de su *Ensayo sobre la literatura de cordel*:

«La eliminación de los romances vulgares, «Blind Beggar Ballads», es algo que llevan a cabo in limine casi todos los historiadores de la Literatura al estudiar materia tan importante como el Romancero español; y de los otros géneros de cordel ni siquiera hablan»[319].

Eso dijo.

Mas esa muerte académica no había sido sino la que siguió a otra llevada a cabo antes: a poco que reflexionemos, nos encontraremos con que la Ilustración llegó tachando lo popular de la cultura oficial al mismo tiempo que borraba del castellano la norma fonética sureña y, sobre todo, la andaluza y ello tendrá mucha importancia en lo que al flamenco se refiere puesto que éste, con toda su actual carga universal, es un arte que ha de expresarse en dialecto andaluz para lograr que el metro del verso coincida con el compás de la copla.

Así se cumplió lo que, desde la antigüedad, se llamó «Justicia poética» y que, en el terreno de la escena fue quedando resumida por Ruiz de Alarcón, Corneille y Zorrilla en el axioma «los muertos que vos matáis gozan de buena salud».

La eliminación por la RAE de lo escrito en la pizarra del tiempo y el lugar no supuso que en determinados periodos y sitios lo transmitido de boca en boca no siguiera existiendo de la misma manera que existían los *libros* en el extrarradio del mundo de *Fahrenheit 451* escritos en las «páginas de la memoria». Igual que ha ocurrido en tantos otros campos, son las mismas prohibiciones reiteradas las que prueban la existencia de aquello que se pretende prohibir.

Por ejemplo: las estrictas ordenanzas del colegio sevillano de los *Niños Toribios* —institución para pobres fundada a principios del Setecientos por un fraile así llamado— permitían a sus alumnos cantar en los recreos aunque *no en tono de lo que llaman corridos o romances porque estas canciones rústi-*

319 Julio Caro Baroja, *Ensayo sobre la literatura de cordel,* Madrid, Revista de Occidente, 1969.

cas suelen ser las más frecuentadas por la gente licenciosa en sus ruidosos festejos y los héroes que tienen por objeto son en lo común hombres viciosos, inquietos y alborotadores y las gentes licenciosas los sacaban a relucir en ruidosos festejos[320].

Si, dos siglos, antes las novelas de caballería habían sido el lubricante en el nacimiento del Imperio, el proceso continuó con estos poemas de héroes de andar por casa que se movían en el terreno de lo trivial o en el de la ensoñación indicada en los versos que Juan Ignacio González del Castillo pone en boca de una vecina en *El Soldado Fanfarrón* (y que han sido ya citados)para explicar por donde salían estos engreídos cuando se los contradecía.[321].

Así pues los romances no sólo no desaparecieron sino que, tanto los clásicos con personajes carolingios, como los cientos de *relaciones y corridos* en pliegos de cordel sobre protagonistas reales o de ficción contemporáneos a estas ediciones, fueron consuetudinarios.

Por tanto, una cosa es que en la España del XVIII se hubiera perdido el romancero y otra que las mentes de muchas personas de orden hubieran anatematizado sus versos por considerarlos indignos de figurar en el terreno de la corrección. Y, al mismo tiempo, una cosa es que estos biempensantes pertenecieran a estratos sociales superiores y otra que, en éstos, todos cuantos pertenecían a ellos tuvieran la misma opinión sobre el tema. Había mucha gente «de arriba» que hacía causa común con «la licenciosa» de abajo.

Un literato ilustrado, el coronel José Cadalso, nos lo corrobora cuando hace decir en sus *Cartas Marruecas* al señorito de la serranía de Ronda, prototipo de los nobles de antaño: *ya sabía yo leer un romance y tocar unas seguidillas; ¿para qué necesita más un caballero?*[322].

---

320 , *Ib. p. 28.*

321 Juan I. González del Castillo, El soldado fanfarrón, I parte, en Leopoldo Cano (ed) Obras Completas, tomo II. Madrid, Real Academia Española. Biblioteca selecta de clásicos españoles, 1908, p. 366.

322 José Cadalso, Cartas Marruecas, Barcelona, Editoriales Andaluzas Unidas, Biblioteca de la Cultura andaluza n°70, 1986. Pág. 44. El señorito

Así pues, la eliminación de las «Blind Beggar Ballads» por esos historiadores de la Literatura de los que hablaba el maestro Don Julio, borró del horizonte investigador caudalosas fuentes que manaban de novelas de caballería como la de Oliveros de Castilla y Artús de Algarve y de romances caballerescos antiguos. Y, además, ignoró también la literatura producida por la «industria» tipográfica distribuida y vendida por los ciegos, llena de hazañas y milagros, tan importantes en todo lugar pero, sobre todo, en un país como éste donde nadie (hasta hace nada como quien dice) podía leer o escuchar en su propia lengua los sucesos maravillosos de la Biblia. Es cuanto menos sintomático que las *tonás*, herederas de pregones sobre portentos de santos e imágenes patronales, sigan terminando con la terceta:

> *«Y si no es verdad/*
> *que Dios me mande un castigo/*
> *si me lo quiere mandar».*

Los folk-loristas, con Antonio Machado Álvarez a la cabeza, intuyeron que por esos pagos estaba «la verdadera Historia del mundo». Abrieron un camino importante en lo tocante a la recolección y, aunque a veces se perdieran en sus vericuetos, pusieron en valor muchas cosas.

Volviendo a las huellas reales del sujeto de estas páginas, las de las fuentes para hurgar en los orígenes del flamenco, reafirmemos que el fenómeno musical y dancístico conocido hoy por ese nombre, cuando aparece explícitamente bien entrado ya el siglo XIX, parece hacerlo de sopetón y no sólo con todos sus atributos perfectamente formados como

---

de Cadalso bien podría ser un personaje real, Antonio Gómez Alfaro, en su artículo «Tipologías, matrimonios mixtos y mestizajes gitanos en los censos históricos andaluces» (Revista *Demófilo* n.º 30 1999, págs. 48-49), cuenta como Francisco de los Cameros y Amaya, caballero maestrante de Ronda, fallecido en Medina Sidonia, tuvo un hijo con una gitana con la cual casó *in articulo mortis* pasando a ser aquel niño su heredero.
Entre los criados del maestrante encontramos a un «Gregorio Fernández» que bien pudiera ser el «tío Gregorio» de la fiesta.

los de la Venus de Boticelli emergiendo de las olas sino mostrando síntomas de agotamiento, esto es, de decadencia, a juicio de los que, como Gustavo Adolfo Bécquer, se constituyeron en sus defensores.

Quienes, a continuación, siguieron pregonando sus excelencias hicieron hincapié en ello y, como sucede en la construcción de todas las leyendas, aludieron a una época dorada que, lógicamente, estaría situada mucho más atrás. Recurrieron, por tanto, al mismo adanismo en el que los nacionalistas y los predicadores religiosos basaban y siguen basando la defensa de sus respectivos territorios terrenales y celestes.

Pero el adanismo, ya sea en Teología, en Sociología o en Política, no es más que un concepto sin otra base que la fe; por contra, en el mundo material, son muchas las dificultades para conocer los primeros pasos del proceso seguido por algo pequeño cuando luego, insospechadamente, se hace grande. Los hechos del personaje famoso mientras aun no lo es forman parte de la cotidianidad de sus contemporáneos que, por supuesto, no les darán ninguna importancia en ese momento.

Y, todavía, sigue existiendo en el cliché colectivo de España un personaje que sale a relucir constantemente para personificar actitudes o reacciones: el del «flamenco». «No te pongas flamenco» es algo que podríamos decir, o habremos dicho todos, con el mismo sentido del diccionario de la RAE: *chulo, insolente,* y teniendo por sinónimos a *fanfarrón, farruco, gallito, desafiante, descarado, guapo.*

Teniendo en cuenta esto, creo que por España se pasearon durante mucho tiempo los «flamencos» pero nadie podía tomarlos por los pastores del grandioso Belén al que acudirían luego no porque vivieran en una especie de clandestinidad sino porque el Belen no existía. Es por ello por lo que la debilidad de las huellas reales que han dejado es inversamente proporcional a la importancia del mito nacido con la fama.

Seguramente, por simple razón geográfica y sin que, por tanto, tuvieran nada que ver con el arte flamenco actual, a lo largo del XVI y el XVII debieron existir miles de personas o muchos pequeños grupos que, en diversos lugares de esta península, serían conocidos como fulano o zutano «el flamenco» o como «los flamencos» de tal sitio al guardar una relación (ahora veremos por qué) con la geografía de la Bélgica actual por las mismas razones que hoy aun llamamos de forma parecida a muchos conciudadanos que vivieron años en los países centroeuropeos de la emigración de los años sesenta (en Sevilla, por ejemplo, fueron muy famosos «los belgas» como mecánicos de coches).

El vocablo «flamenco» que, desde finales del XVII o a principios del XVIII, suena cada vez con más fuerza tiene una relación indudable con Flandes. Pero, en el caso de estos «flamencos», el gentilicio no aludía sólo a un determinado lugar de origen o adopción, sino que tenía otra acepción además: la de la fama que, tras haber sido buena, se convierte en su contraria. Los «flamencos» del setecientos no están relacionados con las victorias españolas del XVI sino con la pelea, el hurto, la trapacería, el habla de jerga... y, en definitiva, con la mala vida pero porque esas victorias habían existido antes gracias a unos ejércitos «invencibles».

En esas circunstancias nos topamos con difusas señales de un escenario donde lo que domina no es «el flamenco», sino «lo flamenco», un fenómeno, no tanto musical como social; una subcultura infamante, un quiste marginal más de los que se dieron tras el Siglo de Oro aunque, entonces, nada tuviera que ver aun con lo que germinaría varios decenios después y florecería casi un siglo más tarde.

Por eso no lo encontramos en las fuentes habituales sino en las *habitualmente* desechadas por aquellos a los que se refería el Maestro. Por ejemplo en una *Relación* de ésas en las que no se reparó al tratar el tema en el que estamos. Es un romance que tiene por protagonista a un *pícaro, padre de la chanza e hijo del embuste, anzuelo de capas, gavilán de sombreros, ganzúa de escritorios y llave maestra de cerraduras, compuesto por el Doctor Mosquito y passado por los bancos de la Real de España y aprobado por la chusma* editado en Sevilla, en la imprenta de D. Joseph Navarro y Armijo, de calle Génova.

Sus más de 200 versos van contando, siempre con palabras y lenguaje propios del barroco conceptista, los innumerables «oficios» con los que el pícaro engaña, estafa o roba superando dificultades y «venciendo» hasta a los más diestros, proceso que —valga como ejemplo del estilo del poema— describe así:

...En Cádiz fui Despensero
de un Doctor de Lusitania,
que cura como su mula,
y vive de lo que mata.
. . . . . .
Fui texedor, pero poco,
porque yo más me preciaba,
que de proseguir la tela.
El saber urdir la trama...

En una de las siguientes estrofas, para calificar con nota alta sus andanzas rufianescas dice así:

Fui tan cortés entre todos,
que a los Flamencos quitaba
a mediodía el sombrero
y a media noche las capas[323].

El subrayado es mío pero está claro que el autor del romance se refiere con ese nombre a otros *bravos*, ya famo-

323 Romance gracioso y entretenido en el que se refiere la vida y muerte de un pícaro *padre de la chanza e hijo del embuste, anzuelo de capas, gavilán de sombreros, ganzúa de escritorios y llave maestra de cerraduras, compuesto por el Doctor Mosquito y passado por los bancos de la Real de España y aprobado por la chusma. En José M. Vázquez Soto. Romances y coplas de ciegos en Andalucía Muñoz Moya y Montravceta editores. Sevilla. Granada 1992.*

sos por sus «hazañas» y conocidos por la gente que escuchaba al que recitaba o cantaba y vendía el pliego.

Un romance de ciegos que, en medio de la barahunda de coplas de este género, nos ha prestado un documento importante para el tema que tratamos porque Francisco Escudero y Perosso, en su obra *Tipografía Hispalense. Anales bibliográficos de la ciudad de Sevilla,* proporciona un dato clave para conocer la fecha aproximada en la que estos versos llegaron al público: el establecimiento sevillano de José Navarro y Armijo comienza a aparecer como pie de imprenta en 1736 para llegar a 1759 y luego desaparecer[324].

Que yo sepa, hasta ahora es la mención más antigua de la palabra «flamenco» referida a determinados individuos del hampa, conocidos por estar relacionados real o simbólicamente con la región de Flandes después de adquirir un determinado sentido.

Pero, ¿cómo y por qué se produce ese fenómeno?

LOS MILAGROS DEL CULTEMA

A cualquier persona no avezada en la reflexión sobre la polisemia en la que se asientan muchos aspectos de la Cultura de Tradición Oral y a aquellos que desconocen las veredas y zigzags por los que ha discurrido el flamenco, tratar sobre ella puede parecerle un excurso injustificado, dado que no es frecuente que, en un mismo contexto, pueda darse el valor y la fanfarronería, lo heroico y lo esperpéntico, pero lo cierto es que, en la convulsa cotidianidad del mundo andaluz del setecientos (incluso en el mundo andaluz de mucho después), todo ello no tiene nada de contradictorio gracias a un duende: el «cultema».

---

324 Francisco Escudero y Perosso.- *Tipografía Hispalense. Anales bibliográficos de la ciudad de Sevilla.* Presentación Aurora Domínguez Guzmán. Colección Clásicos sevillanos 18. Sevilla 1999. Págs. 50 y 51.

Creo que la palabra cultema aun no está en el Diccionario de la Real Academia pero es cada vez más usada en el ámbito de la Sociología y la Antropología como definición de la expresión verbal o ritual que, al no decaer y perdurar, pasa de una generación a otra perdiendo su sentido original e, incluso, subvirtiéndolo.

Con el vocablo me topé, antes de 1992, en las Actas del Simposium Internacional sobre la Inquisición, celebrado en Nueva York al cumplirse su V Centenario. Estaba en el título de la ponencia *Supervivencias de Cultemas islamo-hebráicos en la sociedad española*[325], de José Jiménez Lozano (otro «no académico», autor de libros tan extraordinarios como la *Guía espiritual de Castilla* o *Los cementerios civiles y la heterodoxia española*). Su tesis comenzaba poniendo de ejemplo el cuento del Gallo Kiriko para resaltar como un relato judío, al pervivir en un ambiente adverso, se convertía en algo tan popular que pasaba por literatura de «cristianos viejos» ante un tribunal tan meticuloso como el de la Inquisición.

Ya es de conocimiento general que la sabia helenista Hypatia, linchada por una turba de cristianos, se convirtió con el tiempo en «Santa Catalina», que el sepulcro del rey San Luis de Francia, en Túnez, acabó siendo el de Sidi bu Said o que el panteón mexica continuó vivo bajo las imágenes de santos y arcángeles judeo-cristianos.

Los cultemas también están muy vivos en España y, en particular, en Andalucía (no sé si también en otras geografías) y, como *el duende*, aparecen donde menos se los espera. Por ejemplo, en las liturgias particulares de la Semana Santa o las romerías (que, dicho sea de paso, podrían haber sido calificadas de heterodoxas si no se hubieran generalizado y, por tanto, inmunizado). Ahí «los judíos», execrados por

---

325 José Jiménez Lozano.- Supervivencias de Cultemas islamo-hebráicos en la sociedad española o el fracaso histórico de la Inquisición. En Ángel Alcalá y otros.- Inquisición española y mentalidad inquisitorial. Ponencias del Simposio Internacional sobre Inquisición. Nueva York, abril de 1983. Editorial Ariel. Barcelona 1984. Pgs. 353 y ss.

la Iglesia Católica hasta los años de Juan XXIII, cumplen papeles de buenos en los hermosos ceremoniales pasionistas de las poblaciones andaluzas donde las «turbas de judíos» (que, a veces, aparecen como legionarios romanos) son los protagonistas de los Días Grandes. O, yéndonos para el otro lado, ahí tenemos a Pilato, el gobernador de Judea, al que, una vez convertido en «personaje sacro o identificatorio» de un barrio (el sevillano de la Calzada) se le aplaude y se le exculpa por saetas:

Pilato, por no perder
el interés de su empleo,
a Jesús lo acusó reo,
sin encontrar causa en él.

Pero, tal vez, el ejemplo paradigmático, el que cuadra absolutamente con la definición de más arriba y que se le escapó al maestro Jiménez Lozano, es el de la Inmaculada Concepción.

Que la madre de Jesús hubiera nacido sin la mancha original de los demás humanos (no confundir con la concepción de Cristo) es algo que no está en la Biblia, aunque sí en el Corán. Los franciscanos asumieron y defendieron la creencia porque, desde las Cruzadas, fueron los representantes del cristianismo en países musulmanes y, a menudo, cumplieron misiones civilizadoras (creadoras de ciudad). Que le pregunten a los tangerinos si no fue ése el papel del convento, hospital e iglesia de la Inmaculada, de la medina de Tánger en las inmediaciones del Zoco Chico de su ciudad.

En España (sobre todo en el Sur) también se convirtió en una creencia generalizada sin que, durante siglos, a nadie se le ocurriera poner objeciones, algo que no sucedía en el campo de las disputas teológicas donde si existían divergencias y el a favor o en contra en este caso —¡como no!— era una cuestión más de las muchas que dividían a los hijos de San Francisco y Santo Domingo.

Pero el tomismo (las teorías del dominico Tomás de Aquino) pasó a ser casi doctrina oficial de la Iglesia Católica a partir del Concilio de Trento, los frailes dominicanos a mandar en el tribunal de la Inquisición y las leyes de limpieza de sangre a dejar sentenciado quien era cristiano viejo y quien no en un momento histórico donde ello condujo al destierro de centenares de miles de personas, primero, en zonas deshabitadas del interior y, después, a la expulsión a las tierras del Norte de África.

Ése es el contexto en el que se levantan las oleadas de alzamientos populares en defensa de la creencia en la Concepción Inmaculada de la Virgen María que, a partir de ahí será «la Pura y Limpia». En Sevilla se fragua un verdadero motín, con principio en la bandera que levanta la Hermandad de Jesús Nazareno y la Virgen de la Concepción y termina en el voto del Ayuntamiento y de la Universidad comprometiéndose a derramar la sangre por esa causa.

Aunque hoy nos parezca mentira el eco llega hasta los Tercios de Flandes donde vuelve a darse el caso de la imagen de la Virgen que, encontrada casualmente bajo la tierra, produce el milagro de la victoria no ya sobre los moros sino sobre los protestantes en 1585. Ahí está la razón de que la Inmaculada sea la patrona de la infantería española y el ejemplo de, como algo que empieza significando una cosa, acabe en el lado contrario sobre todo, en territorios cuya cultura ha sufrido fallas o momentos de discontinuidad; el cultema es, pues, él mismo, un instrumento excepcional de supervivencia.

Estoy convencido de que, de su interior, emerge en el siglo XVIII el planeta del que tratamos y la gente que lo habita.

NUESTROS PRIMOS FLAMENCOS

A despecho de George Borrow, a quien, en esto de la flamenquería, se le ha hecho muchísimo más caso del que merecía, los españoles no confundían a flamencos con alemanes a causa de su ignorancia. Era él quien seguramente ignoraba que los habitantes de Flandes y los de Castilla fueron como primos hermanos desde Felipe I hasta Felipe V, o sea, a lo largo de más de dos siglos ya que, en ese tiempo, se rigieron por las mismas leyes en el «*Espacio Schengen*» creado y unido por la herencia de la rama flamenco-española de la Casa de Austria (el escudo que preside la fachada del Ayuntamiento de Amberes y el que luce en la puerta del Patio de Banderas del Alcázar sevillano es prácticamente el mismo) cuya acción en Centroeuropa se concentró en los Países Bajos, por lo que las fuerzas militares españolas, los Tercios, acabaron siendo «de Flandes».

En realidad, estos cuerpos imperiales habían nacido antes de que aquella tierra y España tuvieran unos reyes en común. Venían de los tiempos de Fernando el Católico y el Gran Capitán, pero fueron los amos del espacio bélico centroeuropeo entre el *Sacco di Roma* de 1527 (prácticamente contemporáneo a la caída del imperio azteca) y la Batalla de Rocroi, en 1643, punto álgido de la Guerra de los Treinta Años y punto final de la supremacía española en el Viejo Continente.

Después de casi un siglo y medio del liderato plasmado por Velázquez en el cuadro *de las Lanzas*, los Tercios de Flandes cayeron en aquella batalla y, a partir de ahí, languidecieron. Con la llegada de la Casa de Borbón al trono de Madrid, se convirtieron en un despojo con el que terminó Fernando VI, el *Marco Aurelio español*, a decir de algunos intelectuales de su tiempo por su pacifismo aunque fuera el monarca que decretó la Prisión General de los gitanos.

Pero aquel tiempo de gloria de unos ejércitos victoriosos (y ociosos) creó el estereotipos del «bravo» o fanfarrón, el tipo que, precisamente, refleja la célebre seguidilla de Cervantes en *Rinconete y Cortadillo* y el de los de aquellos que, a continuación, llenaron miles de hojas volanderas contando las hazañas más insospechadas.

La mayoría de esos héroes populares que habían velado en Flandes sus armas para después, una vez licenciados, contar en España sus andanzas, no son más que adalides de ficción que, con proezas no menos imaginarias que las de Amadís de Gaula, comienzan a brillar en el siglo XVII. Será entonces cuando, en una España transitada por «caballeros andantes» de toda laya y condición hasta se propaguen las hazañas de uno de ellos que resulta ser una mujer, *Doña Teresa de Llanos*, o las de otro, un negro —*El valiente Negro en Flandes*— vencedor y captor novelesco nada menos que del mismísimo Guillermo de Orange[326]. Incluso Borrow, como quedó consignado en páginas anteriores, no resistió la tentación de dar a uno de estos *guerreros, Chaleco de Valdepeñas*, el D.N.I de gitano.

El extenso mosaico de «Amadís de andar por casa» en un paisaje aun más doméstico que el de la Mancha cervantina, prueba, por un lado, la importancia de personajes así para colectivos que buscaban un agujero por el que salir del anonimato y, por otro, la de los Países Bajos, convertidos, para estos prototipos populares del verso octosílabo, en un territorio imaginario parecido a la California que antes de Hernán Cortés sólo era «geografía-ficción».

Las hazañas de los más conocidos, en labios de las coplas de ciegos, lanzan a la celebridad al *guapo de Lucena*, al *Matón de Andalucía*, o a *Gitano de Cartagena…* (el mismo Borrow, seguramente, sucumbió a aquella moda y sacó a relucir o dio vida literaria en *Los Zíncali* a *Chaleco de Valdepeñas* que, a su vez, imita a otro personaje de ficción, protagonista de varios romances como el de *Badulaque, primo, y Capitan General de las Armadas Navales del invicto rey de Bastos* o la *Nueva relación y curioso romance que trata de las hazañas del famoso Vadulaque, natural de la gran Ciudad de Xauxa*[327], un romance impreso en Sevilla en la segunda mitad del XVIII[328] y escrito por

326 «Relación El valiente negro en Flandes, En Romances y coplas. José M. Vázquez Soto, Op. Cit.

327 Ibídem. Julio Caro Baroja no lo menciona en su Ensayo sobre la literatura de cordel aunque si nos da noticia, a propósito de otro titulado La isla de Jauja, de esta recurrencia, viejo tema folclórico ilustrado por Bruegel el Viejo en un cuadro y un grabado.

328 José M. Vázquez Soto. Op. cit. En el pie de página se consigna que ha sido

una pluma culta -Julio Caro Baroja mide la importancia de la industria tipográfica por los nombres de escritores de la época metidos en estos berenjenales-, algo que refrenda la exacta medida de los versos y las precisas referencias a la mitología griega o a la poesía latina clásica.

Volveremos a sacar esta pieza más adelante, pero dejemos sentado aquí que esos portentosos sucesos ya no podían tener lugar en los Países Bajos del XVIII dado que, a principios de esa centuria, Felipe V había abandonado aquellos territorios y que, años después, su hijo, el rey Fernando VI, tras asentar con su hermano Carlos (el futuro Carlos III de España) la dinastía en el reino de las dos Sicilias, decidió retirar todos los ejércitos españoles de Centroeuropa.

Pero este perfil de soldado ya se había estereotipado y convertido en el *miles gloriosus* de la película *A Funny Thing happened on the Way to the Forum* (el *Golfus de Roma*, en la versión castellana) de Richard Lester, esto es: en el fanfarrón puesto en solfa por los autores de composiciones poéticas o teatrales populares. Un tipo que, a falta de guerras de verdad, inventaba continuamente hazañas pasadas para amenazar con repetirlas.

Que el conjunto de esas humildes hojas volanderas (aunque adquiriera características de gran comercio) no sirviera para que en instancias académicas se lo considerara un digno auxiliar de las investigaciones sobre Historia o Literatura no es óbice para que, a pesar de contravenir doctas opiniones, esas relaciones y romances desdeñados sacaran a relucir la «Verdadera Historia» buscada después por los folk-loristas.

---

editado en Sevilla por la Imprenta Real de la Viuda de Diego López de Haro, en la calle Genova. Francisco Escudero y Perosso, nos dice que en 1720 los herederos de Tomás L. De Haro habían trasladado el negocio paterno a dicha calle donde editan como Imprenta Real de Diego L. de Haro hasta 1752 en el que aparece el nombre de su viuda. Cfr. Francisco Escudero y Perosso, Op. cit.

EL FLAMENCO Y LOS SOLDADOS

La existencia de una relación entre lo militar y el flamenco primigenio (o, si se quiere, entre lo militar y «lo» flamenco) es ubicua pero aparece, para quien tenga ojos para leer, en el célebre pasaje de *El bandolerismo,* de Julián de Zugasti en el que unos maleantes albergan en su casa a un soldado y —como si fuera algo lógico— una mujer del grupo le dice que «cómo un militar no va a saber tocar la guitarra», pidiéndole por eso que cante unas «playeritas a lo gitano» *porque ella se muere por las «coplitas flamencas»*[329].

Eso fue lo que intuyeron algunos como Caballero Bonald, o Gerhard Streingress y lo que encontramos expresamente en el *Libro de la Gitanería de Triana,* en la misma página en la que se nos describe el baile del manguindoy y el canto que lo acompaña con voz e instrumentos. Para ahorrar al lector el trabajo de volver sobre la cita expuesta ya en otro capítulo de este volumen, creo conveniente volver a explicitarla:

Una nieta de Balthasar Montes, el gitano más viejo de Triana (dos páginas más atrás se nos dice que este gitano sirvió durante más de setenta años en Flandes al Maestre de Campo Don Francisco Velasco) *va obsequiadas a las casas principales de Sevilla a representar sus bailes y la acompañan con guitarra y tamboril dos hombres y otro le canta cuando baila y se inicia el dicho canto con un largo aliento a lo que llaman queja de Galera porque un forzado gitano las daba cuando iba al remo...Es tal la fama de la nieta de Balthasar Montes que el año pasado de '46 (1746) fue invitada a bailar en una fiesta que dio el Regente de la Real Audiencia, Don Jacinto Márquez...*[330]

329 Julián de Zugasti.- El bandolerismo, tomo I. Ediciones Albolafía. Diputación de Córdoba y Virgilio Márquez editor, 2» edición. Barcelona 1983. Págs. 138-139).

330 Libro de la Gitanería de Triana de los años 1740 a 1750 que escribió el *Bachiller Revoltoso* para que no se imprimiera. Edición facsimilar de Antonio Castro Carrasco. Sevilla 1995, folios 21-22. El regente citado, Francisco Marques presidió efectivamente la Audiencia sevillana desde 1735 hasta 1752. (Web de la Real Academia Española de la Historia).

A pesar de este testimonio documental y de otros similares, las más de las veces, sin embargo, para indagar en los orígenes del flamenco y aunque su gestación se produjera en el clima inestable de un siglo antes, se ha cargado la cesta de las hipótesis con hechos y personajes posteriores y opiniones expresadas cuando el cante, el toque y el baile ya habían penetrado en el terreno que pisaba gran parte de la sociedad, esto es, por la mediación del ochocientos.

Enredadas en las circunstancias de su tiempo al repasar el neblinoso setecientos, estas instancias investigadoras no dieron ninguna importancia, precisamente, a la figura del *valiente* de un siglo antes que, aureolado de perfiles militares, llenaba las coplas de ciegos con personajes de moral rufianesca, como Bernardo el de Montijo o Francisco Esteban, que habrían realizado...

... lo que no hizo Oliveros,
ni Bustamante, ni Lara... [331]

para que, con la consagración impresa de sus hazañas, poetas, editores e invidentes pudieran subsistir en un país cada vez con menos subsistencias. Los turistas aun no habían llegado y los contendientes de las peleas eran mucho más reales que los contendientes de cliché que riñen a navajazos en la que imagina Salvador Rueda en su panfleto *Granada y Sevilla: bajo-relieves*, escrito ya para satisfacer el gusto de los *curiosos impertinentes.*

En el setecientos, la veleta de los tiempos apuntaba al viento de los mitos cantados en las hojas que colgaban de esas librerías de cordeles extendidos por los lazarillos en las esquinas y las plazas. Sus héroes no eran ya los paladines de Carlomagno sino esos *valientes, guapos, bravos* o... *flamencos.*

La multiplicación de los Corridos o Relaciones formaron un corpus importante en el que los protagonistas eran siem-

---

331 Curioso romance, en que se declaran las portentosas hazañas del valiente Bernando del Montijo, en José M. Vázquez Soto. Muñoz Moya y Montraveta (editores), «Romances y coplas de ciegos en Andalucía», Sevilla, 1992.

pre giróvagos —muchas veces soldados ocasionales o permanentes y veteranos— que iban de ciudad en ciudad, y de trifulca en trifulca. Su fama provenía la mayoría de las veces, como hemos dicho, de haber «servido en Flandes».

Por ejemplo, el de Francisco Esteban citado anteriormente estaba dedicado a uno de éstos, natural de Lucena y muerto a manos de otro en 1705 después de mil aventuras, cuya vida y *milagros*, como la de tantos otros, quedaron reflejados en versos de arte menor. (Uno de los escarpados parajes de sus operaciones ya se llamaba en aquella época *Bancos de Flandes*; quizás una casualidad, o quizás no pero, a lo largo y a lo ancho de España topónimos parecidos no son infrecuentes).

Los homeros del dieciocho no eran los únicos que se dedicaban a glosar las hazañas de estos personajes de la calle; también estaban los aristófanes: junto a las Relaciones y los Romances, encontramos otro género que tampoco ha gozado de mucho predicamento en las clases de Literatura como el teatro cómico, resumido en pasillos y sainetes.

Puede que los sainetes sean también hijos de un dios menor pero constituyen una mina para buscar en ellos claves de la vida cotidiana puesto que —como los romances y corridos— están concebidos para distraer a un público sencillo que ha de encontrar en ellos retratos satíricos o chuscos encuadrados en el día a día de su misma existencia y, por tanto, inteligibles para cualquiera.

Los del tiempo de la Ilustración española son muy importantes no sólo por esto sino porque representan también la única aportación nacional a la reforma que, en el género escénico, se operaba entonces en países europeos como Francia o Italia de la mano de Racine, Beaumarchais, Moliere o Goldoni. La producción andaluza de estas obras, además, fue una forma de ganarse la vida para escritores que no conseguían ver representadas obras más serias salidas de su pluma y para muchos actores rechazados en las compañías de prestigio por su dicción «defectuosa» a tenor de las reglas de pronunciación impuestas desde el Poder.

Son muy conocidos los sainetes de Ramón de la Cruz y Moratín pero mucho menos los de autores andaluces, entre otras cosas porque, como es de sobras sabido, el teatro, salvo en Cádiz, fue un género muy perseguido en Andalucía por los frailes y, con frecuencia, prohibido.

Entre los autores sureños destaca el más citado en este volumen, Juan Ignacio González del Castillo, cuyas obras —aun en el plano regional— no han tenido la misma suerte que otras posteriores, casi copiadas de las suyas como *El Tío Caniyitas* o *El Tío Conejo*, con personajes nacidos de la pluma de este autor.

Llevadas a las tablas en el último tercio del siglo XVIII, editadas a comienzos del XIX (algunas de ellas por Adolfo de Castro que lo cree el mejor sainetero español junto con Moratín) y vueltas a sacar en tres volúmenes con más de 1.000 páginas por la RAE ya en el XX, retratan, con lenguaje comprensible para la gente, la vida diaria de un Cádiz convertido en emporio mercantil. Sin embargo se acordó de dejar constancia de él Wilhelm von Humboldt, en el «Diario de su viaje a España» y, de alguna manera, sus textos son un hilo conductor de esa obra tan leída y citada como *El Cádiz de las Cortes,* de Ramón Solís.

A nuestro dramaturgo le hubiera gustado ser un autor afamado de tragedias neoclásicas pero hubo de buscarse la vida con las piezas cortas a representar en los entreactos de las obras «serias», al mismo nivel de las tonadillas. En muchos de estos sainetes y entremeses los personajes son individuos que intentan parecerse a los «guapos» cuyas hazañas, como se ha dicho, corrían entonces de mano en mano en los pliegos de cordel pero ya no son «buscavidas andantes» ni héroes de novelas de caballería venidos a menos sino habitantes de unos determinados barrios gaditanos donde se suceden las peleas y las fiestas no regladas animadas con cantos y bailes que poco han de ver con los «de sociedad» que, además, son puestos en solfa para hacer reír.

EL MUNDO NUEVO DE CÁDIZ

En la ciudad de finales del XVIII las circunstancias habían juntado, en su estrecha lengua de tierra, a familias y personajes de procedencia geográfica y niveles sociales muy distintos hasta hacer de la que presumía de ciudad más antigua de la Península, una urbe moderna donde se mezclaba cuanto habían ido generando el águila del Imperio de la Casa de Austria y la ilustrada Flor de Lis de los Borbones.

Todo eso lo hizo florecer el privilegio de haberse convertido en cabecera de la Carrera de Indias, dado que el mayor tonelaje de los navíos dificultaba su ascensión por el Guadalquivir y que esas dificultades fueran la excusa para terminar con el monopolio de Sevilla (y de España) en el comercio con las posesiones de ultramar. Triunfaba en la Bahía el Mercantilismo, o sea, el Libre Mercado traído por la victoria de «todos» sobre España en la Guerra de los 30 Años.

Por eso, la pérdida de la hegemonía española tras la contienda no supuso el ascenso automático de otra potencia a la posición que ésta había perdido, sino la aparición de una situación nueva en la que dominaban los triángulos o cuadriláteros… cambiantes.

Aunque todas las instituciones creadas a principios del XVI en Sevilla para construir el Monopolio de la relación con América se hubieran ido trasladando a Cádiz, en realidad, el «empoderamiento» de la ciudad no dependió del funcionamiento de aquellas, como sí lo fue en el *Quinientos* sevillano, sino, paradójicamente, de la esclerosis de esas instituciones monopolísticas (Casa de Contratación, Juzgado de la Mar…).

El éxito de la capital de la Bahía en el setecientos estribó en que atrajo a comerciantes extranjeros y, sobre todo, generó una actividad mercantil que llenaba las arcas particulares con millones de pesos traducidos en productos ultramarinos viajando de acá para allá y viceversa en las flotas. Eso era lo que dio a la ciudad nuevos habitantes y nuevos barrios en los que éstos vivían. Con Carlos III el puerto de la Bahía abriría también una ruta directa con Manila, émula de la que había tenido Sevilla, que, en realidad, también lo era con los enclaves más importantes de Asia.

Así se convirtió Cádiz en la ciudad más evolucionada, libre e internacional de la España de entonces y en el corazón económico de un Imperio que ya no era el del oro y la plata sino el de los productos mercantiles —los «ultramarinos» que siguen dando nombre a nuestras tiendas de conservas—, con una población variopinta y un clima liberal que faltaba en casi todas las demás urbes españolas.

Pero el florecimiento no habría sido posible sin que sus flores tuvieran espinas y entre éstas estaba la necesidad de establecer una importante guarnición militar tanto de cuerpos terrestres como marineros ya que, por una parte, existía la experiencia de los asaltos ingleses de tiempos anteriores con la posibilidad o probabilidad de ser de nuevo un claro objetivo británico y, por otra, la necesidad de contar con una moderna marina de guerra arropada, naturalmente, por toda la infraestructura que ello requería.

Aun sigue siendo desconocida para la mayoría de los españoles actuales (y, a lo peor, para los mismos gaditanos) la importancia en la Bahía del Arsenal, el Observatorio Astronómico, la Escuela de Guardiamarinas y las expediciones científicas que tuvieron lugar a lo largo de la centuria, como la hispano-francesa a Nueva Granada midiendo el cuadrante de meridiano terrestre, de donde saldría el metro como medida universal y, en definitiva, el sistema métrico decimal, las tareas de inventariar la flora de aquellas latitudes realizada por José Celestino Mutis y sus colaboradores, el descubrimiento del platino por Antonio de Ulloa o la «otra» vuelta al mundo de las corbetas *Descubierta* y *Atrevida*, mandadas por Alejandro Malaspina... situaron Cádiz en un puesto de privilegio internacional

La marina era un estamento militar muy ilustrado, esto es, muy incardinado en ese siglo en todos los sentidos y sus viajes y estancias en territorios ultramarinos duraban varios años. Eso es lo que sucedió con las expediciones citadas. En los sectores del comercio ocurriría algo parecido; estos tiempos son los del nacimiento de los *indianos* que, luego, volverían dejándose llevar por la nostalgia de los melismas del *punto de la Habana* y la lentitud ensoñada de los bailes (esto lo intuyeron los hermanos Caba en su libro *Andalucía, su comunismo y su cante jondo*).

Resulta imposible que las músicas y danzas de aquellas tierras no ejercieran influencia en ninguno de los componentes de las expediciones, ni en el ánimo de decenas de comerciantes y centenares de miembros de tripulaciones de barcos. Tampoco puede pensarse que en los puertos de América no existieran establecimientos similares a las «Casas de Rumbo» gaditanas donde se celebraban los tratos y acuerdos, las fiestas subsiguientes y donde, por supuesto, anidara la picaresca que eso había conllevado desde siempre.

Recuérdese lo que hemos extraído en páginas anteriores del libro *Cádiz y el Atlántico*, de Antonio García-Baquero, narrando lo sucedido a un comerciante al que, tras no ser prudente en la difusión de sus operaciones y dejar ver que aun tenía consigo miles de pesos, era agasajado (o acosado) en las Casas de Rumbo por una turbamulta de bribones para intentar quitárselos[332].

Una investigación excelente, la de Fidel Moreno, reflejada en el libro *Pero que me estás cantando,* quizás nos ponga ante una pista de estas fiestas con una canción cuya existencia se remonta documentalmente a los tiempos de la Guerra de la Independencia: aquella cuyo ritornello es el de «rumba la rumba la rumba va» y que, luego, fue cambiando de letra periódicamente[333]

Además, gracias a otras fuentes «providenciales» (que llegan al tratar cuestiones muy alejadas a las que nos ocupan),

---

332 Antonio García-Baquero González.- Cádiz y el Atlántico 1717-1778 tomo I. Reedición de 1988 de la Diputación de Cádiz de la impresa en Sevilla en 1976 pgs. 483 y s.

333 Fidel Moreno.- «Pero qué me estás cantando». Ed. Debate. Madrid 2018.

nos enteramos de que en la misma Cádiz (y supongo que en ciudades cercanas como San Fernando, El Puerto de Santa María y Puerto Real) esas músicas ultramarinas, a lo mejor, podían escucharse gracias —paradójicamente— a la existencia de la esclavitud como nos dejó dicho Manuel Ravina en «Un padrón de los contribuyentes de Cádiz a mediados del s. XVIII».

Por su parte Manuel Bustos, en otro trabajo sobre la Bahía de los últimos años de los Austria, nos habla de la profesión de los dueños de esclavos negros y entre ellos hay taberneros, marinos...[334]

De modo que, además de las *blinds beggards ballats,* tampoco hay que olvidar esta situación o coyuntura a la hora de estudiar los años en los que se perciben las primeras señales de vida de unas músicas y unos bailes distintos y, sobre todo, una forma nueva de abordarlos: eran las características singulares de la ciudad y la bahía la que propiciaban los grandes cambios que se estaban operando en el terreno que nos ocupa.

Si la marina y cuanto ella conllevaba constituía una de esas circunstancias singulares, las tropas de los cuerpos de ejército terrestre estructuraban otra aunque la presencia visible y hasta ostentosa de este estamento militar, al contrario de lo que sucedió en Sevilla cuando se intentó algo parecido, no trajo protestas ya que ello tampoco significaba el establecimiento de levas o quintas que en una pequeña ciudad hubieran sido, por demás, irrelevantes. Lo comercial y lo militar, tanto terrestre como marítimo, pudieron coexistir –y coexistieron- en la capital de la Bahía sin entrar en conflicto ya que se necesitaban mutuamente[335].

Pero, en lo tocante a las tropas de estas formaciones, habría que preguntarse: si no era de la propia población o

---

334 Manuel Bustos Rodríguez.- «Población, sociedad y desarrollo urbano. Una aproximación al Cádiz de Carlos II». En «Cádiz en su Historia». Abril 1982. Publicaciones de la Caja de Ahorros de Cádiz. Cádiz 1983. Pág. 110.

335 Conf. José Sánchez Sánchez y Mercedes Ponce Ortiz de Insagurbe. Sevilla: arquitectura y ciudad militar. 1750- 1800. Jornadas Nacionales de Historia Militar. Universidad de Sevilla.

del territorio circundante, ¿de donde provenían los soldados y sus regimientos?

Pues provenían, ni más ni menos, que de Flandes.

LA BAHÍA DE FLANDES

Cuando la corona española decidió retirar sus tropas de lo que actualmente es Bélgica, la mayoría de sus formaciones fueron acantonadas en el sur peninsular, sobre todo en Cádiz y su bahía, como guarnición militar de la ciudad ante el peligro de ataques por mar o, como regimientos «de ida y vuelta», o sea, acuartelados en espera de embarcar para América (en la que España ya no estaba sola sino en conflicto con otras potencias) o de vuelta de ella.

La gente que había acompañado durante los largos años centroeuropeos a los mílites, los «conocedores», albeítares, cantineras, rancheros, músicos... y que también iban con ellos de aquí para allá, arribaron así mismo a la ciudad y se asentaron, lógicamente, en la zona de los nuevos cuarteles, construidos a partir de 1732 precisamente por las circunstancias antes expresadas (los actuales Aularios de la Universidad gaditana).

En los aledaños de esa zona militar que, contando barracones, almacenes, arsenales, baterías de costa y los castillos de Santa Catalina y San Sebastián, se extendía desde la Alameda Apodaca hasta Capuchinos, nacieron populosos caseríos, como el del *Mundo Nuevo* y el de *la Viña* que, a partir de ahi, aparecerán continuamente en los sainetes y romances de ciegos con argumentos relacionados con nuestro tema.

La gente del Mundo Nuevo, es el título de un sainete de Juan Ignacio González del Castillo y el «*Minué de la Viña*» uno de los bailes populares más nombrados en esas pequeñas piezas teatrales.

El Callejero de Cádiz, de 1830, nos muestra una ciudad dividida en los cuarteles y manzanas donde se encuentran estos enclaves: *el de San Lorenzo englobaba, el barrio del Mundo Nuevo, y el de Nuestra Señora de La Palma, contaba con tres barrios: el barrio de la Viña, el barrio de Capuchinos y el barrio nuevo de Santa Cruz*[336].

Es en este ámbito en el que aparecerán los «flamencos» y los calificativos y objetos con ese adjetivo.

Al filo del final del XVIII el barón Wilhelm von Humboldt (uno de los viajeros cuya narración convierte estos enclaves en barrios de gitanos), llegaba a la ciudad de la que nos dejó varias páginas en su libro *Diario de viaje a España 1799-1800.* Después de salir de Sevilla y a propósito del nombre de una venta, cercana a Utrera, escribe[337] que, en Cádiz, existe una calle llamada *del Flamenco borracho* y, efectivamente, en una obra anónima de la mitad del siglo XIX (anónima porque su autor así lo dijo aunque esté sobradamente claro que era Adolfo de Castro)[338], encontramos lo siguiente:

FLAMENCOS (c. de).- En esta calle debió tener establecimientos cierto número de mercaderes flamencos de los muchos que había en Cádiz. Nueve se llevaron en rehenes los ingleses, después del saqueo, como prendas de buen rescate. De 1672 hay instrumentos públicos que le dan este nombre, y quizá haya otros mas antiguos. Vulgarmente se le llamaba de Flamencos Mancos para distinguirlos de los gitanos á quienes también se denomina flamencos por el vulgo.

FLAMENCOS BORRACHOS (c. de).- (Calle) de Esteban Cajón (¿Rajón?) era el nombre que tenia en 1635: después se le ha llamado de la Carnicería de Manzano. En 1722 de la Carnicería de los flamencos y mas tarde de la Posada de los Flamencos. Muchas escenas báquicas debieron pasar en esta posada, este mesón ú lo que

336 El documento destacado. Mayo-Junio de 2019. El Callejero de Cádiz de 1830. Selección Documental y textos de Santiago Saborido Piñero. Archivos de Andalucía. Consejería de Cultura. Junta de Andalucía.

337 Wilhelm von Humboldt.- Diario de Viaje a España 1799-1800. Ed. Cátedra. Madrid 1988. Pág. 175.

338 Nombres antiguos de las calles y plazas de Cádiz. Sus orígenes, sus cambios... Por un individuo de la Academia Española de Arqueología. Cádiz. Imprenta de la Revista Médica. 1857. Pág. 32

era, cuando el vulgo en vez de Posada de los flamencos llamó á esta calle calle de Flamencos borrachos.

Su nombre actual es el de Argantonio.

La obra se imprimió a mediados del ochocientos pero no hay que olvidar que, por el mayor de los Humboldt, sabemos que ya se la llamaba así medio siglo antes de que nos lo dijera el Académico de Arqueología y que, éste mismo, con su alusión a que el nombre le vino de las *juergas,* nos está indicando que el apodo *flamenco* estaba en uso desde mucho antes y también que el nombre adquiría características particulares.

Pero, por todo cuanto podemos leer en obras de la época, estos «flamencos gaditanos» ya no son, simplemente, los nietos de Rinconete y Cortadillo; han dejado de tener las características de individuos del hampa que se desprendía de la relación que vimos anteriormente y, en el pan gaditano de cada día, van adquiriendo los perfiles de un colectivo al que hoy colocaríamos en el borde del precipicio social pero que, así y todo, está en el mismo mundo que los majos y petimetres en los que se divide no sólo la ciudad sino España entera.

Que los «flamencos» gaditanos forman ya parte de la ciudad y de la imagen chusca (casi carnavalesca, valga el anacronismo) es lo que se desprende de otro pasaje teatral, esta vez del sainete *El lugareño en Cádiz,* naturalmente de nuestro autor más citado Juan Ignacio González del Castillo. La escena, que ya trajimos a estas páginas en la primera parte de este volumen. está localizada en el espacio urbano por antonomasia de la ciudad, la plaza de San Juan de Dios, émula de la veneciana de San Marco y la del Comercio lisboeta. Intervienen en ella un cochero, un ciego vendedor pliegos de cordel, un falso tullido, soldados, un borracho, un aguador…, o sea, personajes de los escalones sociales más inferiores y Del Castillo hace decir al «cateto» Pedro Jiménez, llegado hasta allí desde una población cercana, que todo aquello es la prueba de estar en una gran ciudad con flamencos, moros (los moros habían sido —y aun eran— esclavos de guerra)... y otros tipos raros que hablaban lenguas ininteligibles[339].

Esta peculiar *nación*, a la que daba personalidad el nombre, seguramente era un sector minoritario pero ya ocupa el protagonismo de la mayoría de las piezas teatrales de González del Castillo para – primero- , a partir de ahí, seguir ostentando el liderato en las que sigan produciéndose a lo largo del XIX y —segundo— desempeñar un papel sostenido por el triángulo de peleas, músicas y bailes en el que estos «caballeros» sin capa ni espada de barrios espesos, crean objetos, espacios y tiempos singulares en los que destacan conceptos nuevos: llevan siempre consigo un arma tan común entonces como sería el revólver en el Far West de Estados Unidos: el «flamenco», o sea, el cuchillo flamenco, y se mueven en un cuadrilátero músico-racial del fandango.

EL CUCHILLO FLAMENCO

El *flamenco* era un puñal cuyo uso, a pesar de ser reiteradamente prohibido por las autoridades desde los años finales del XVII a los mismos del XVIII, hubo de estar muy generalizado entre soldados que, como los de los tercios, aun no poseían una equipación reglamentaria y, también, entre gente del hampa a tenor de que, como es sabido sobradamente, la repetición de las prohibiciones sólo indica su ineficacia. En esos documentos, al arma en cuestión, comúnmente se la llama «cuchillo flamenco» u otras veces, «flamenco», a secas. En alguna ocasión se la nombra como bolduque, belduque o badulaque, términos que siguen en uso en algunas regiones de países sudamericanos designando armas blancas, lo cual prueba que los soldados o veteranos que lo usaban llegaron hasta allí.

---

339 Juan Ignacio González del Castillo.- Obras Completas. Librería de los Sucesores de Hernando . Madrid. 1914 Tomo II. «El Lugareño en Cádiz» Pág. 56.

Un romance de cordel muy conocido es el de un «guapo» con ese sobrenombre: la *Relación del Famoso Vadulaque.*

El mote, como todos los motes, no está puesto al albur: fue, en principio, un patronímico derivado del nombre de una población, Bois-le-Duc (ahora se denomina Hertogenbosch) cuyo nombre castellanizado era Bolduque o Balduque, la patria del escultor Roque Balduque, enclavada en la región de Brabante, hoy holandesa, pero española hasta 1629.

Desde ahí pasaría a ser un vocablo ambivalente que haría referencia a ese lugar y, también, a los puñales que se fabricaban allí. En Colombia y México uno de los significados de badulaque o belduque es aun, como decimos, el de cuchillo.

En este último país (y en los Estados Unidos) el arma está muy documentada, incluso fotográficamente, algo que no ocurre en las publicaciones españolas sobre armas blancas. Su aspecto es el de una navaja cachicuerna con una hoja que tiene rebajado su extremo para que éste apunte hacia arriba. El cuchillo, aparentemente, no podría doblarse para que su hoja cupiera en el mango (aunque creo que era éste el que se doblaba para poder empuñarlo con comodidad). De cualquier manera sus formas lo convierten en un antecedente inmediato de la navaja. Se sabe con certeza que lo usaron, en Europa, los integrantes de la infantería y, en la última etapa del México español y la primera de la independencia, los jinetes de los «Dragones de Cuera», una caballería irregular de fronteras. Una leyenda, cuyo fundamento desconozco, lo hace presente como arma ejecutora del «toque de degüello» del ejército mexicano de Santa Ana en el último episodio de la toma de El Álamo, mitificado después en películas como la superproducción con ese nombre, *El Álamo,* de John Wayne, o la de Howard Hawk, *Río Bravo,* ambas con música de Dimitri Tiomkim alusiva a la trágica llamada de corneta.

Pero, volviendo a la ambivalencia, otros significados de la palabra *badulaque* en América son el de *bellaco, perezoso, despreocupado* y para la Real Academia los de *persona necia e inconsistente* o el de *impuntual en el cumplimiento de sus com-*

promisos, lo que indica que ahí también había aparecido la polisemia que lo llevó a la literatura popular. Mi maestro, el cacereño afincado en Monesterio, Don Juan Calero, usaba casi a diario el término con nosotros, sus alumnos, con significado de tarambana.

Estos *badulaques* se mueven en un ambiente local todo lo contrario que apacible pero que está a la vista de todos; sus escenas, sus costumbres, sus fiestas y sus peleas cotidianas serán, familiarmente, definidas con multitud de nombres como corresponde a un habla de jerga donde el doble sentido suele tener carta de naturaleza. Entre estos vocablos y, probablemente, antes de que la palabra «flamenco» se hiciera con un lugar preferente, emergerá otra para ser repetida incesantemente y, con el correr del tiempo, transformarse en concepto polivalente que significará fiesta, «jaleo», «pelea», «canción» o «baile»... tanto en una orilla del Atlántico como en otra (a la palabra «jaleo» asimismo le sucede algo parecido). Ese nombre tiene una relación muy estrecha con el flamenco: es el de fandango.

EL FANDANGO

Como de la de otros palos del cante, de la procedencia de esa palabra también se han dicho muchas cosas y, también, muchas sin base teórica alguna. Sin embargo debería estar bastante claro porque, aunque ya fuera popular con anterioridad (Domenico Scarlatti debió escucharlo en Sevilla a principios del segundo tercio del setecientos), el documento más antiguo sobre *fandango,* que se conoce, con significado de danza nos la presta el *Diccionario de Autoridades* de 1735 que lo define como un *baile introducido por los que han estado en los reinos de Indias, que se hace al son de un tañido muy alegre y festivo.* El primer ejemplo de fandango en escritura musical que poseemos data de 1730 y se encuentra en un manuscrito de tablatura para guitara, conocido como Códice Saldívar IV, del compositor Santiago de Murcia.

Este manuscrito fue encontrado en México en 1940, o sea, prácticamente dos siglos después de su inclusión en el *Diccionario de Autoridades*, una obra de inspiración netamente ilustrada y antecedente del de la Real Academia, que se editó pensando en que una lengua necesitaba el apoyo de los escritores para contar con una norma sustentada en *«el saber y el uso de los mejores y más cultos»*. El largo espacio de tiempo existente entre la obra ilustrada y el hallazgo de la partitura ya indica que entre lo uno y lo otro hubo más parloteo que investigación.

Fandango (como tango o zorongo) seguramente fue, en principio, sólo un baile, o sea, una danza determinada, para pasar luego a significar la fiesta tumultuosa, designar a continuación un tumulto, referirse —dando la vuelta completa— al baile y al cante de determinados enclaves (Huelva, por ejemplo) y acabar entrando en el flamenco para llenar todo un subgénero o *palo*.

La palabra, con el significado de fiesta popular y con el de danza, no es sino una metonimia más de las muchísimas que usamos habitualmente: *paella* o *perol* son, antes que nada, utensilios de cocina pero han acabado siendo (y, en el caso del primero, con extensión universal) la comida que se hace en uno de esos cacharros.

Ello nos sirve también para poner encima de la mesa la posibilidad de que eso mismo ocurriera con el vocablo «flamenco». Igual que el jaleo, la pelea y la fiesta no reglada eran sinónimos del desarrollo de la música y el baile que llenaban el «fandango», puede que, en el mismo ambiente donde todo eso se desarrollaba, comenzara a aparecer con idénticas características el término «flamenco».

De la acepción de fandango como fiesta (que aun es de uso normal en países americanos), tenemos múltiples muestras dentro de decenas de sainetes, pasos y pasillos, situados en ambientes populares del sur peninsular y representados en la segunda mitad del setecientos; ese significado aun lo encontramos también, con mucha frecuencia, en multitud de documentos y coplas de la otra orilla, por ejemplo en ésta jalisqueña del *Son de las copetonas* que puede escucharse en You Tube:

Cuando vayas al fandango
ponte tus naguas azules
pa' que salgas a bailá
sábado, domingo y lunes.

Curiosamente un fandango tradicional del Andévalo onubense guarda bastante similitud con éste:

Cabezas Rubias y El Cerro
tienen los pastos comunes
y yo los tengo contigo
sábado domingo y lunes.

Y, en el sainete *Manolo*, de Ramón de la Cruz, un personaje, *Mediodiente*, dice:

Voy allá.
¿De qué aprovechan todos vuestros afanes,
jornaleros,
y pasar las semanas con miseria,
si dempués los domingos o los lunes
disipáis el jornal en la taberna?[340]

No he podido averiguar por qué los pastores y jornaleros no trabajaban los lunes pero dejo aquí esas concordancias como prueba de que las idas y las vueltas están por todas partes.

Volviendo a nuestro asunto hay que decir que el vocablo fandango con la acepción de jaleo, pelea o fiesta tumultuosa (uno de los significados del Diccionario de la RAE), es más que frecuente en los sainetes de la época y, en particular, en los de González del Castillo.

340 Ramón de la Cruz, *Manolo*, vv. 368-372, en *Sainetes*, de... F. Lafarga, Cátedra, Madrid, 1990, p. 248

Por lo que aparece en estas piezas teatrales, en los barrios gaditanos reseñados y, dentro de ellos, en «partiditos» arrendados de casas de vecindad y peleándose continuamente con los caseros y entre ellos mismos, vivía a finales del setecientos un colectivo humano con muchas concomitancias con los antiguos cuerpos militares españoles y con las idas y venidas de éstos hacia y de las tierras americanas (el mismo nombre de «el mundo nuevo» lo dice). Nada de extraño: quienes se agrupaban a su alrededor comenzaron a cargar con el mote de «flamencos».

Aunque hay viajeros que dicen que «todos los gitanos de Cádiz» vivían en estos enclaves, el barrio de los gitanos seguía siendo —como lo sería después— el de Santa María, el lugar en el que se encontraba el Matadero donde, como en tantos otros de la geografía andaluza, los calés cumplían cometidos importantes.

La afirmación de estos viajeros puede ser errónea pero, así y todo, viene a corroborar que, por esos años, comenzaba a producirse la equiparación entre gitanos y flamencos.

Por si resulta raro que un simple mote haya dado lugar a un fenómeno musical y dancístico tan importante es necesario sacar a relucir que, aunque parezca mentira, en México sucedió algo parecido y que, de aquel tiempo y en regiones que, luego, evolucionaron poco, quedan las coplas «valonas»[341].

Sobre los orígenes «misteriosos» de ese hecho, especialistas y entendidos de aquel país han dicho —lo mismo que aquí del flamenco— toda clase de cosas pero me quedo con las reflexiones de uno de los mejores musicólogos mexicanos, Vicente T, Mendoza, que nos han llegado a través de Álvaro Ochoa:

341 Sólo para quien no esté familiarizado con la idiosincrasia de Centroeuropa, habrá de explicarse que la actual Bélgica está divida a cal y canto, entre flamencos y valones, con dos lenguas (flamenca y francesa) irreconciliables. El ejército español tuvo regimientos valones hasta, prácticamente, el siglo XIX y la guardia valona fue una de las guardias reales hasta 1820.

«*Según Vicente T. Mendoza, el término* valona *debió aparecer hacia el último tercio del siglo XVIII con la presencia de los regimientos de Flandes y Ultonia que enviara Carlos III para reforzar las milicias provinciales de la Nueva España. Fue hacia 1765 cuando en la mochila cultural de estos soldados valones llegó posiblemente esa forma musical recitativa de aspecto andaluz* (el resalte en negrita es mío)*; porque dichos regimientos estuvieron acantonados, antes de salir de España, en Andalucía y Murcia «de donde —supone Mendoza— tomarían los giros y el carácter que aún conservan nuestras valonas»*[342]).

Las «valonas» de Michoacán y las «coplas flamencas» de Cádiz serían, pues, primas hermanas.

Que lo *flamenco* y los *flamencos* comienzan a adquirir carta de naturaleza gaditana se desprende del texto del sainete que he citado en la primera parte y de otros. En *El soldado fanfarrón, 1ª Parte*, en una de sus escenas, se juega con el equívoco entre puñal y persona de una determinada región o el sobrenombre que ya debía estar normalizado en la ciudad:

Cabo.- *Señores, ¿qué ha sido esto,*
que un remolino de gente
por la ventana está oyendo?
Juana.- *El melitar, que sacó*
para mi esposo un flamenco.
Soldado.

La mujer de un agredido denuncia a la «policía militar» que acaba de llegar que un soldado le ha sacado a su marido un puñal flamenco y aquel se hace el «sueco» diciendo que no le ha sacado *ni un francés, ni un italiano*[343]

Evidentemente, el autor resalta el doble sentido de una palabra que puede significar un instrumento letal, un indi-

---

342 Alvaro Ochoa *De tierra abajo a tierra adentro: valonas y malagueñas.* Colegio de México. México D.F. 2000.Vicente Teódulo Mendoza Gutiérrez (Cholula, Puebla, 27 de enero de 1894 -Ciudad de México, 27 de octubre de 1964) fue un metodista, musicólogo y compositor.

343 Ibidem. El Soldado fanfarrón. 1ª Parte. Pág 377.

viduo de una determinada nacionalidad y un gaditano con ese sobrenombre, porque sabe que el público plurivalencia.

Podríamos concluir que *flamenco* era, en el habla popular de la Bahía de la segunda mitad del setecientos, el individuo pendenciero y fanfarrón al que todavía alude el Diccionario de la RAE y también el de un colectivo al que se visualizaba con esa imagen.

Pero, además del cuchillo, en estos sainetes, en sus *juergas* siempre están también los cantos y bailes, muchos de ellos ya con sus nombres y apellidos como las seguidillas, las playeras, el zorongo, el minué de la Viña... hasta el punto de que las broncas y las fiestas se reparten casi a partes iguales la duración de las obras.

En esa ciudad dorada de nuestro setecientos está meridianamente claro que la mayoría de los sones y bailes nombrados y resaltados hasta un poco antes, han nacido y se expanden en nuevos cantos y danzas que contienen, además de elementos de la música antigua española, sones y movimientos llegados de una América que devolvía lo que antes le había llegado con otra personalidad... y, tal vez, con mayor desenvoltura. Y que, incluso, en los barrios populares se ponían de moda cristalizaciones que contenían elementos de la cultura francesa importada por la mitad de la sociedad y, tal vez, ridiculizada por la otra media, verbi gratia el *minué de la Viña* que bien pudiera ser un antecedente de la *bulería* o la bata de cola, hija impensada del traje neoclásico de talle alto como los de las damas de Jane Eyre, de Charlotte Brontë.

Aunque la palabra bulería, referida a un cante y a su baile no aparezca (al menos, de manera *oficial*) hasta principios del siglo pasado, fue sin embargo usada mucho antes por la afición tanto flamenca como taurina y por la literatura que la retrataba. *Bulería* era sinónimo de embuste y, con ello, nos encontramos con una palabra con poliscmia similar a «fandango».

Guillermo Castro Buendía nos dice que Julián Ribera, un gran filólogo y musicólogo «la encuentra» en el texto

Expulsión justificada de los moriscos españoles y suma de las excelencias cristianas de nuestro Rey don Felipe Tercero deste nombre de Don Pedro de Cardona[344]

Desde entonces acá, son innumerables los textos por los que podemos seguirle el rastro y de los cuales este autor proporciona una nutrida antología, compuesta mayoritariamente por obras del teatro cómico que nos ocupa.

De todo este maremagnum de idas, vueltas y revueltas que tiene su epicentro en piezas líricas o escénicas destinadas a la gente menuda y asumidas por ella, se desprende que, en primer lugar, los «llegados de Flandes» o aquellos que iban y venían de América llevaban consigo no sólo músicas y danzas viejas y nuevas sino, también, una determinada manera de interpretarlas fuera de las normas imperantes hasta entonces y, en segundo, que es ese «nuevo estilo» lo que llama la atención, para bien o para mal, a cuantos las escuchan o las bailan.

Son muchísimos los detalles que sobre esto encontramos en los sainetes. Valga, por ejemplo éste de *El soldado tragabalas*:

Juán *En llegando a estas materias*
de boleras y fandango,
me vuelvo todo jalea…
… Aunque sea sin vihuela
quiero bailar con usted, Beata.

Beata *¡Jesús! ¿Quien tal piensa?*
Pero, porque no se diga,
bailemos enhorabuena.
Juán *Hagan ustedes el son*
con las palmas y la lengua

344 Guillermo Castro Buendía. Centro de Investigación Flamenca Telethusa. *Sinfonía virtual.* Revista de Música y reflexión musical 2015.

(hacen el son del fandango con la boca y las palmas y bailan los dos hasta que digan los versos)[345]

Sobre eso, sobre el estilo, nuestro *informante* von Humboldt nos suministra una prueba más de la revolución que estaba teniendo lugar, aunque su escenario no sea gaditano sino vivido durante los días que él y su mujer permanecen en Málaga, donde acuden a la casa de unos gitanos para escucharlos y verlos bailar.

En esas páginas se mezclan las observaciones minuciosas con las deducciones con argumentos, en realidad, preconcebidos (los prejuicios a los cuales Descartes hacía responsables de la falta de claridad y objetividad) pero las primeras son de mucho valor para el tema que tratamos.

El grupo lo forman seis personas: un viejo, dos muchachas, Pepe, un bailarín de *voleros*, otro hombre más, que fue soldado, y una criada vieja que anima las canciones y las danzas; todas son gitanas y ejecutan el *volero*, el *zorongo*, el *fandango* y el *zapateado...* (que para él son «danzas nacionales españolas») «en la mayor libertad posible» y «entrando en una especie de trance» en el que «todos llevaban el ritmò y cantaban».[346]

Prejuicios a parte, en los innumerables pormenores de esa noche están todos los elementos que no gustan a la buena sociedad española y a las personas biempensantes de las que tenemos dos prototipos: el ilustrado coronel José Cadalso o el compilador de lo castizo Iza de Zamácola, *Don Preciso.*

En las primeras páginas del libro de este último *Colección de las mejores coplas de seguidillas...* arremete contra aquellos que «*dotados de la más bella disposición, no sólo para cantar seguidillas, sino también para componerlas... sin más cultura que la que adquieren en las poquísimas composiciones que oyen de esta especie en los Teatros... son capaces de componer tanta variedad... Ojalá*

345 Juan Ignacio González del Castillo. *El soldado Tragabalas.* Op. cit. Tomo II. Págs. 352 y s.

346 Wilhelm von Humboldt. Op. cit. Págs 196 y ss.

que el modo de cantarlas pudiera decir lo mismo; pero aquel hábito grosero que han contraído, forzando la voz a que salga de sus quicios y amontonando la extravagante manía de amontonar gorgeos y gorgoritos violentos... hace decaer su mérito hasta el desprecio; porque ¿quien habrá que pueda sufrir con paciencia a un hombre de éstos que sudando a chorros, se arranca los botones del cuello de la camisa para dar mayores gritos? ¿Quien puede resistir aquel continuo castañeteo de la mandíbula inferior cuando canta? ¿Quien puede oír sin desazonarse aquellos furiosos relinchos, con los cuales se está desgañitándose el infeliz horas enteras? Y, finalmente, ¿qué orejas serán bastantes para aguantar el continuo cencerreo de una mala guitarra?... Pero conozco que todos estos defectos podrían vmds corregir fácilmente si desterrando la bárbara manía de dar relinchos y gorgoritos, se ciñesen sólo a dar la mayor expresión a las coplas que canten haciéndose cargo que el objeto principal de un buen cantante debe ser el de pronunciar clara y distintamente la letra, sin cuyo requisito la voz sola no es más que un instrumento de la orquesta que nada dice al corazón.»[347].

En el texto de *Don Preciso* hay algunas afirmaciones que me parecen muy importantes y con claves para entender lo que sucedía en aquellos años. Cuando critica las nuevas formas de canto, Iza de Zamácola admite que quienes las practican tienen grandes cualidades para cantar y componer una gran variedad aunque hayan escuchado esos cantos (las seguidillas) pocas veces en la escena.

Don Preciso distingue perfectamente, por tanto, entre lo que se cantaba en el teatro aunque fueran gitanos quienes pisaran sus tablas y el anatematizado cante de los flamencos.

Puede que a esa diferenciación contribuyera la ojeriza frailuna al arte escénico desde el principio de la Edad Moderna aunque, también, seguramente, que el teatro español evolucionara a compás con Europa y de ello se han apercibido más aquellos llegados de fuera que los indígenas. Por ejemplo, una de las cosas que más resalta Ian Gibson, al enmar-

347 Juan Antonio Iza de Zamácola, *Don Preciso.* Colección de las mejores coplas de seguidillas... Ediciones Demófilo. Jaen 1982. Pág. 23

car la figura de Antonio Machado en sus circunstancias, es que las obras dramáticas, en la segunda década del siglo XX, continuaran siendo con frecuencia escritas en versos similares a los del XVII. Era eso lo que apreciaba la gente cultivada pero, una cosa es que lo teatral estuviera perseguido por los frailes en el XVIII y otra que lo que allí se ejecutaba (cuando se levantaba el telón) no fuera apreciado por gente cultivada del bando que seguía apegado a la España de los Austrias.

Desde las instancias de poder borbónico y profrancés se promovieron obras teatrales «de tesis», que defendía a capa y espada la nueva moral de la Ilustración, a costa de producir obras aburridísimas (como las del «dramaturgo» Pablo de Olavide) y de intentar llevarlas a la escena.

Esas dificultades le vinieron como agua de mayo a las tonadillas, el subgénero con el que se rellenaban los entreactos de las «obras serias» (generalmente el que tenía lugar entre el segundo y tercero de la «obra seria») porque las engrandecen, llegándose al extremo de que éstas llegaron a ser el motivo por el que el público llenaba los locales, quedando éstos vacíos antes de levantarse el telón del último acto de la obra anunciada como principal. Fue en estas piezas donde triunfaron, paradójicamente, las alumnas de la Escuela que Olavide había abierto en Sevilla y cerraron los ultraconservadores, valga el anacronismo.

Viajeros de antes del final del setecientos nos las describen. He aquí, por ejemplo esta cita de Christian A. Fisher sobre el entreacto en un teatro gaditano:

...El espectáculo concluye, la escena se transforma en una habitación magnífica, los palillos se hacen oír; y desde las dos esquinas del teatro se ven salir a un bailarín y una bailarina, ambos en el gracioso traje de Andalucía que parece ideado para el baile.[348]

Wilhelm von Humboldt, también refiriéndose a lo visto en Cádiz y en las mismas páginas de las citas anteriormente

---

348 Christian A. Fisher. Voyage en Espagne aux anées 1797 et 1798. París 1801. Págs. 199-200. Citado por Rocío Plaza: *El flamenco y los flamencos. Un viaje entre el mito y la realidad.* Sevilla 1999. pág. 142

señaladas, nos da su versión aunque, para él, estas tonadillas tienen ya carta de identidad gitana:

Aquí en los entreactos se dan saynetes, cosa que no había visto en Madrid, si bien sólo entre el segundo y el tercer acto. Se interpretó una gitanotonadilla que resultó de nuevo muy bonita. Una bailarina pequeña y bastante llenita ejecutó el papel de todas las finuras del juego de expresión y de ojos... El hombre alto, delgado, andaluz y gitano a la vez, tocaba el tambor y bailó el zorongo. De nuevo se acompasaban con castañuelas, y de nuevo se trataba de pequeños pasos golpeados y zapateados, con mucho movimiento de brazos, enérgicos y, sin embargo, no rápidos, sin saltos... El gobernador Las Casas me dijo que en América habría un sinfín de estas danzas bajo diferentes nombres, pero en el mismo estilo... Todas estas danzas españolas son mera expresión de un violento amor sensual... Donde mejor se percibe es, al parecer, en las bodas de los gitanos....[349] .

Estos textos nos revelan, a su vez, tres cosas. Una, que los gitanos habían vuelto a ser habituales en el campo escénico (el hecho lo corrobora la conversación mantenida con el bailaor gitano a cuya casa acude en Málaga dado que él ya era bailador de teatro y dice que su hermana iba a serlo). En realidad, si nos desprendemos de prejuicios que parecen atávicos pero que son muy modernos, los gitanos habían estado en el teatro español, en la música religioso-popular y en las fiestas tanto públicas como privadas del sur peninsular desde poco después de su llegada a Andalucía en el siglo XV. Ése es el valor de la tesis que Bernard Leblon enjaretó hace más de medio siglo, pormenorizando su presencia en los distintos géneros de nuestra literatura[350].

Dos, que los bailes representados en los escenarios, aun siendo sensuales, no tenían las características que *Don Preciso* y Cadalso censuraban. O sea, no eran *flamencos* o, lo que es lo mismo, *indecentes*; tampoco lo serían, pues, los cantes que los

---

349 Op, cit. Pág. 179

350 Bernard Leblond. *Les gitans dans la literature espagnole France Iberie Recherche Université de Toulouse* Le Mirail. 1982.

acompañaban y eso se desprende del texto de Iza y de obras de una personalidad tan importante como Manuel García, intérprete y autor de tonadillas como «El Gitano por amor». Y, tres, que aquellos que se ejecutaban en bodas o fiestas como la de las *Cartas Marruecas* tenían características distintas.

La decencia o indecencia de los bailes (los cantes apenas si entraron en este terreno) es una cuestión que siempre estuvo presente en el campo que nos ocupa. Ya lo encontramos en el espectáculo de la fiesta del Regente del *Libro de la Gitanería de Triana* citado más arriba, donde *las señoras, quisieron ver bailar el manguindoy por lo atrevida que es la danza*[351], y en el pasquín de la fiesta de 1781 en la Venta de Caparrós, cercana a Lebrija, que acompaña la edición de aquella obra donde se publicita que *el diablo duerme en el cuerpo de las gitanas y se despierta con la zarabanda.*

El tema está presente en las descripciones de los viajeros e, incluso, sirve de acicate para la promoción del viaje entre los lectores a los que se dirigen las ediciones y, sobre todo, lo encontramos en quienes, a partir de la segunda mitad del siglo XIX y primera del XX, dirigen el asunto.

Es muy importante volver a detenernos en lo que nos dice el primer *Tratado de Bailes* que se escribe: el del *Maestro Otero* porque el autor es uno de los grandes «reformadores» del flamenco ya que consiguió convertir lo que antes era indecente (impresentable en sociedad por tanto) en «pícaro», «atrevido» o «descarado» eliminando posturas que atentaran contra las reglas de la decencia...

Evidentemente, en los tiempos del Maestro Otero, los primeros del siglo pasado, el flamenco y lo flamenco ya no eran lo que habían sido.

351 Op. cit. Parágrafo 22.

PARUSÍA DE LOS GITANOS (ANDALUCES)

A partir de los años finales del setecientos comenzarían a cambiar muchas cosas y, entre ellas, una que adquirirá más y más importancia en años posteriores hasta constituirse en arquetipo así que pasara medio siglo: la figura del gitano y su importancia para la imagen de un territorio, el andaluz que, tal como sería percibido por los viajeros, tendría perfiles de «español».

Si, hasta aquí, en los sainetes los gitanos y lo gitano quedaban en papeles y encuadres secundarios como los reservados al personaje del *Tío Conejo,* a partir de ahora aparecerán cada vez más rasgos agitanados que tienen un uso extendido. Eso es lo que encontramos en *El día de toros en Cádiz,* en *Los caballeros desairados,* que aquel marqués gaditano, enemigo de los petimetres, manda traer de Sevilla un maestro de *lengua germana* para estar con su criado *de borrasca todo el día*[352], o en el sainete *La sal de la tierra,* donde un majo aconseja:

> *Y has de aprender el caló*
> *fortuna cual yo aprendí*
> *al pan diciendo* mauró,
> *a la iglesia la* cangrí
> *y a lo bueno de* mistó.

Don Julio Caro Baroja, en su *Ensayo sobre la literatura de cordel,* deja constancia de un sinnúmero de obras del siglo XIX y de tema andaluz con la palabra «gitano» en su título.

¿Qué es lo que había sucedido?

Resulta imposible imaginar que la continua persecución de los gitanos por parte de la Ilustración, llevada a cabo a lo largo de bastante más de medio siglo, no hubiera afectado a ese colectivo y tampoco que hubieran dejado de existir las relaciones seculares entre éstos y las coordenadas en las que se movió la vida de la España del Sur en los siglos de la

352 Ib. pág. 113

Casa de Austria, convertida ahora en clima del Absolutismo. Al contrario, son incontables los testimonios que, en este campo, nos hablan de connivencia entre gente «de arriba» y gente «de abajo» opuestas ambas a las ideas triunfadoras en la Revolución Francesa.

Y, por raro que parezca (aunque estas rarezas se hayan producido muchas veces en la Historia), fuera de nuestra península también había personas de tiempos y mentalidad muy distintas a las que aludimos y que, sin embargo, llegaban con ellas a coincidencias inesperadas (piensese, por ejemplo, en Alejandro Dumas y su inquina contra el Cardenal Richelieu, el mayor modernizador de Francia).

Así, a mi entender y en lo tocante a este tema y muy por encima de las circunstancias concretas, se había formado «la tormenta perfecta» porque, por un lado, los gitanos se habían erigido en víctimas de la «maldad» no ya de los gobiernos ilustrados que realmente los reprimieron y condenaron a largos años de trabajos forzados en los arsenales y castillos, sino de oscuros designios hacia destinos trágicos y, por otro, se habían operado grandes cambios en la mentalidad de las élites europeas.

Un tiempo antes, en Europa, los prohombres de la Ilustración habían dedicado mucho esfuerzo a terminar, entre otras cosas, con las continuas falsificaciones de la Historia que, hasta entonces, habían encontrado raíces divinas y míticas al origen de las monarquías. Ahora todo eso quedaría arrumbado. En el lugar ocupado por los reyes se colocaría al «pueblo», un concepto bastante amorfo (en realidad, en origen, sólo era lo que «no era» nobleza), pero anclado, como los reyes y los señores, a un territorio unificado por una lengua. Hasta ahí, por lo tanto, todo se asemejaba al «deshaucio del Dios medieval» de la cúspide de la pirámide social de cada una de las naciones para entronizar allí a la *Diosa Razón*. Eso es lo que hizo la Revolución Francesa.

Pero aun siendo muy atrevido en eso de la Filosofía de la Historia, me atrevería a decir que, en la Filosofía, se han alternado los períodos en los que predominaba el Raciocinio con aquellos en los que era el Sentimiento el que mandaba (la eterna lucha entre los conceptos griegos de *Intelecto* y *Voluntad*).

Lo racional es matemático y lo sentimental poético, y ahora, después de que Napoleón le quitara el trono a la diosa para perderlo también él mismo, le tocaba reinar a lo segundo. Fue ahí donde apareció la Caja de Pandora que abriría Johann Gottfried Herder al dar con la idea del Volksgeist o *Espíritu del Pueblo* que confería eternidad, inmutabilidad y grandeza original a cualquier colectivo con lengua diferenciada. Desde entonces muchos intelectuales tomaron el camino de creer que el adanismo estaba en el principio de la sociedad a la que pertenecían o a la que podían entregar la llave de su sentimentalidad.

Así se dibujarían en el firmamento de la época las «naciones sin tierra». La más importante, sin duda, será la judía, con fuerza para prender la mecha de un movimiento tan internacional y tan importante como el sionismo pero el gitanismo también tendrá su parte alícuota y no sólo referida a España: junto a las cualidades de los gitanos españoles serán así mismo dignas de consideración las de los *zíngaros* del sedicente Imperio Austro-húngaro.

Los territorios germánicos de Polonia, cuna de Johann G. Herder, estaban lejos de la Bahía; no así algunos de sus discípulos. Entre los distinguidos encontramos a nuestro Wilhelm von Humboldtd y también, en el «nuevo mundo de Cádiz», a uno de los representantes más conspicuos de esas teorías: Juan Nicolás Böhl de Faber, cónsul de Prusia en Cádiz y apoderado de las bodegas que tenían Sir James Duff y su sobrino William Gordon (origen de la empresa Osborne), casado con Francisca Javiera Ruiz de Larrea y Aherán Moloney, vulgo *Frasquita Larrea*, padres ambos de Cecilia Böhl de Faber, *Fernán Caballero*, alumno, él, en la asignatura de Lengua Española, del sainetero Juan Ignacio González del Castillo y patrona ella (*Frasquita*) de la más conocida tertulia del Cádiz en los tiempos de Las Cortes. Una pequeña lápida en la Plaza de Mina la recuerda.

Ésa es la razón por la que el barón de Humboldt ve en los gitanos un colectivo muy diferente del resto de la población española (aunque reconozca que está bastante integrado. Sabe, y así lo dice, que Carlos III *ha prohibido llamarlos* gitanos. *Se llaman* castellanos nuevos. *También disfrutan de todos los derechos civiles,* escribe en su Diario. Pero eso no es óbice para que, siguiendo a Herder, los considere con entidad nacional propia. En una venta de Puerto Lumbreras hace decir a una gitana: *Sí, los gitanos son una gran nación y merecen llevar una corona en la cabeza.*

Estas relaciones pueden parecer extrañas hoy pero eran frecuentes entonces entre las élites gaditanas que emulaban a *les cordeliers, les girondins* o *les jacobins* mientras España tomaba el rumbo opuesto al de Francia. Aquel Cádiz (la única ciudad que, en la Península Ibérica, podía tratar de tú a tú a la Lisboa francmasónica del Marqués de Pombal) fue un País de las Maravillas donde parecía que todo podía hacerse realidad.

Cádiz, como París, también fue una fiesta. Sólo que en medio de una guerra y más de un siglo antes.

Y, a partir de ahí, en esa fiesta reinarían los gitanos (andaluces) porque, en el siglo XIX, España arrebató a Italia el papel de «heredera del pasado» que ésta había retenido a lo largo del setecientos, cuando lo que buscaban las élites era el clasicismo del mundo greco-romano.

Los nuevos viajeros perseguían ahora el mundo perdido de lo exótico pero para poder visitarlo lo más cómodamente posible y ese mundo sólo estaba en el Sur de España.

El viaje hacia un Sur sentimental lo había comenzado Goethe que, a finales del XVIII, encapsuló en dos versos un sueño:

Kennst das Land, wo die Zitronen blühhn,
im dunklen Laub Goldorangen glühn...
¿Conoces el país donde florecen los limoneros
y las naranjas doradas brillan en la sombra...?

El país al que se refería Johann Wolfgang von Goethe en ese poema no era España sino Italia, la meca del Grand Tour que los jóvenes de las grandes familias británicas debían realizar por el Mediterráneo para empaparse de clasicismo pero ahora el mundo había comenzado a girar sobre otro eje. Ya no será el Imperio Romano lo que atraiga la atención, no marcará la pauta la acción de sus prohombres ni serán sólo Gran Bretaña y Francia las que señalen el rumbo del mundo. La Tempestad y el Impulso, el *Sturm und Drang,* también provendrán de la Alemania aun por nacer, de Prusia... y de alguno más.

Si la Francia de Descartes había inventado la Razón, la Prusia de los Humboldt (y recalco el plural), en hallazgo de Andrea Wulf, «descubriría» la Naturaleza, o sea, esa mezcla de Ciencia y Sentimiento que, desde Grecia, luchaba por conseguir la Primacía.

Ya no había que viajar a Pompeya para dibujar las líneas de sus casas y copiarlas en las mansiones de Mayfair sino que el objetivo era sentir el pálpito de lo colectivo ya fuera el de la sincronía de la misma pauta de disminución de la temperatura en la altura de todos los montes del mundo o el del sentir colectivo de los pueblos.

Alexander von Humboldt, que siempre tuvo esa relación de amor-odio con España más propia de la «pérfida Albión» que del Sacro Imperio Romano-Germánico, fue el que reorientó hacia este Sur el rumbo de Goethe porque, en su viaje a nuestro país a fin de obtener permiso para recorrer América, llegó a Córdoba y, en el Patio de los Naranjos de la Mezquita escribió en su diario:

Sólo aquí hemos entendido cómo en el oscuro follaje brilla la naranja dorada.

Mientras el Humboldt descubridor de la Naturaleza se preparaba a zarpar hacia el Nuevo Mundo para iniciar una gran empresa científica, su hermano, nuestro Wilhelm, diplomático y pagano de las expediciones de aquel, recorría la Península *inaugurando* la corriente de antropólogos *avant la lettre* inmersa en la de *curiosos impertinentes* en busca de un «Oriente» tan mítico como el de más abajo del Estrecho de Gibraltar o más atrás del fondo del Mediterráneo pero mucho más confortable y europeo a pesar de que su país productor, España, no estuviera en sus mejores momentos.

LA OTRA GUERRA DE LA INDEPENDENCIA

Porque, volviendo a tomar tierra, hay que decir que han pasado inadvertidas algunas cosas del período que tratamos, por ejemplo que los gitanos cumplieron un papel (bastante más importante del que, hasta ahora, se ha expuesto) en las vicisitudes de una contienda como la Guerra de la Independencia que es, precisamente, con la que nace el moderno concepto de «guerra críptica» que, luego, se haría famosísimo en la de Viet-Nam para volver a poner de actualidad en todos los idiomas el vocablo «guerrilla».

En ese mundo, el lenguaje de germanía, el caló o los dos con todas sus variantes pudieron servir como instrumento transmisor de mensajes indescifrables para los extraños. Eso explicaría por qué, de vez en cuando, encontramos noticias de curas y frailes que hablan caló. También es en estos años cuando se generalizan textos dialectales poéticos, teatrales y hasta periodísticos como los de la revista sevillana *El tío Tremenda o Los locos del Malecón*, aparecida el 1 de septiembre de 1813,[353] donde se pasa a idioma gacetillero un habla que pretende imitar la andaluza (por ejemplo escribiendo —por primera vez, que yo sepa— «*seguiriya*» en vez de seguidilla).

Resumiendo: tras la Guerra de la Independencia los gitanos andaluces se convierten en el cliché de los gitanos españoles (sin que pueda distinguirse entre lo gitano y lo gitanesco) y, desde ahí, irrumpen en el escenario internacional

353 Citada por José Luis Ortiz Nuevo en *¿Se sabe algo?* Editorial El Carro de la Nieve. Sevilla 1990 y por Rocío Plaza. «El Flamenco y los románticos. Un viaje entre el mito y la Realidad». Sevilla 1994.

para volver a España como hicieron los emigrantes en nuestro cine de mediados del siglo XX: convertidos en comparsa de «Arte Mayor».

Un ejemplo paradigmático es el coro de los gitanos en la ópera *Il Trovatore*, de Verdi, (con libreto del chiclanero Antonio García Gutiérrez) cuya acción se sitúa en la Vizcaya y el Aragón del siglo XV. Ésos eran los años en los que los gitanos estaban entrando en la Península Ibérica pero, para Verdi, García Gutiérrez y los millares de aficionados al *bel canto* eran ya «españoles» de toda la vida.

Me parece que, en toda Europa, sólo existe un caso en el que un artista de renombre no observe nada de especial en los gitanos andaluces y españoles: es el del músico Franz Liszt que basó gran parte de su obra en los sones de los gitanos húngaros. Seguramente, para él, eran ellos los «verdaderos gitanos de toda la vida» .

Pero quien trate de mantenerse en una posición objetiva tendrá que admitir que tanto las *Rapsodias húngaras* como *El amor brujo* se basan en músicas interpretadas por individuos de la misma etnia y, a la vez, ambas tienen que ver muy poco una con otra.

Sin embargo, en eso no reparó casi nadie porque, para entonces, los vocablos «flamenco» y «gitano» eran ya sinónimos, tanto si se referían a personas, cantos, bailes, vestidos o al ambiente espeso y soez del Café de los Hércules (instalado en el arruinado palacio de los Marqueses de la Algaba) que José Gestoso (por otra parte defensor a ultranza de un Gustavo Adolfo Bécquer adalid, a su vez, del flamenco y lo flamenco) ponía de vuelta y media.

Juan Valera, que, en sus obras, describía con minuciosidad la sociedad andaluza y alumbraba arqueológicamente las antigüedades de esta tierra, ponían en boca de un personaje de su novela *Genio y Figura*:

...Ciertas muchachas españolas, particularmente andaluzas, acuden a la gran ciudad de Lisboa en busca de mejor fortuna. Los mozos de aquellos lugares... pierden la cabeza por estas mucha-

chas... Aprenden de ellas a hablar un castellano muy chusco y andaluzado: flamenco, como se dice ahora, no sé por qué.[354]

Era la misma niebla de los orígenes que se había levantado tantas y tantas veces en la Historia.

354 Juan Valera.- *Genio y Figura* Obras Completas. Vol. I. Biblioteca de Autores Españoles. Madrid 1958. Pág. 635.

BIBLIOGRAFÍA

Aguilar Tejera, Agustín y otros.- *La Saeta.* Portada Editorial. Sevilla 1998.

Alcalá, Ángel y otros. *Inquisición española y mentalidad inquisitorial.* Editorial Ariel. Barcelona 1984.

Álvarez Caballero, Ángel.- *Gitanos, Payos y Flamencos en los orígenes del flamenco.* Editorial Cinterco. Madrid 1988.

Álvarez Junco, José.- *Mater Dolorosa.* Editorial Taurus. Madrid 2001.

Borrow, George.- *Los Zíncali. Los gitanos de España.* Portada Editorial. Sevilla 1999.

Cadalso, José.- *Cartas Marruecas.* Editoriales Andaluzas Unidas. Barcelona 1986.

Caro Baroja, Julio.- *Ensayo sobre la Literatura de cordel.* Ediciones de la Revista de Occidente. Madrid 1969.

De Castro, Adolfo.- *Historia de Cádiz y su provincia desde tiempos remotos hasta 1814.* Imprenta de la Revista Médica 1854. Edición facsimilar de Diputación de Cádiz. Cádiz 1985.

De la Cruz, Ramón.- *Sainetes* F. Lafarga, Cátedra , Madrid, 1990.

Escudero y Perosso, Francisco.- *Tipografía Hispalense.* Clásicos Sevillanos. Ayuntamiento de Sevilla. Sevilla 1999.

García Matos, Manuel.- *Sobre el flamenco. Estudios y notas.* Editorial Cinterco. Madrid 1987.

García-Baquero González, Antonio.- *Cádiz y el Atlántico 1717-1778.* Reedición de 1988 de la Diputación de Cádiz de la impresa en Sevilla en 1976.

González del Castillo, Juan Ignacio.- *Obras Completas.* Real Academia Española. Madrid 1914.

Humboldt, Wilhelm von.- *Diario de Viaje a España 1799-1800.* Ediciones Cátedra. Madrid 1998.

Iza de Zamácola, *Don Preciso, Juan Antonio. Colección de las mejores coplas de seguidillas…* Ediciones Demófilo. Jaén 1982.

Leblond, Bernard.- *Les gitans dans la literature espagnole France-*Iberie Recherche Université de Toulouse- Le Mirail. 1982.

Machado y Álvarez, Antonio.- *Colección de Cantes flamencos.* Portada Editorial. Sevilla 1996.

Moreno, Fidel.- *Pero qué me estás cantando.* Ed. Debate. Madrid. 2018.

Navarro García, José Luis.- *Semillas de Ébano. El elemento negro y afroamericano en el baile flamenco.* Portada Editorial. Sevilla 1998.

Núñez, Faustino.- *América en el Flamenco.* Edición del autor. 2022.

Ochoa, Álvaro.- *De tierra abajo a tierra adentro: valonas y malagueñas.* Colegio de México. México D.F. 2000.

Ortiz Nuevo, José Luis.- *¿Se sabe algo?* Editorial El Carro de la Nieve. Sevilla 1990.

Osuna García, Javier.- *Cádiz cuna de dos cantes.* Quorum Editores. Cádiz 2002.

Otero, José.- *Tratado de bailes.* Asociación Manuel Pareja Obregón. Sevilla 1987.

Penna, Mario.- *El flamenco y los flamencos.* Portada Editorial. Sevilla 1996.

Plaza, Rocío.- *El flamenco y los flamencos. Un viaje entre el mito y la realidad.* Bienal de Flamenco. Sevilla 1999.

Revoltoso, el Bachiller (seudónimo).- *Libro de la gitanería de Triana de los años 1740 a 1750 que escribió el Bachiller Revoltoso para que no se imprimiera.* Edición facsimilar de Antonio Castro Aguilar. Sevilla 1995.

Solís, Ramón.- *El Cádiz de las Cortes.* Silex. Madrid 2000.

Valera, Juan.- *Genio y Figura. Obras Completas.* Vol. I. Biblioteca de Autores Españoles. Madrid 1958.

Vázquez Soto, José M. .- *Romances y coplas de ciegos en Andalucía* Muñoz Moya y Montraveta Editores. Sevilla. Granada 1992.

Zoido Naranjo, Antonio.- *La Prisión General de los gitanos y los orígenes de lo flamenco.* Portada Editorial. 1999.

Zoido Naranjo, Antonio.- *Ni Oriente ni Occidente.* Signatura. 1998.

Zugasti, Julián de.- *El bandolerismo.* Ediciones Albolafía. Diputación de Córdoba y Virgilio Márquez editor. Barcelona 1983.